I0137196

Am Ende bleibt das Lachen

Jimmy Hendrix, Chuck Berry, Elvis Presley,
Mario und das „Erwachen"

Zweiter Teil

Impressum:
Michael Fuß
EnergieCoach - Entspannungstrainer
63454 Hanau, Helmholtzstr. 5
www.michael-fuss.de
entspannen@michael-fuss.de
Copyright: © 2015

Irgendwo zwischen der Königin Heroin
Dem Tod seiner großen Liebe Gordana
Und dem Schatten einer Löwin namens Maria
Dem weißen Dämon des Coca
Und dem giftigen Schwanz des Skorpions Mona
Hat er sich selbst verloren.
Ob er sich jemals wiederfinden wird?

Mario glaubt nicht,
Dass er so viel anders ist
Als die anderen
Er hat nur eine Idee
Die sich unterscheidet
Von der, der meisten anderen

Und um diese Idee zu verwirklichen
Muss er an sich arbeiten, mit ihm,
Und in sich arbeiten
Ist das nicht der Sinn seines Lebens?

Was für eine Idee meint er eigentlich?
Die Idee einer utopisch friedlichen Welt
In der das Leben spielerisch
Und doch auch spannend gelebt werden will.

Wenn wir unser Leben nicht mit Ängsten und leeren
Hoffnungen vergeuden wollen, müssen wir uns den
gespenstischen Geistern unseres geheimen Selbstes stellen
und ihre Freunde werden.

Sein altes Frankfurter Leben hat Mario nach wenigen Wochen am Kragen.
Wieder ist es soweit. Das tiefe schwarze Loch kommt um
die Ecke. Samstag früh, Mario ist noch nicht recht wach,
erahnt er es das erste Mal. Verschlafen, mit einer
Sommergrippe geschlagen und noch nicht mit seinem

patentierten Frust-, Angst- und Schreckenüberzieher angetan, zieht es ihm einfach die Beine weg. Etwas schaltet sich in ihm ab oder ein. Das Denken tritt zurück und macht der Destruktivität Platz. Eine Idee setzt sich fest. Erst schaut er sie noch kopfschüttelnd, lächelnd, ungläubig an. Mario steht neben sich und denkt, dass kannst du doch nicht machen! Diese Story hast du doch nun oft genug exerziert. Aber die Schizophrenie und die Destruktivität, das Selbstzerstörerische in ihm, gewinnt die Oberhand. Es gibt Zeiten, da wird diese Kraft in ihm immer noch übergroß. Vielleicht bringt er in diesen Momenten noch mal jemanden um. Bis jetzt hat er es nur an sich selbst versucht.

Also zieht er sich an, nimmt, um sein anderes Gewissen zu beruhigen, noch ein gesundes Müslifrühstück zu sich, und geht in die Stadt. Der eine Mario kauft Erdbeeren, der andere, - eine Spritze in der Apotheke. Und während der ganzen Zeit wird sein Herz immer schwerer, seine Knochen wiegen einen Zentner und sein geistiger Aktionsradius reicht nur noch bis zur nächsten roten Ampel.
Aber immerhin, er schafft es zu Hause noch, das Klassentreffen am Samstagnachmittag wegen Grippe abzusagen, das Telefon und die Türklingel zum Schweigen zu bringen.
Mario nimmt ein Glas aus dem Küchenschrank, füllt es mit Wasser, nimmt den Löffel, die Watte und einen Gürtel und beginnt das Russisch-Roulette. Nein, es tut ihm nicht weh, als er sich die Nadel in die Vene setzt. Im Gegenteil, eine Art von Ruhe überkommt ihn, als der dünne Strahl Blut aus seiner Vene sich mit der klaren Flüssigkeit in der Spritze mischt. Doch der andere Mario steht immer noch mit Abscheu dabei, wenn auch nur noch schemenhaft.
Und er wusste, er will nur einen Schuss, dann schmeißt er das Besteck weg. Aber es werden eben doch wieder mehr. Und das schlimme am Koks ist, je mehr du drin hast, desto mehr willst du. Erst nach dem vierten Druck innerhalb einer

halben Stunde bog er die Nadel um. Aber sie bricht nicht ab, und so schüttet er den Rest des guten halben Gramms in den Löffel und setzt sich den Schuss mit verbogener Nadel. Jetzt bemerkt er, dass im Wasserglas etwas Öliges schwimmt. Und er bekommt es mit der Angst. Der andere Mario meldete sich zu Wort. Vorwürfe, Fantasien, Geschichten aus alten Zeiten, das jahrelange Leberleiden, alles bricht hervor. Die Paranoia wächst. Und er will sich in die Ritze im Holz des Bilderrahmens verschwinden lassen. Alles beunruhigt ihn nun. Der Rausch erfasste jedes nervöses Neuron seines Hirns. Selbst das Zwitschern der Vögel vor dem Fenster erschreckt ihn und er schliesst es aus.

Natürlich rast sein Herz, der kalte und heiße Schweiß steht ihm gleichzeitig auf der Haut und die Leber sticht. Der eine Mario ist voller Schrecken. Der andere klatscht glücklich in die Hände, weil er es mal wieder geschafft hat. Aber doch noch nicht ganz. Denn: Er LEBTE NOCH. Der Körper hält mehr aus als der Verstand. Nur, wie lange noch?!

Mario hat die Kontrolle verloren und seinen Glauben dazu. Seine Gedanken rennen im Kreis herum und beißen sich gegenseitig in den Schwanz. Wenn er nicht das Gefühl hätte, einen großen Fehler zu begehen, würde er sich jetzt umbringen.

Und er denkt bei sich: Ich muss mir endlich ein Ziel vor Augen halten, vielleicht muss ich mich auch verpflichten etwas zu schaffen. Ich habe mir schon dieses Leben aufgeladen und dessen Schwierigkeiten. Kann ich mich nicht dann auch in die Richtung programmieren, dass ich Verantwortung übernehme?! Doch solange ich nicht weiß, was ich will, wie soll da der große Geist mir unter die Arme greifen können? Wenn es so wäre, dass ich von den Gesetzmäßigkeiten nichts wüsste, hätte ich nicht dieses innerlich nagende Gefühl der Selbstvorwürfe. Aber so stehe

4

ich neben mir und schwäche mich noch mit meinem schlechten Gewissen.

Ich denke, ich sollte mir ein Ziel setzen. Die meisten Menschen tun es unbewusst, indem sie Kinder in die Welt setzen und gezwungenermaßen dadurch Verpflichtungen eingehen. Ich muss mir bewusst ein Ziel schaffen. Und dann sollte ich den Weg so gerade wie möglich darauf zu gehen. Denn der Weg ist wichtiger als das Ziel. Ich darf mich nicht mehr schwächen, sonst kann es wirklich passieren, das ich verrückt werde und außer Kontrolle gerade.

Was ist das aber auch für ein Leben?
Immer wartend, darauf hoffend,
Dass Mario endlich da ist,
Wo er gerade ist.

Koksparanoia -

Du willst nicht, dass dich die Leute anstarren und sie starren dich an. Du spürst ihre Blicke im Nacken und auf deinen Händen. Sie brennen in deinen Augen. Deine Haare stellen sich zu Berge. Du reißt die Arme vors Gesicht, siehst die stierigen Augenpaare auf dich eindringen - da klopft dir jemand auf die Schultern, du drehst dich, aufs Mark erschrocken herum - und erblickst ein nettes Mädel, das dich bloß zum Eis einladen will.

Mario, keiner will dir was - EIN ICH zu ANDEREM ICH
Doch, - trete ihnen in den Arsch, bevor sie dich treten - EIN ICH zu ANDEREM ICH
Mario, sei lieb und denke positiv. Du weißt doch, dass dann alles positiver wird - EIN ICH zu ANDEREM ICH
Ach lasse mich in Ruhe - EIN ICH zu ANDEREM ICH
Und so macht sich EIN ICH mit dem ANDEREM ICH immer kleiner, unsicherer und aggressiver, statt ruhiger, sicherer und liebender. Und dieses Bild ist die geschönte Form seiner zeitweiligen inneren Zerrissenheit. Alle inneren Schatten wollen ihren Senf dazu tun und so wird die Suppe meist ungenießbar.

Mario muss sie auslöffeln.
Gibt es doch nur diese eine.

Blende - Da steht ein Mann einsam in der Ecke.
Jeden Tag steht er da und keiner weiß was er da macht.
Manchmal weiß Mario auch nicht, was er macht. Er steht
dann einsam in einer Ecke seines Kopfes herum und kann
aus ihr nicht mehr raus. Da gibt es einen in ihm, der weiß
genau, wie er es machen sollte. Eigentlich würde dazu nur
etwas Energie und Durchsetzungsvermögen gehören. Aber
irgendwie ist ihm das dann zu viel, dort in der Ecke.
Mario denkt: Wenn sie nicht von selbst drauf kommen...,
bitte schön, und geht noch tiefer in die Ecke. Und so wird es
immer einsamer um ihn herum und die Depressionen haben
Zutritt. Es wird düster und die Ecke wird zum Tunnel und
der Tunnel dreht sich mit einer Spiralbewegung um ihn
herum. Eigentlich müsste er nur einen einzigen Schritt
machen. Aber seine masochistischen Tendenzen lassen ihn
mit erhobenem, unsicherem Fuß stehen.
Und schließlich nach Tagen der Dunkelheit und des in der
Ecke Stehens, kommt der Moment oder der Morgen, da
steht er wieder mitten drin, - er lächelt und die Welt lächelt.

Wo willst du denn hingehen?
Weißt du nicht, dass es draußen dunkel ist?
Wo denkst du, kommst du hin, wenn du diesen Weg gehst?
Weißt du nicht, dass er voller Gefahren ist?!
Du kannst bestohlen, betrogen, vergewaltigt und getötet
werden,
Ja, selbst von deinem besten Freund.
Du kannst verlieren -,
Du kannst auch gewinnen und das allein ist Grund genug.
Also gut,
    Gehe den Weg,
        Auch wenn es
           Draußen

Dunkel ist!

Der MENSCH soll sein wie ein STERN
Und SEINE BAHN ziehen.

Blende - Eine Nacht in Frankfurts Straßen
Spaxel ist mit seinem Bruder zu Besuch. Mario will ihnen die große Kleinstadt zu zeigen. Doch die neoklassizistischen Hausfassaden der neuen Architektur bekam, nicht gerade Beifall von Spaxel. Die Lichter der Leuchtreklamen erhellten den nasskalten Dezemberabend. Das Geschäft mit den Hologrammen war in der Berliner. Mario bekommt einen Parkplatz auf der anderen Straßenseite. Eine Musikalienhandlung erregt gleich Spaxels Aufmerksamkeit. Marios Aufmerksamkeit wird von ganz anderen Dingen in Anspruch genommen. Die ganze Zeit schon haben verdächtig viele Bullenwagen ihren Weg gekreuzt. Sie sind jedoch so gehäuft, dass sie wichtigeren Zwecken dienen müssen, als die Drei zu überwachen. In schneller Fahrt kommt ein roter Opel Ascona näher. Aus einer Seitenstraße schießt ein weiterer Bullenwagen mit zuckendem Blaulicht. Doch der Polizist am Steuer kommt nicht aus Hollywood. Er spielt nicht den draufgängerischen Helden. Er bremst den Wagen ab und gibt die Fahrt für den verfolgten Ascona frei. Der heizt in rasender Fahrt an den Drei vorbei, verfolgt von dem verhinderten Helden und einem weiteren, Sirenen- und Blaulichtbestückten Polizeiwagen.
Mario guckt Ulli an, der guckt zurück.
"In welchem Film sind wir hier schon wieder gelandet?"
Spaxel hat von all dem nichts mitbekommen. Verträumt wendet er sich von seiner Gitarre im Schaufenster ab und fragte:
"Was ist denn los, ist was passiert?"

Sie überqueren die Berliner und erklären ihm, dass er cool bleiben soll und dass alles nur ein Film ist.

Das ist Futter für seine grauen Zellen. Plötzlich stehen sie vor einem brüllenden Löwen. Eigentlich ist es nur der Kopf eines dieser großmäuligen Savannenbewohner. Immerhin springt er fast einen Meter aus seinem Rahmen.

Das Hologramm ist wirklich beeindruckend. Aber der Schwarze in dessen weit aufgerissenem Mund ein Bauarbeiter, presslufthammerbewährt am dritten Backenzahn links unten Reparaturarbeiten ausführt, kommt auch nicht schlecht. Du kannst dem Schwarzen sogar in die Nasenlöcher schauen. Wie kleine Buben staunend stehen die Drei vor all diesen Merkwürdigkeiten hinterm Schaufenster.

Der Nachtwind zieht empfindlich kühl durch die Straßenschluchten. Sie machen sich auf, Richtung Eckstein. Das ist der Name des derzeitigen Szenetreffs. Und wieder ist Mario die Parkplatzgöttin hold. Direkt vor dem Laden wird gerade einer frei.

Dann befinden sie sich mitten im Zeitgeist. Die meisten hier schwarz gekleidet. In dieser Begräbnisgesellschaft kommt Mario sich mit seinem karierten Hemd und der weiten, weißen Hose fehl am Platz vor. Ist dieser allgegenwärtige schwarze Touch nicht ein Ausdruck von Depressivität?

Die Wände, von Jim Avignon gestaltet, haben einiges gekostet. Mario sagt´s ja immer wieder, wäre er nur etwas mutiger, und ließ sich noch die richtigen Verkaufssprüche einfallen, er könnte auch einen dieser "Untergrundkünstler" abgeben.

Die Wände in seiner Wohnung hat er in ähnlicher Weise mit Farben marmoriert. Er ist von der Geschichte nur nicht so eingenommen, dass er auch noch Goldfarbe verwenden würde.

Ansonsten findet Mario das Eckstein ganz inspirierend. Denn, wie gesagt, hier findest du den Zeitgeist greifbar nahe.

Dann erzählt er Spaxel vom Romantica, ein ehemaliger Nachtclub im Bahnhofviertel. Die Kaiserstraße liegt gerade um die Ecke. Ein Undergroundtyp konnte den stillgelegten Club mitsamt dem plüschigen Inventar übernehmen. Jetzt ist es der Geheimtipp für Nightrider die auf Bizarres, Ausgefallenes hungrig sind.

Die Musik ist schräg aber oft gut, gespielt von Indepentengruppen, deren Namen so ausgefallen wie ihre Rhythmen sind.

Also machen sie sich auf den Weg. Nahe der Konstablerwache Wache landen sie plötzlich mit ihrem BMW in einer dunklen Sackgasse. Das ist eine Art Hinterhof mit Laderampen für die Kaufhäuser. Schwarze Gestalten entfernen sich bei ihrem plötzlichen Kommen.

Da haben sie Dealer mit ihren Kunden aufgeschreckt. Langsam aber stetig fährt Mario um den Wendehammer und sieht zu, dass sie dort raus kommen, ohne dass ihnen ein Pflasterstein in die Windschutzscheibe kracht.

So landen sie in der Kaiserstraße, die bald Sperrgebiet werden soll. Schade drum! Die Drei machen einen Spaziergang durchs Kiez. Spaxel verschwindet schnurstracks in einer der zahlreichen Pornokabinen. Hier kannst du dir für fünf Mark einen runter holen. Papiertücher sind im Preis inbegriffen.

An einer Straßenecke ist ein Hütchenspieler zu Gange. Eine Anzahl aufgeregter Männer steht dicht gedrängt. Der Spielmacher ist ausnahmsweise am Verlieren. Das Publikum ist schadenfroh. Mario muss sich die Sache mal genauer anschauen und drängt sich vor.

Sie eröffnen gerade ein neues Spiel. Es geht um zweihundert Mark. Der Hütchenspieler schiebt die drei kleinen Pappschachteln blitzschnell von einer Position an die andere. Es geht darum, die Schachtel mit der Papierkugel darunter zu benennen.

Und Mario sieht, dass es bestimmt die linke Schachtel war. Der Zocker wirbt um neue Kundschaft. Er wendet sich um und in diesem kurzen Moment hebt einer der Gaffer das Hütchen auf. Da ist die kleine Kugel.

Erst denkt Mario, jetzt fängt die Randale an. Aber da gibt es wohl keinen Aufpasser. Der Zocker spielt alleine. Fast hätte Mario seinen Stiefel auf die Schachtel gesetzt, die zweihundert gehalten und auf fünfhundert erhöht. Aber er ist zu zögerlich, hat eh nicht so viel Geld einstecken. Ein anderer macht das Spiel. Er hat eigentlich so gut wie gewonnen. Blieb aber bei den zweihundert, zu seinem Glück. Denn als er sich zur Schachtel bückt, beging er den Fehler einen Moment den Fuß zu heben. In diesem Augenblick gelingt es dem Spielmacher die Schachtel noch mal zu verschieben.

Das ganze passiert blitzschnell in der hektischen Atmosphäre der nächtlichen Straße, der unterdrückten erregten Ausrufe des Publikums, der schnellen Bewegungen im Augenwinkel und dem ständigen auf der Hut sein vor den allgegenwärtigen Bullen. Und wiedermal ist der Passant nicht der Gewinner.

Plötzlich kommt Bewegung in die dichtgedrängten Leiber. Sie spritzen nach allen Seiten auseinander. Scheinbar sind Bullen im Anmarsch. Mario ruft Spaxel zu, dass er ihm folgen soll. Er steht nämlich schon wieder mit weit aufgerissenen Augen auf der Straße und wartet darauf, dass endlich eine Ampelanlage gebaut wird und er Grün bekommt.

Aber im Bahnhofsviertel brauchst du Reflexe, du musst wissen, wann es Zeit ist wegzuschauen und weiterzugehen. Die Schlepper preisen die sensationelle Livesexschau an. Abgerissene Junkies hängen in den Hauseingängen. Abgetakelte zwanzigjährige Huren bieten ihnen ihre Stecknadelpupillen an. Ein Penner sitzt auf einer Treppenstufe und zählte die Passanten mit ausgestrecktem Arm: "Ein Geizkragen, noch ein Geizkragen und wieder einer."

Mario bemerkt im Vorbeigehen: "Noch ein Alkoholiker!" Da hält der Penner die Klappe und sie stehen vorm Romantica. Mario geht vor. Schlägt die Samtvorhänge zur Seite und schon sind sie wieder in einer anderen Welt. An der Bar holen sie sich erst mal die Drinks. Die Drei sitzen im puffigen Ambiente, auf Sesseln der Nierentischära. Schummriges Rotlicht mildert die Konturen der Exzentriker um sie herum. Die erheben die Nacht zum Tage und bei Tage schließen sie ihre Augen. An der Wand ein Gemälde zweier nackter Männer in eindeutiger Position. Dem einen kommt es gerade, während der andere dessen Arsch bediente. Und die Reflexe der sich drehenden Spiegelkugel treiben durch die rötliche Gebärmutteratmosphäre. Durch die Nase des DJs müssen schon einige Unzen Schnee gewandert sein. Der Rest seiner überzogenen, ausgeprägten scharfen Gesichtskonturen passt jedenfalls dazu. Mario bekommt mal wieder den deutlichen Eindruck, in einer sehr kontrastierten Zeit zu leben. Gewaltige Gegensätze wo er auch immer hinschaut. Ja, er lebt in einer schnelllebigen Zeit, in der alles möglich ist. Du brauchst nur die nötige Frechheit, den Mut und die richtigen Werbeslogans.

Blende - Sie hatten ein schönes Wochenende.
Maria hatte den Freitag blau gemacht. Samstag auf dem Markt haben sie, liebestrunken wie sie waren, vergessen einzukaufen. Mittags schraubte Mario am Motorrad. Danach sind sie damit für eine schöne Tour in den Spessart. Am Abend, der Wald bei Mömbris. Nahe Zuneigung, schönes Gemeinsam Sein. Eine Schlemmerei in der Bauernkneipe. Sie hatten mal wieder ein Leben! Ihre Nähe in der Nacht, Vertrautheit und Geborgenheit. Sie können zusammen sein, sie können zusammen reden und zusammen schweigen. Sie können lieben und sie werden lernen, auch miteinander zu streiten -
Doch Mario ist sich nicht sicher, ob er es jemals schaffen wird, seine „Anfälle" von alles zerstörender Destruktivität

und Vergesslichkeit zu meistern. Wenn er mental erschöpft ist, fühlt er sich unsicher. Und wenn er unsicher ist, versucht er sich zu schützen. Doch sein Schutzwall hat unter anderem die negative Eigenschaft, dass er die anderen damit provoziert. Erste "Angriffe" sind die Folge und schon hat er sich bestätigt in seinem Glauben, dass er nicht sicher ist.

Blende - Zwischenzeitlich hatte er sich von einem „Freund" beraten lassen.
Der war als Broker auch an der amerikanischen Börse tätig. Und handelte mit Optionen auf Termin. Mario legte bei ihm 18 000 Mark an. Es machte Spaß. Er musste immer am Ball bleiben. Verregnete es irgendwo in der Welt die Sojaernte, dann konnte er auf steigende Preise gehen. War irgendwo eine politische Krise abzusehen, gab es bestimmt etwas daran zu verdienen. Es war etwas wie ein Monopolyspiel. Sie mussten nur schnell genug sein. Und sie waren schnell. Auf dem Papier hatte er nach wenigen Wochen 25 000 Mark gemacht.

Blende - Manchmal ist es besser zu reisen als anzukommen.
Mario packt zwei Freundinnen in seinen VW Passat Kombi und fährt mit ihnen nach Figueras, Dalis spanische Heimat. - Als er die Landschaft dort sieht, kann Mario einige Bilder von Dali gut verstehen. Manche Felsformationen der Bucht meinte er darauf erkannt zu haben. Das Dali-Museum ist den Abstecher jedenfalls wert. Später gehts über Barcelona nach Mallorca. Am Hafen von Barcelona lässt er seinen Kombi stehen. Auf der Insel fährt er lieber mit dem Roller. Sie verbringen schöne Wochen. Die Mädchen machen einen Sprachkurs am Pool und Mario die Insel unsicher.
In Sollér steht das Haus von Jürgen, einem Freund, bei dem er unterkommt. Jürgen und Mario sitzen mit Erdbeeren und Sahne vor dem Fernseher. Boris Becker gewinnt das erste

Mal in Wimbledon. Draußen knallt der Planet und es hat 35 Grad im Schatten.

In den darauf folgenden Nachrichten erklärt man der uninteressierten Weltbevölkerung, dass Präsident Reagan einen Pickel auf der Nase hat. Man vermutet es sei Krebs. Der Dollar stürzt ab. Mario hat ihn teuer eingekauft. Er ruft seinen Broker an. „Verkaufe!" Er antwortet: "Nein warte - der Dollar erholt sich wieder." Mario vertraut.

Er tritt auf die Terrasse und bewundert mal wieder den Blick auf die hohen Berge, die Sollér umgeben und das Meer, das sich blau an die Küste wälzt. Das Städtchen unter ihnen hat Atmosphäre. Die Sonne scheint wie jeden Tag von einem königsblauen Himmel. In der Nacht tanzt über ihnen die ganze Sternenpracht.

Und Mario bekommt ein Gefühl von kommendem Unheil.

Einige Wochen nach Marios Besuch, stürzt Jürgen mit seiner Enduro in eine tiefe Schlucht und verabschiedet sich so von diesem Planeten.

Blende - Schreib dein Leben auf ein Stück Papier
und warte bis die Zeit vergeht.
Aber Mario hat keinen Bock zu warten
und zuzuschauen wie die Zeit vergeht.
Stattdessen macht er eine Wanderung die Küste lang. Eine Dreiermövenkombination segelt durch das Postkartenidyll.
Das Meer, heute am Horizont etwas dunstverhangen, liegt blau, mit glitzernden Schmetterlingen bevölkert und leicht gekrümmt vor seinen Füssen, die wiederum auf der schroffen gelblichen, steil abfallenden Klippe stehen.
Der Planet knallt wiedermal, it's Siestatime.
Und zu all dem hängt der Rote Hugo tot im Seil,
Die Leiche stinkt nach Shit.
Und man wartet bis die Zeit vergeht.
Nein, er wartet nicht bis die Zeit vergeht.

13

Mario der Einsilbige

geht am Abend vor sich hin pfeifend die Straße zum Hafen von Soller´ hinunter. Die Sonne versinkt mit lautem Orange im Blau des Mittelmeers. In seinen Augen spiegelt sich die Silhouette des kalkweisen, im spanischen Baustil gehaltenen Fischerdorfes im Vordergrund. Hohe zerklüftete Felszacken, steil ins Meer stürzend, reflektieren im Hintergrund das Abendlicht und machen so das Bild perfekt.

In der Hafenkneipe Da Sancho leiht sich Mario von einem Bekannten einen schicken Benz mit Ledersitzen und ner geilen Musikanlage und macht mit Jürgen die Insel für Tage unsicher. Bezahlt wird mit antörnenden Naturalien. Auf der Fahrt finden sie immer wieder idyllische Buchten zum Verweilen. Am Abend haben sie ein leckeres Gambasgrillen mit allem Drum und Dran am Strand. Was meint Wein, Salat, Joints, Sommer und Frauen. Uli, das schlanke Mädchen mit dem interessanten Gesicht und dem lustigen Lächeln und Andrea aus Hamburg sind dabei. Die haben sie vorgestern beim Trampen aufgegabelt. Später gesellen sich noch die Friedberger Punks dazu.

Der fette Mond steht hell und klar und zieht seine Spur über das ruhige Meer. Aus den Boxen des Benz tönen die „Simple Minds". Und Mario findet den Schlüssel zu Ulis Herz und Bauch. Also nimmt er sie bei der Hand und baut in seinem Zelt einen Schlafplatz für zwei.

Sie wollen sich´s gerade richtig gemütlich machen, Haut an Haut, da hört Mario lautes Geschrei. Er ist stoned und anderweitig interessiert. Doch das Geschrei wird immer hysterischer. „Feuer, Feuer, es brennt", ruft es. Jetzt sieht er den grauen VW-Bus der drei blonden Mädels, die mit einem langhaarigen Typ unterwegs sind. Einige Augenblicke vorher ist der Bus noch an seinem Zelt vorbeigerollt. Jetzt steht er nicht weit entfernt, mit geöffneter Motorklappe am Heck und herausschlagenden Flammen.

Endlich hat Mario die Lage geschnallt. Am besten wäre eine Decke zum Löschen, doch die braucht er für den

Zweierschlafplatz. Es ist dunkel und er ist stoned und so behilft er sich mit Sand. Die hysterische Tussi schreit noch immer wie am Spieß nach Feuer. Dabei ist doch wirklich genug davon da. Mario wirft jedenfalls wie wild mit Sand nach den Flammen. Hinter ihm werfen sie auch, aber mehr nach ihm. Derweil hofft Mario, dass der Tank nicht gleich hochgeht. Sie sollten sich wirklich beeilen. Und schließlich haben sie das Feuer aus. Mario sieht, das die Zündung immer noch an ist. Also drehte er den Schlüssel herum. Dann dreht er sich kommentarlos ab, springt ins Meer, um den Sand zu entsorgen, der ihm die Ohren und Augen verklebt. Endlich liegen dann die beiden jungen Körper in der Waagrechten.

Inzwischen hat sich die halbe Bucht bevölkert und die Sensation wird ausdiskutiert. Am anderen Morgen erfährt Mario, dass der VW-Besitzer mit Trouble gesegnet ist. Ihm waren 400 DM aus dem Handschuhfach geklaut worden. Mario wundert das alles überhaupt nicht. Der Bus steht – die Schiebetür weit offen, mitten in der Pampa und die Klappe vom Handschuhfach fehlt. Der Typ liegt schlafend im Schlafsack in der prallen Sonne. Man könnte dem Hippie das ganze Auto unterm Hintern klauen, vorausgesetzt es würde fahren. Doch da geht die nächste Zeit erst mal gar nichts.

Mario braucht Zucker für den Kaffee.
Er versucht es bei den Gestrandeten. So steht er also am VW-Bus und redet mit den Leutchen. Die bedanken sich bei ihm für seine Hilfe. Da bemerkt er, dass es heftig nach Benzin stinkt. Und der eine Jo schmeißt auch noch seine Zigarettenkippe ins trockene Gras, ohne sie auszutreten.
Und Mario sagt: Hm, hier riecht´s aber ganz schön nach Benzin."
Meint der Jo: „Ja, da tropft´s ja auch noch raus. Die Dichtungen sind hin."
Und Mario denkt bei sich: Das kann doch alles gar nicht wahr sein. Lassen die die halbe Nacht das Benzin in die

Pampa tropfen. Diese ach so umweltbewussten Freaks. Und so steckte Mario seine Nase noch mal in die Heckklappe und macht sich an den verschmorten Kabeln und Schläuchen die Finger schmutzig. Er reißt den Benzinschlauch vom Vergaser und schneidet das verschmorte löchrige Stück Schlauch mit seinem Taschenmesser ab und verstöpselt ihn mit einem Holzstöckchen. Dann nimmt er den geschnorrten Zucker und geht zurück zum Zelt.

Zum Frühstück sind Jürgen, Mario und die beiden Hamburger Mädels eine gemütliche Runde. Mario hat gestern lecker eingekauft und so lassen sie sich´s in der morgendlichen Bucht gutgehen. Das geht eine Woche so weiter. Chaotische Begegnungen gibt es zum Glück nicht mehr. Mallorca hat schöne Plätze zu bieten und die Vier tun ihr Bestes, die Energie hoch zu halten. Doch wie immer, irgendwann ist auch das vorbei. Mario muss die beiden Freundinnen vom Sprachkurs holen. In Palma gehen sie auf die Fähre. Und so verlassen die Drei Mallorca. In Barcelona steht Marios verstaubter Kombi noch auf dem Hafenparkplatz. Er ist nicht gestohlen worden. Nicht mal ein Fenster war eingeschlagen.

In der Nacht gibt es endlich Regen.
Mario kann sich kaum erinnern, dass er sich über Regen so freuen konnte. Doch nach der anhaltenden brütenden Hitze auf der Insel, der mittäglichen Flucht vor der unbarmherzigen Naturgewalt Sonne, dem dauernden Schwitzen, selbst in der Nacht, ist der Regen und die Kühle der Pyrenäen eine Wohltat.
Hoch oben in den Bergen schlagen sie ihr Nachtlager auf. Sie haben einen Bauern gefragt. Der brachte gerade seine Kühe in den Stall und war gut drauf. Er erlaubte ihnen eine Übernachtung neben seiner Scheune. In der Nacht fallen die ersten Regentropfen. Mario liegt ausgestreckt und wohlbehütet im Kombi. Die Regentropfen trommeln auf das Blech. Sonja schläft vor dem Zelt und merkt erst mal gar nix.

Birgit muss sie wecken und ihr klar machen, dass sie draußen auf Dauer nass wird.

Am Morgen ist die Aussicht grauverhangen und regennass. Am Abend hatten sie noch einen weiten Blick in die wunderbare Landschaft. Eine Wohltat, die Autofahrt, gestern noch durch sonnenverbranntes und strohtrockenes Land. Heute grüne Wiesen und richtiger Wald, fast wie im Allgäu. Es ist eine tolle Strecke über Foix nach Toulouse und von da nach Bordeaux runter an den Atlantik bei Hourtine Plage.

Dort ist der Sommer wieder im vollen Gange. Sonja macht mit Mario noch zwei weitere Wochen Camping-Urlaub an Marios Lieblingsmeer. Birgit hat sich mit ihrem Freund Chris abgesetzt. Dessen Familie hat in der Nähe ein Ferienhaus.

Sonja ist gleich bei ihrem ersten Bad fast abgesoffen. Sie muss von Rettungsschwimmern aus der tückischen Strömung gezogen werden. Jetzt liegt sie geschockt neben Mario am Strand. Der hatte neulich auch einen Schreck beim Baden bekommen. Eine giftige Medusa Qualle vergällte ihm das Schwimmen im warmen Mittelmeer. Die Kniekehle tat ihm tagelang weh, jede Bewegung brannte.

Am Abend entspannen Sonja und Mario bei einem leckeren französischen Menü und einer Flasche Bordeaux. Danach gibt's einen langen Strandspaziergang in der untergehenden Sonne. Die Ebbe zieht den Atlantik Richtung Westen. Jetzt sitzt Mario reichlich müde in den Dünen und schaut aufs Meer hinaus. Er kann sich noch immer nicht von der vollmondbeschienen Landschaft trennen. Also holt er sich seinen Schlafsack runter an den Strand und schläft dort. Die Brandung begleitete seine Träume. Am Morgen weckt ihn ein früher Sonnenstrahl. Es wird gleich wieder warm. Also schält er sich aus dem Schlafsack und springt nackt in die Fluten. Das ist ein Leben!

In der dritten Nacht am Strand passiert es dann. Das Meer holt ihn. Vielmehr versucht es ihn zu holen. Hat aber nur seine Unterhosen bekommen. Mario hört die starke

Brandung in der Nacht. Denkt sich aber nichts weiter dabei. Plötzlich wird er von einem ungewöhnlichen Geräusch geweckt. Zum Glück hat er einen leichten Schlaf. Und er sieht die mondbeschienen Wellen auf sich zu rauschen. Seine Reaktionszeit ist optimal. Noch bevor die Wellen ganz bei ihm sind, ist er aus dem Schlafsack geschlüpft und steht nun bis zum Hintern im Wasser.

Sein Krempel macht sich gerade davon. Der Rucksack schwimmt auf der linken Seite, seine Hosen mit dem Autoschlüssel drin auf der rechten, der Schlafsack in der Mitte. Es gelingt Mario alles aus dem fortströmenden Wasser zu fischen. Nur die Unterhose ist verschwunden. Jetzt ist er nass und wach. So trottet er zurück zum Campingplatz und legt sich zum Schlafen in den engen Kombi. Als Sonja am Morgen von seinem Abenteuer hört, kann sie nicht mehr aufhören zu lachen. Mario findet die Geschichte schließlich auch ganz witzig.

Blende - Am Wendehammer,
auf dem Weg zum Strand steht eine Telefonzelle.
Von dort ruft Mario einige Tage später seinen Bruder in Deutschland an. Und er bekommt den Schreck seines Lebens. Denn sein Brüderchen teilt ihm mit: "In deiner Wohnung haben die Bullen eine Hausdurchsuchung gemacht. Sie haben Drogen gefunden. Manfred hat gegen dich ausgesagt. Bleibe im Ausland. Du wirst per internationalen Haftbefehl gesucht."

Mario ist wie betäubt. Die Telefonzelle steht so, dass er aufs Meer hinaus schauen kann, die Sonne versinkt gerade im Westen. Seine Knie werden weich und mit dem Rücken an die Scheibe gelehnt, rutscht er auf den Betonboden. In dieser Nacht kann er nicht schlafen. Und so kuschelt er sich das erste Mal bei einer der Freundinnen an.
Er spürt, dass etwas Schreckliches über ihn herein bricht.
Sein Bruder sagte, er solle im Ausland bleiben. Gegen Mario

bestünde ein Haftbefehl. Doch der kann es nicht glauben. Das ist doch nur ein Trick der Bullen. Die spielen ein Spiel mit uns. Manfred hat nicht gegen mich ausgesagt! Zumal Mario 100% sicher weiß, dass er keine Drogen in seiner Wohnung deponiert hat - tausend pro. Die haben mir was untergeschoben! Ich brauche einen guten Anwalt. Das wird sich bestimmt aufklären. Das wäre doch gelacht. Und all das kommt ihm vor, wie in einem dieser seltsamen Alpträume.

So fährt er am nächsten Tag mit bis zum Zerreißen gespannten Nerven über die französische deutsche Grenze nach Frankfurt zurück. Die Ladys hat er vor der Grenze in den Zug gesetzt. Sie sollen nicht in die Sache verwickelt werden.

Nach drei Monaten, an der Luft, in schönsten Landschaften mit weitem Horizont, versteckt er sich in einer Frankfurter Wohnung. In seiner aufkommenden Paranoia sieht und hört er überall Bullen. Mario nimmt Kontakt zu einer Anwältin auf, die ihm sein Börsenfreund empfohlen hat. Als erstes übergibt er ihr 20 000 Mark, die sie für ihn aufbewahren soll. Er will nicht, dass die Polizei die beschlagnahmt. Dann legen sie ihre Vorgehensweise fest. Ein Sparbuch mit 40 000 Mark ist per Post auf dem Weg zu seinen Eltern. Die sollen es für ihn aufbewahren. Noch wissen sie von nix.

Die Anwältin trifft sich mit dem Staatsanwalt und dem Haftrichter. Danach verspricht sie Mario, dass er gute Chancen hätte, bis zur Verhandlung frei zu bleiben, wenn er sich selber stellen würde. Hört sich verhältnismäßig gut an, wie er findet. Am anderen Morgen fährt er mit der Tussi von Anwältin zum Haftrichter. Eine Stunde später sitzt er in der Zelle. Mario wird direkt in das Hochsicherheitsgefängnis in Preungesheim gebracht. Das hat die gleich Bauweise wie Stammheim, in der damals Bader, Meinhof und die ganze Blase gestorben sind.

Sein Zellengenosse ist ein Gauloises ketterauchender Doppelmörder, der ihm stolz von den tödlichen Fußtritten berichtet, die er seinen Opfern beigebracht hat. Hochsommerliche Temperatur, die Luft in der engen Zelle ist zum Schneiden. Mario liegt bald auf dem Boden der Zelle, dicht bei der Stahltür, weil von dort etwas „frischere" Luft einströmt.

Die Staatsanwaltschaft wirft Mario die Gründung einer internationalen Vereinigung zum Zwecke der Drogenkriminalität vor und den Umsatz einer riesigen Menge Haschisch. Darüber hinaus besteht der dringende Verdacht auf Handel mit Kokain. Fluchtgefahr besteht ihrer Meinung nach sowieso, obwohl er sich aus dem Ausland heraus selbst gestellt hat. Und einen festen Wohnsitz hat er auch vorzuweisen. Also schlug die schwere Eisentür hinter ihm zu.

Marios Welt bricht zusammen
Das ist jedoch nicht das Ende. Seine Anwältin lässt sich kaum sehen. Und Mario muss aus der U-Haft heraus seine Unschuld beweisen. Obwohl die Abhörprotokolle und einige belastende Zeugenaussagen von einem ganz anderen Mario sprechen, kann er das natürlich nicht aus seiner Zelle heraus widerlegen. Er ist angeklagt, aufgrund der glaubwürdigen Aussage seines Freundes Manfred. Und Mario kann es immer noch nicht glauben. Noch immer vermutet er einen Trick der Polizei. Er macht keine Aussagen. Doch für die Kripo und den Staatsanwalt ist er so was wie ein Mafiaboss. Mario könnte sich die Haare ausraufen. Er kann nichts tun außer warten. Doch das ist hart. Er kann sich nicht konzentrieren. Das Lesen fällt ihm schwer. Die Augen schmerzen schnell. Sie sind nicht an das ständige Neonlicht gewöhnt. Seine Gedanken drehen sich im Kreis. Die Zeit tropft wie heißes Blei in seine Stirnhöhle, verursacht dumpfen Kopfschmerz, der nicht mehr aufhört.

Nichts zu tun –
   Stimmung sauer –

Praktisch Trauer –

Wie zum Spott scheint draußen seit Wochen eine warme Sonne vom strahlend blauen Himmel. Und es ist schon Ende Oktober. Die Blätter der Bäume, die er von seiner, von Gittern zerschnittenen Welt sehen kann, nehmen täglich schönere Farben an.

Sein Börsenfreund hat sich in der Zwischenzeit sein angelegtes Geld unter den Nagel gerissen und ihm vorgetäuscht, es sei verloren. - Harald landet übrigens einige Monate später in einer Irrenanstalt, hat sich das Geld als Kokain transformiert, grammweise durch die Nase gejagt.

Und er kann nichts tun. Er kann nicht mal das Licht anschalten, wenn es abends plötzlich in der Zelle erlischt.

Mario ist für dieses Leben nicht geschaffen. Er tigert in seiner Zelle hin und her. Sechs Schritte hin, sechs zurück. Manchmal wechselt er die Drehrichtung, damit die Beine gleichmäßig abgelaufen werden. Sein Leben war Natur und Freiheit. Es gibt keine Möglichkeit aus den Gedankenkreisen auszubrechen. Der Tod erscheint mal wieder verlockender als das Leben. Er nimmt Gestalt an. Langsam hat Mario das Gefühl es vor sich verantworten zu können, ihn zu seinem Freund zu machen. Und irgendwie tut es gut zumindest diese Wahl zu haben. Und diese Möglichkeit gibt ihm die Kraft einen Tag nach dem anderen dazubleiben.

Doch manchmal nehmen die Aggressionen in Mario heftige Formen an. Er will kein Mitleid. Doch die Tatsache bleibt bestehen, dass er der Angeschissene ist. Und das will er nicht zulassen. Das hat er noch nie zugelassen! Depression, Kopfschmerz, Leibschmerz, Müdigkeit, Atemnot, Erniedrigung.

`Mario, die Klinge liegt bereit. Du lässt einfach los, ganz einfach geht das. Er hat nicht mehr viel zu verlieren. In der Hoffnung, dass er im nächsten Leben einen besseren Weg

21

einschlägt, kehrt er einfach dorthin zurück, woher er gekommen war. '

Sein Abschiedsbrief ist schon geschrieben. Doch bis nächsten Dienstag (ein weiterer Haftprüfungstermin) muss er noch durchhalten. Und so hangelt sich Mario von einem Termin zum nächsten.

Und ganz langsam sieht er, dass auch diese schwere Zeit für ihn sein muss. Etwas will das Leben ihm mit dieser Geschichte sagen. Er muss wieder auf den Boden des Lebens geholt werden. Und er wählt die harte Tour. Zu sehr ist er dem „normalen" Leben abgerückt. Er hatte schon eine Segeljacht und die Villa in Mallorca in seinen Plänen. Seine "Guten Freunde" sind nur das Werkzeug für diese Erfahrung. Schritt für Schritt realisierte er diese Erkenntnis bis in die Knochen. Und doch fühlt er sich manchmal wie zerrissen. Denn er ist auch Mensch mit all seinen Emotionen. So hat Mario hin und wieder heftige Fantasien was diesen "guten Freund" betraf. Manfred zumindest saß ganz in der Nähe, in Butzbach im Knast. Er hat zwar, dafür dass er seine Hauptabnehmer ins Gefängnis gebracht hat, Straferleichterung erhalten, doch zwei Jahre soll auch er absitzen.

Mario tut eine Möglichkeit auf, um ihn dort von der Treppe fallen zu lassen. Die Gefängniswelt ist eine Welt für sich – dort bekommst du alles – mit den nötigen Hebeln, Beziehungen und Geldern.

Dann wieder sagt Mario sich, dass er sich nur „die Finger" schmutzig machen würde. Und so geht das eine ganze Weile. Der Hass verebbt langsam. Manfred muss schließlich damit leben, sich morgens im Spiegel in sein feiges, verlogenes Gesicht schauen zu müssen. Marios Ehre ist noch intakt!

Gefangenschaft

Die Schreie der gemarterten Seelen! Das knochenmarkerschütternde Dröhnen der Stahltüren, wenn wiedermal ein Gefangener in seiner Zelle randaliert. Das Klirren der schweren Schlüssel am Bund der Schließer, deren Schritte durch die langen schallverstärkenden Gänge des Betonbunkers Preungesheim hallen. Betonsichtblenden vor vergitterten Zellenfenstern, die einem den Eindruck vermitteln in einem Sarg zu vegetieren. Vorschriften, Anordnungen, Befehlston geben Mario das Gefühl von Fremdbestimmung. Isolation, eine subtile aber effiziente Form der Folter.

Die Welt draußen ist klein geworden. Auto, Flugzeug, Telefon, Fernsehen lassen die Entfernungen schrumpfen. Doch hier wird das Augenblinzeln zu einer Willensanstrengung, die hilft, eine Ewigkeit mit der anderen zu verbinden.

Das leise Summen der Neonröhren, die den Sarg auch tagsüber mit einem perversen, augenschädigenden Licht ausleuchtet, verstärkt den Eindruck, dass Zeit tropfenweise in Marios strapazierte Hirnwindungen dringt und den Gedankenspiralen tief hinabfolgt, um dort schließlich in ein großes schwarzes Loch zu fallen.

Mario beobachte, wie sich in seinem Kopf Bilder, angefüllt mit Aggression, Wut und Gewalt bilden. Er schlägt! Er schlägt auf Menschen ein. Er erschrickt! Er erschrickt über sich selbst und die Möglichkeiten, die in einem menschlichen Gehirn schlummern. Gedanken von Mord und Todschlag. Aber Mario weigert sich sie zu denken. Sind sie doch der Anfang vom verblödeten, stumpfen Dasein, das so viele hier im Knast führen.

Doch die letzten Tage sind wieder Tage, in denen nichts funktioniert.
Nicht einmal das Duschen. Heute früh steht ihr versammelter Zellenblock mal wieder unter den verzagt

tröpfelnden Gemeinschaftssprinklern. Fünf Minuten haben sie dafür. Zeitweise kommt gar kein Wasser und sie frieren sich den Arsch ab. So wird seine Erkältung, die er nun schon drei Wochen mit sich rumschleppt, nicht wirklich besser. In den letzten zwei Wochen hat Mario eh mit seinem alten Sargnagel zu tun gehabt. Asthma, das ihn von Kindesbeinen an begleitet hat. Dagegen anzukämpfen macht wenig Sinn. Auch das war eine Kopfgeschichte. Er hat in den letzten Monaten ganz schön gekämpft und gekrampft. Wer kann es ihm auch verdenken. Die letzte Zeit war für ihn die Hölle. Und er durfte feststellen, dass er mehr ertragen kann, als er geglaubt hat.

Und doch – die Dinge sind wie sie sind. Und innere Beweglichkeit und Flexibilität sind jetzt hilfreich. Seltsam genug, Mario fühlt sich zurzeit in seinem Bewusstsein, im Geistigen viel beweglicher als vor einigen Monaten. Das Rad des Lebens dreht sich immer weiter – von der Dunkelheit ins Licht und zurück. Und seine Gedanken drehen sich nicht mehr in der Depressionsspirale, hin zum schwarzen Loch.

Blende - Die Verhandlung ist kurz und bündig.
Manfred will zwar seine Aussage gegen Mario zurücknehmen. Doch der Richter, ein scharfer Hund, setzt Manfred unter Druck. Wedelt mit seiner Aussage durch die Gegend und droht damit, dass sein Fall noch mal neu aufgerollt wird. Manfred bleibt also bei seiner Aussage.
Nach vier Monaten Untersuchungshaft, unter erbärmlichen Verhältnissen (in dieser Zeit lernt er die Bananenrepublik Deutschland kennen), wird Mario schuldig gesprochen und zu 33 Monaten Gefängnis verurteilt. Die U-Haft wird angerechnet. Der Richter braucht für sein Urteil keine Beweise, die es ja auch nicht gab, ihm reicht die belastende Aussage.
Doch es ist noch lange nicht vorüber. Seine Anwältin behält die 20 000 Mark für ihre sogenannten Dienste ein. Mario hat sie in der U-Haft vielleicht fünfmal gesehen. Eigentlich

hat sie nichts anderes gemacht, als bei der Verhandlung da zu sein und den Deal mit dem Staatsanwalt abzunicken, der ja wieder eine weitere linke Kiste war. Und so sitzt Mario im Knast. Von allen guten Geistern verlassen, betrogen und ausgenutzt. Sicherlich hat er Haschisch verkauft. Doch guten Stoff, seiner Meinung nach weniger schädlich als Alkohol. Das hat er nicht verdient! Und noch immer kann er die Sache nicht glauben. Er hofft jeden Moment aus dem Alptraum zu erwachen. Aber es gelingt ihm nicht die Ecken des fehlgeträumten Traumes auszubügeln. Und das Leben geht einfach weiter. Doch für ihn tropft die Zeit zäh und klebrig aus einem großen umgefallenen Honigglas.

Blende - Welten in der Welt

Mario sitzt noch immer in der U-Haftanstalt, in der Strafhaft ist kein Zimmer frei. Das Fenster seiner Zelle doppelt vergittert, eine Betonsichtblende davor, der Raum um ihn herum klein und beschränkt, schmutzig und grau. Von draußen dringt diffuses Licht des sonnigen Tages und die üblichen Gefängnisgeräusche herein.

Was heißt:

Schrilles metallenes Schlüsselgeklapper
Dumpfes Stahltürenschlagen
Hallende Betongänge

Hin und wieder ein Schrei der
Verzweiflung und Einsamkeit

Mario sitzt in einer kleinen grausamen Welt, auf dem weiß-blau karierten Bettzeug, nahe bei das Waschbecken und die versiffte Kloschüssel und starrt auf die graue Zellenwand. Dort gibt es diesen bunt schillernden Schimmelfleck. Und er verliert sich in dessen Landschaft, wandert in den Weiten seiner inneren Welt.

Draußen, vorm Gefängnis,
der Film des alltäglichen Irrsinnes, Realität genannt.
Ja das Leben läuft weiter, dreht sich wie ein riesengroßes
Rad, ob langsam oder schnell, wer weiß das schon? Dieses
Leben, das so skurrile Geschichten schreibt. Geschichten,
wie sie sich kein Erzähler skurriler ausdenken kann.
Geschichten, die in letzter Zeit immer heftigere Formen
annehmen. Formen, geprägt von Hektik, Aggression, Angst,
Orientierungslosigkeit, Verzweiflung, Zerstörung; aber auch
von Neubeginn, Wandlung der Werte, der Lebensinhalte.
Das Alte wird zerstört, um dem Neuen Platz zu machen. Im
Empfinden des Menschen ist die Natur oft grausam, doch
das Spiel funktioniert.

Das Spiel nennt sich Evolution.
Und alles strebt zum Licht.
Wandlung innen wie außen.
Außen wie innen.
Die Dinosaurier waren nicht wandlungsfähig genug. Auch
der Mensch hat damit gewisse Schwierigkeiten. Und so wird
eine Filmrolle nach der anderen eingelegt. Manchmal laufen
drei Filme gleichzeitig. Und Mario sitzt auf dem kleinweiß-
blau karierten Bettzeug in seiner Zelle.- Seine Welt ist im
Moment der Schimmelfleck an der grauen Wand - und die
ist so ausgedehnt wie keine andere.
Schönes wie hässliches
Dicht beieinander

Im Hier und Jetzt
Drinnen ist draußen
Draußen ist drinnen
Und letzten Endes versäumt er nichts.
Der Mensch soll sein wie ein Stern
Und seine Bahn ziehen!

Bahnen aber gibt es viele. Was wenn deine Bahn in den Abgrund führt? Was ist dann mit dem Stern? Doch Selbstmord ist nicht wirklich eine Alternative. Ja, Mario lebt noch. Hundert Tage Gefangenschaft. Ja, es gab Tage darunter, da war der Tod verlockender als das Leben im Knast. Aber er hat diese Tage überwunden, er hat sich überwunden. Das Leben war für Mario schon immer ein Kampf gegen die Sehnsüchte und Bedürfnisse des eigenen Ichs. Doch interessanter Weise, das Sein, dass Selbst gewann dabei. Es gibt ihm eine Art Befriedigung zu erkennen, dass die äußeren Umstände dem Sein nichts anhaben können. Sie können ihm alles nehmen. Sein Zuhause, seine Freiheit, sein Geld, sein Kontakte. Doch solange Mario es nicht zulässt, können sie ihm seine seelische und geistige Freiheit nicht nehmen. Und wenn er hier rauskommt, wenn er seine körperliche Freiheit wiedererlangt, wird er doppelt frei sein.

Er hat sich überwunden, er hatte sein Selbst erkannt. Und er wird sich umschauen, die Hände zum Gruß erhoben und Om summend zu seinem geliebten Meer zurückkehren. Doch er wird nie all die Verletzungen und Ungerechtigkeiten vergessen, die der Mensch dem Menschen und seiner Welt antut. Und Mario wird einen Weg finden, wie er dazu beitragen kann die Ungerechtigkeiten in der Welt zu verringern. Es wird nicht der Weg der Politik oder der Aggression sein. Es wird eher ein Weg der Liebe, des Mitgefühls und der Heilung sein. Er möchte ein ruhender Pol im Chaos des menschlichen Lebens sein. Ja, die Welt muss nicht so bleiben wie sie ist, denn wir Menschen sind fähig uns zu ändern. Wir haben Bewusstsein und damit die Fähigkeit zu entscheiden:
zwischen Liebe und Hass -
zwischen Gier und Mitgefühl -
zwischen Krieg und Frieden –

Ja, - alles hat seinen Sinn. Der Stern wird wieder emportauchen. In welcher Form auch immer. Wie der Phönix aus der Asche. Wir sollten uns Menschen nicht so wichtig nehmen. Wir sind nicht der Mittelpunkt des Universums! Maximal ist der Mensch eine Vorstufe zur Erkenntnis, aber lange nicht die Erkenntnis selbst. Wir sind wie die Kinder und spielen mit dem Feuer. Wir balgen uns erst ganz harmlos, übermütig. Doch meist wird aus Spaß Ernst und jetzt ist er fünf Jahre alt. Und plötzlich haben wir blutige Köpfe. Erschwerend kommt die Dummheit hinzu, die aus allen Ecken schaut. Der Mensch ist korrupt. Dummheit und Korruptheit bedingen sich gegenseitig. Ohne das eine ist das andere nicht möglich. Interessanterweise aber auch keine Erkenntnis.

Wie aber kann man Weisheit und Erkenntnis in einer Welt der Ignoranz aufrechterhalten? Wohl nur durch viel Energie und Bewusstheit. Auch das unterscheidet die Dummheit von der Erkenntnis. Dummheit gibt es und hat es schon immer gegeben. Weisheit müssen wir uns „erarbeiten" und Energie investieren. Das ist der Punkt. All die göttlichen Erkenntnisse und Einsichten, die Mario schon hatte? Kann es sein, dass sie gegen die „Alltäglichkeit" nicht ankommen? Ist das der Trick den die Dummheit benutzt, damit sie allgegenwärtig sein kann?

Mario denkt bei sich:

Ich werde geatmet. Und wenn ich mich gegen das Leben stelle, verkrampfe ich mich und es kommt zum Asthmaanfall. Angst sollte dem Vertrauen weichen. Hier werde ich nicht sterben, hier werde ich nicht zugrunde gehen – wenn es nicht sein soll. Und wenn doch, dann soll das so sein, auf meinem Weg zur Erkenntnis. In diesem Sinne Mario, lass dich nicht anstecken von dem Getue und der Aggression deiner Mitgefangenen. Wenn du´s mit diesen einfachen Geistern zu tun hast, weißt du wie du damit umgehen kannst. Geduldig, Mitfühlend und wenn es nicht anders geht – schweigsam.

Ein weiterer seiner Sargnägel ist die Maria, seine Freundin. Sie fährt mit Peter nach La Gomera. Lässt sich's gut gehen. Und Mario knappert an seiner Eifersucht. Maria ist ein junges Mädel. Sie beide hatten viel Spaß gehabt. Immerhin hat er ihr die etwas größere Welt gezeigt, jenseits ihres Oberbayrischen Idylls. Doch jetzt scheint sie gerade ganz schön auf LSD abzufahren. Zum Glück muss er sich nicht vorwerfen, dass er sie drauf gebracht hat. Das haben andere getan. Sie wirkt recht flippig, fahrig, vergesslich und pickelig. Zumindest kam´s ihm bei ihrem letzten Besuch so vor. Vorwürfe machte sie Ihm. Er solle doch die Besuchsscheine zeitiger abschicken. Als wenn das an ihm hängen würde! Wenn Mario weiß, wer kommen will, schreibt er den Antrag. Am anderen Tag wird der dann mit der Post geschickt. Doch da liegen zurzeit etliche Feiertage im Weg. Ach ja, Mario hängt sehr an ihr, ist sie doch nicht nur seine Geliebte – oder sollte er jetzt sagen EX-Geliebte. Nein, sie ist auch einer der letzten Bezugspunkte nach draußen. Doch er sollte nicht so sehr an ihr hängen. Irgendwie hat sie nicht das Zeug dazu, ihm hier drin zu helfen. Und sie wird gewiss nicht lange auf Mario warten.

Maria hilft ihm indirekt, indem sie ihm Tiefschläge verabreicht. So kommt er schneller zur Erkenntnis, nur noch für sich zu denken. `Ich bin mein eigenes Schicksal´, denkt Mario. `Deine Kraft kann nur aus dir selbst heraus entstehen. Und sie kommt bestimmt nicht, wenn du dich von einem jungen, launenhaften Mädchen abhängig machst. Wir sind immer alleine. Und gerade hier muss ich mich auf mich selbst konzentrieren. Ich darf nicht hoffen, dass die Hilfe von draußen kommt. Sonst sind die Enttäuschungen zu groß, wenn der Besuch wieder nicht zur erwartenden Stunde auftaucht. Oder das lang ersehnte Radio erst nach einer Woche.

Blende - Liebe und Freundschaft - nicht nur ein Wort

Alles was uns antreibt, ist Liebe und der Wunsch geliebt zu werden. Das kostbarste, das der Mensch im Leben bekommen kann, ist Liebe und Freundschaft. Selbst mit noch so vielen Moneten kannst du dir nicht mehr kaufen, als eine Karikatur davon.
Ohne Liebe ist das Leben eine dornige Wüste.
Liebe macht stark und geduldig.
Liebe macht ruhig und wissend.
Liebe hat so viel Eigenschaften,- destruktive und heilende!
Liebe ist wie das Glück.
Beides kann man nicht erzwingen.
Liebe ist da oder sie ist es nicht.
Ist die Liebe erst einmal anwesend,
darf man die Hände nicht in den Schoss legen.
Liebe ist ein ewiger Kampf und immerwährendes Lernen.
Liebe kennt keinen Stillstand.
Liebe ist kein Göttergeschenk,
herabgekommen aus dem leeren Raum.

Bei einem Menschen,
   Zu egoistisch
     Zu ichbezogen
       Zu Konkurrenzbedacht
         Ohne Vertrauen
           Voll Angst sich fallen zu lassen
         Bleibt die Liebe nicht lange.

Liebe kann man nicht kaufen!

Ich habe einen großen, dicken Farbfernseher
Ich habe einen riesengroßen, ovalen Swimmingpool
Ich habe dick samtene Vorhänge vor den Fenstern

Ich habe weiche, teurere Perserteppiche unter meinen Füßen
Ich habe einen silberfarbenen Mercedes Benz vor der Haustür
Ich habe einen Butler für das Frühstück im Bett

Ich habe ein rotes Telefon
    aber jedes Mal, wenn ich deine Nummer wähle,
    hebst du nicht ab!
Weshalb hebst du nicht ab-?
    Wo ich doch so viele Moneten hab!?
Ich habe Angst
    Ich habe Angst davor
        Mein verloren gegangenes Vertrauen
        In die Menschen
            Nie mehr wiederzufinden.

Ich habe Angst davor,
    Eine lästige Pflicht dazustellen
        Deren man sich in einer kurzen Atempause
        Der so hektischen Bürostunden
            Nebenbei entledigt.

Ich habe Angst davor,
    Tatsächlich nur noch eine Nummer
        Verwaltet und fremdbestimmt
        Auf dem Aktendeckel zu sein
            Abgelegt in der Schublade 1039.

Ich habe Angst davor
    Keinen Bezug mehr zur Menschlichkeit
        Kein Vertrauen zu mir
            Und zu dir zu haben.

Ich will nicht dein Mitleid!
Mir geht es nicht darum
Deine und meine ohnehin
Eingeschränkte Freiheit
Durch egoistische Seiltänze
Zu einem Eisschrankgefühl
Verkommen zu lassen.

Blende – Strafhaft!
Nach achtzehn Wochen im Bunker ist Mario endlich in einem anderen Gefängnis. Da draußen wird es ihm keiner glauben. Doch es macht einen großen Unterschied hier zu sein. Er ist zwar immer noch gefangen. Doch die Zelle ist öfters aufgeschlossen. Man kann sich draußen im Gang mit Kollegen treffen. Man kann öfters, länger und wärmer duschen. Die Männer sind anders drauf – nicht mehr ganz so Rattenmäßig gehetzt. Sie wissen was sie zu erwarten haben und haben sich zum Großteil darauf eingerichtet. Jetzt können sie wieder in die Zukunft planen. Die Zeit ist überschaubarer. Die Tage gehen schneller herum.

Doch Atemnot macht Mario seit fünf Tagen zu schaffen.
Scheinbar erlaubt sich sein Körper erst jetzt zusammenzubrechen. Draußen werden die meisten auch erst im Urlaub oder am Wochenende krank. Mario hält den Sani auf Trapp. Der musste ihm gestern zwei Spritzen in den Hintern jagen. Denn die Erstickungsanfälle wurden immer heftiger.
Heute ist Mario zum Sport mitgeschlichen. Den gibt's nur zweimal die Woche. Und da unten gibt's eine Dusche, deren Luxus er sich nicht entgehen lassen will. Danach hat er neidvoll den Kraftsportlern und Tischtennisspielern zugeschaut. Er möchte auch mal wieder die Muskeln spielen lassen. Doch im Moment kann er froh sein, wenn er sich überhaupt bewegen kann. Die Rückenmuskeln hatten sich

in der letzten Zeit total verkrampft. Er kam einfach nicht mehr von seinem Bett hoch. Beim Thorwald Dethlefsen im Buch „Krankheit als Weg" findet er zum Thema spannende Inspiration. Unter anderem fünf Fragen:

- Was verschlägt mir den Atem?
- Was will ich nicht hinnehmen?
- Womit will ich nicht in Kontakt kommen?
- Was will ich nicht hergeben?
- Habe ich Angst einen Schritt in eine neue Freiheit zu gehen?

Tja, das sind Fragen, offen und direkt. Sie verlangen eine offene und ehrliche Antwort. Und die hat Mario genügend. Aspekte seiner Atemnot sind bestimmt die Angst vor der langen Gefangenschaft, die stickige Luft im Knast, davor, dass jeder Arsch von Schließer einfach in die Zelle kann. Wieder keine private Ecke. Wie damals in ihrem Kinderzimmer, vollgestopft mit zwei Hochbetten und der Nähmaschine seiner Mutter.
Wie aber kann Mario die Gefangenschaft akzeptieren? Wie kann er diese ganze Geschichte in sich reinlassen – quasi einatmen? Das scheint ein schwieriges Unterfangen –

„Schlimme Finger Tage"
In der Nacht hat Mario wieder Todesangst. Tod durch Ersticken ist nicht sehr schön. Dieses beklemmende Gefühl in der Brust. Aufhängen wird er sich wohl nie. Am Morgen dann der Zahnarztbesuch. Die Tage vorher hatte er schon so ein Gefühl – wird bestimmt heftig. Aber es wird noch heftiger!! Im Kiefer, dort wo früher die Schneidezähne waren, steckt noch ein Wurzelrest. Da hat sich eine Entzündung drum gebildet. Doch der Zahnarzt ist gut. Auch wenn die vier Spritzen Mario die Tränen in die Augen gedrückt haben. Auch wenn er Mario mit dem Skalpell das Zahnfleisch überm Kiefer aufgeschnitten hat, dass das Blut nur so lief. Auch wenn er ihm ein schönes Loch in den Kiefer

bohrte und mit allen möglichen Instrumenten versuchte, den Wurzelrest zu packen. Auch wenn Mario bei dem Schabgeräusch auf Knochen die eh verkrampften Rückenmuskel noch mehr verkrampfte. Lang anhaltendes Rumoren in seinen Unannehmlichkeiten. Auch wenn er dann dieses Loch mit Nadel und dickem Faden zunähte, als hätte Mario ein Stück Schuhsohle im Gesicht. Auch wenn er jetzt einige Tage nicht vernünftig essen kann und er hin und wieder den Geschmack von Blut im Mund hat. Der Zahnarzt ist gut. Die Sache wurde in einer Praxis außerhalb der Gefängnismauern gemacht. Und Mario kam mal wieder in den Genuss seiner geliebten liegenden Acht, den Handschellen. Hoffentlich lohnt sich die Aktion und sein Allgemeinbefinden und sein Asthma verbessert sich, wenn dieser chronische Entzündungsprozess aus dem Körper verschwindet.

Und noch so ein schlimmer Fingertag
Wenn Mario im Stehen hustet, zieht er sein linkes Bein an, damit es ihm die Gegend um den linken Lungenflügel nicht zerreißt. Langsam hat er echt die Nase voll. Er versucht ganz bewusst die verräucherte Knastluft einzuatmen. Sie ist wirklich reizend. Dadurch, dass der Oberkiefer über den Schneidezähnen genäht und geschwollen ist, wird das ganze Theater auch nicht gerade ergötzlicher. Wie ein alter Indianer sitzt Mario in der Nacht eingehüllt in einer Decke auf seinem Bett. Wie es ihm geht? Matt, schlaff, alt, nicht zuletzt mutlos.
Er möchte mal wieder vierzig Liegestütze am Stück machen und seine Yogaübungen. Nach der Meinung des Anstaltsarztes ist er labil, hypochondrisch und selbstbemitleidend. Das darf er sich zu allem Überfluss auch noch anhören, bzw. anlesen. So steht es nämlich in dem Befund, den Dr. Müller zwecks Feststellung der Haftfähigkeit geschrieben hat. Mario würde dem Herrn

Müller am liebsten ein „Heil Hitler" zurufen. Doch am Ende tut er ihm damit noch nen Gefallen. Menschenskind, - da liegt Mario mit steifen Rückenmuskel stöhnt laut, um den Schmerz beim Aufstehen auszuhalten und der Typ hält ihn für´ne Hypochonder und Simulant.

„Ich will dir mal was sagen Herr Dr. Müller: Ich wünsch niemandem was schlimmes, aber du solltest dich nur mal eine Woche so fühlen, wie ich mich in den letzten vier Wochen, dann würdest du winseln – ich schwörs dir – du kleiner Nazi!" Pferdedoktoren sind besser. Erst macht er mit seinen Wurstfingern einem Knacki an seinen Käsefüßen herum, dann greift er Mario mit denselben versifften Wurstfingern in den Mund. Wie ein Pferdehändler, der das Alter einer Stute feststellen will. Don´t touch me Alter!!! Und Mario wird ihm keine Ruhe lassen. Wenn´s drauf ankommt drückt Mario ihm eine Anzeige wegen unterlassener Hilfeleistung rein. Eine Dienstaufsichtsbeschwerde ist schon an den Justizminister unterwegs. Keine Ruhe soll er vor Mario haben. Solche Altfaschisten brauchen wir auch im Knast nicht mehr. Dieser Typ bringt Mario direkt in Wut. Spannend – die Wut tut Mario gut –

Schmerz und Leid
Jeder neue Schmerz ist etwas differenzierter von den anderen. Schmerz und Leid sind immer wieder neue Erfahrungen. Ob sich Mario jemals daran gewöhnt? Irgendwo hat er mal gelesen, dass der Widerstand gegen die Erfahrung erst das Leid erzeugt. Hmm, vielleicht sollte Mario noch mal in Ruhe drüber nachdenken.

Blende - Weihnachten im Knast
Nur gut, dass für Mario das Weihnachtsfest schon lange keine Bedeutung mehr hat. Gibt es doch unter den Knackis, offiziell VU´s (Verurteilte) einige, denen es ganz schön an

die Nieren geht, nicht mit ihren Lieben sein zu können. Für Mario ist es ein Knasttag wie jeder andere. Nein, das heißt nicht ganz. Die VU´s haben nämlich zwei Weihnachtstüten bekommen. Und die Weihnachtspakete von draußen sind eine willkomme Gelegenheit seine Vorräte aufzustocken. Der monatliche Einkauf mit 67 DM fällt nicht gerade üppig aus. In seinem Spind und unterm Bett stapeln sich die Vorräte. Sie sollen aber auch reichen bis Ostern. Das tägliche frische Obst bekommt er durch einen Küchenarbeiter, im Tausch mit einem Stückchen Haschisch. Müsli hat Mario momentan auch reichlich. Er ist also ganz gut versorgt.

Je weniger du willst,
Desto mehr bekommst du.
Oder
Tue nicht was du willst,
Dann kannst du tun was dir gefällt.

Wir sind nicht nur Gefangene innerhalb der Gefängnismauern, wir sind auch Gefangene unserer selbst. Je mehr Ansprüche wir haben, desto mehr können wir enttäuscht werden. Dazu kommt: Wir beschränken uns allzu oft auf die Ansprüche in materiellen Angelegenheiten. Was wäre anders, wenn Mario jetzt draußen wäre? Er würde sich so gut er kann um die familiären Weihnachtsfeierlichkeiten drücken, wäre vielleicht irgendwo in die Sonne geflogen oder würde angetörnt die Gegend unsicher machen. Ganz angenehme Vorstellungen, doch nicht weltbewegend Neues.

Blende – Das Leben im Knast verhilft Mario zu neuen Erkenntnissen.
Er kann sich zum Beispiel vor Augen führen wie es bei den meisten Menschen um das Weihnachtsfest bestellt ist. Es ist eben nicht wirklich Friede, Freude, Eierkuchen dort

draußen. Da herrschen eher Hektik, Konsum, Stress und überfressene Bäuche. Über den Krieg reden wir jetzt mal gar nicht. Das sind die perversen Realitäten des Jubelfestes. Es muss sein wie es ist!

Oder

Alles kommt wie es kommen soll.

Marios Aufgabe sollte sein, sich von den Irrungen und Wirrungen und den von dieser Energie imprägnierten Menschen, hier drin, wie da draußen, nicht ins Boxhorn jagen zu lassen. Er will seinen Weg der Erkenntnis gehen, so gut er es eben in den jeweiligen Umständen hinbekommt.

Eiszeit
Und seine Augen wandern wieder zum Zellenfenster hin. Durch die daumendicken Gitterstäbe sieht Mario die verschneiten Dächer der braven Bürgerhäuser in der kleinen Stadt. Die kalte Wintersonne färbt den Schnee leicht rosa. Der Rauch der Schornsteine steigt senkrecht in den dunstigen Winterhimmel. Fasching ist´s und kalt. Mario lebt in einer kalten Welt. Die Kälte ist nicht nur da draußen. Doch immerhin, seine innere Welt wird durch sporadische Schübe von Enttäuschung, Angst, Schizophrenie, Hilflosigkeit, aber auch von Vertrauen, Einsicht in die Sinnhaftigkeit und der scheinbaren Notwendigkeit des Leids durchzogen. Also lebt er noch!
Und wieder wandern seine Augen zum Zellenfenster hin, wirft einen Blick auf die Eiszeitwelt. Die kalte Sonne ist weitergewandert. Besser die Erde hat sich weitergedreht. Die Schatten werden kürzer. Mario lebt noch!

Natur und Technik
    Spiritualität und Materialismus
        Liebe und Hass
            Freiheit und Gefangenschaft

Gegensätze, die sich aneinander reiben

Bis die Mitte,
Die Essenz aus all dem gefunden ist.

Der Faktor Zeit spielt keine Rolle.
Er entsteht nur im beschränkten Bewusstsein
Des gefangenen Menschen.

Sind wir nicht alle gefangen?!
Gefangen in Mauern, errichtet von
Unserer Sehweise,
Moral
Unseren Abhängigkeiten
Unserer geistigen Beschränktheit.

Wir hängen an den Gittern des Zellenfensters
Schaben mit einer Nagelfeile an den Eisen
Schreien nach Freiheit
Und merken nicht,
Dass wir uns nur um hundertachtzig Grad
Drehen müssten und der Weg wäre frei,
Die Zellentür ist nämlich nur angelehnt

Drin gefunden

Wir alle tragen einen dicken Sack von frühkindlichem
Schmerz mit uns herum. Die meisten von uns sind durch
eine nicht kindgemäße Säuglingserziehung gegangen, und
unsere Eltern konnten uns aus ihrer eigenen neurotischen
Entwicklung heraus nicht die Akzeptanz geben, die wir
benötigten. Wir wurden nicht dafür geliebt was wir waren,
sondern dafür, was wir sein sollten.
Diese Erfahrung ist wohl für das Kind der größte Schmerz:
dass die Eltern von ihm erwarten, jemand zu werden, der
man nicht ist. Damit die unbefriedigten Bedürfnisse der
Eltern gesättigt werden können, soll das eine Kind artig und
lieb, das andere mutig und draufgängerisch und wieder ein
anderes Kind stolz und angstlos sein.

Wenn nun das Kind bemerkt, dass es nur Liebe bekommt, wenn es so ist, wie seine Eltern es sich wünschen, gibt es auf, es selbst zu sein, und spielt vor, derjenige zu sein, den seine Eltern haben wollen.

Wir sind auf dem Weg nach Nirgendwo
Irgendwo in Irgendwo
Komm steige ein.
Hektik, Ärger überall
Selbst die Natur macht da keine Ausnahme.
Die Elemente Luft, Feuer, Wasser und Erde sind in Aufruhr!

Vulkane spucken Glut aus Mutter Erdes Leib
Kinder verhungern täglich
Schwarz und Weiß bekämpfen einander
Bomben verbreiten selige Ruhe.

In den Menschen brodelt ein alchemistisches Gebräu.
Es braucht noch ein spezielles Kraut
Und der kritische Punkt ist überschritten.
Dann gibt es zwei mögliche Reaktionsformen
Die eine sieht nach einem großen Atompilz aus.

Die andere Reaktionsformen -,
es bilden sich gewisse
Kristalle aus der schlimmen Suppe
Kristalle, aus denen sich der
Stein der Weisen zusammensetzt.

Das Bewusst-Sein für die menschliche Würde.
Das sich bewusst-sein über das eigentliche Ziel des Seins.
Alles strebt zum Licht!
Das ist die Natur!

Viele Entwicklungsstufen weiter ist der alchemistische

Prozess wieder am Anfang angelangt
Am Anfang war das Licht
Dann kam die Idee
Und die Idee ist durch das Wort Fleisch geworden
Doch auch die Polarität war geboren
Damit war die Sache aus der Einheit herausgefallen.
Die Polarität brachte die Verwirrung, den Zweifel,

Frau und Mann, Freude und Leid, Liebe und Hass,
Krieg und Frieden, Geburt und Tod,
Nicht-Wissen und Erkenntnis

Aber das Gesetz der Natur
Das Gesetz der Evolution
Das Gesetz von Yin und Yang
Verhilft dem Geist auf dem harten Weg
Über die Materie
Des Tanzes ums Goldene Kalb
Zum Bewusst-sein

Sich selbst und der Ordnung bewusst sein
Vertrauen und Wissen
Wie im Kleinen so im Großen
Und der Erkenntnis
Alles strebt zum Licht
Zur Vergeistigung

Wir sind auf dem Weg nach Nirgendwo
Irgendwo im Irgendwo
Komm steige ein!

Von J.W. von Goethe:
Wer mit dem Leben spielt
Kommt nie zurecht
Wer sich nicht selbst befiehlt
Bleibt immer ein Knecht

Nichts taugt Ungeduld
Noch weniger Reue
Jene vermehrt die Schuld
Diese schafft Neue

Wieder eine Vollmondnacht

Mario wird in diesen Zeiten von einer starken inneren Unruhe gepackt. Er fühlt sich alleine gelassen. Maria ist wieder mit Peter auf La Gomera. Das Mädchen sollte er wirklich abhaken. Eifersucht und Neid sind Sachen, die er jetzt gar nicht gebrauchen kann. Mario freut sich stattdessen darüber, dass es ihm körperlich langsam besser geht. Die letzten Tage hat er ein fortwährendes Hungergefühl. Und er wird immer schweigsamer.

Die innere Unruhe lässt seine Hände zittern.

Sonntagnachmittag ist es. Vor seiner Zellentür auf dem Gang ist der Fernseher an. Davor sitzen all die alten Knackis und lachen sich hin und wieder schief. Er schiebt Roxy Music in den Rekorder und setzt die Kopfhörer auf seine Ohren. Durch die Gitter seines Zellenfensters dringt seit langem mal wieder ein Sonnenstrahl. Er lässt ihn sich auf die Nase scheinen. Mario muss nur ab und zu den Stuhl etwas nachrücken. Langsam wird er etwas ruhiger. Er kann seine Gedanken sammeln. Oh Gott, lass mich nicht verrückt werden, denkt Mario.

Mit seinen Meditationen ist er nicht weit gekommen. Vielleicht liegt es an all dem Stahl, den Gittern und den Angstvibrationen in diesem Haus. In der U-Haft in Preungesheim konnte er den Urschrei üben. Da haben sie eh den ganzen Tag geschrien und gegen die Stahltüren getreten. Hier im Strafvollzug würden sie Mario dafür in die Beruhigungszelle stecken. Zum Reden hat er niemanden. Ein Waldspaziergang wäre toll und dann in die Arme einer Frau kuscheln. So aber bleibt ihm nur der eine dünne

Sonnenstrahl, Roxy Music und das Blatt Papier. Es könnte eigentlich noch schlimmer sein.

Die Nacht ist vorbei.
Die einzige Zeit, die einigermaßen ruhig im Knast ist. Vor der verschlossenen Zellentür Schlüsselgeklapper, Stimmen im hallenden Gang, Stahltüren die laut ins Schloss fallen. Mario legt sich auf den Rücken, versucht sich zu entspannen, tief durchatmen, in Erwartung des kommenden, verwirrenden, unruhigen, unbefriedigenden Knastalltags. Aus dem Lautsprecher in der Zellenwand kommt gleich der laute Ruf: Sechs Uhr, Aufstehen!
Er bleibt noch liegen. Versucht sich positiv auf den Tag einzustellen. Der Gedanken an die Freunde, die ihn betrogen haben taucht auf, ein Gefühl der Trauer, der Enttäuschung, des Ärgers -.
Aber er will sich nicht darauf einlassen.
Ist es Verdrängung, wenn er an anderes denken will, denken muss?
Er glaubt, es ist eine Notwendigkeit des Überlebens.
Notwendig wie das Beiseiteschieben der Gedanken an die vielen ihm   bevorstehenden Knasttage. -

Er liegt auf dem Bett, mit seinem blau-weiß kariertem Bettzeug. Atmet tief durch und nimmt sich vor, freundlich und entspannt zu sein. Weiß er doch, dass sich Wut und Zorn in seinen Gedanken mittel- und langfristig nur gegen ihn selbst richtet. Dann geschehen Dinge, die nur noch mehr Frust erzeugen. Zum Beispiel schlägt er sich das Bein am Tisch an, bekommt dumme Sprüche vom Schließer oder den Knastkollegen reingedrückt. Seine innere Einstellung prägt seinen Tag, sein Erleben.
Er muss egoistisch sein. Darf sich nicht auf die negativen Vibrationen seiner Knastkollegen einlassen. Muss weghören, darf sich nicht einfangen lassen vom Gejammer und dem Beklagen. Von draußen hört er das Geklapper und

quietschen des Essenswagen. Die Tür wird mit lautem metallenem Geräusch aufgeschlossen. Ein lauter Ruf: Frühstück! Mario steht auf, schlüpft in die Trainingshose, tritt aus der Zelle.

Guten Morgen. - Er nimmt den Krempel, geht zurück in die Zelle, steckt den Tauchsieder in das Kaffeewasser und legt sich noch mal waagrecht. Eine Viertelstunde ungefähr braucht das Wasser bis es kocht. Solange hat er noch für seine Entspannungsarbeit. Dann beginnt der Ernst des Knastalltags -. Beuge dich, damit du nicht gebrochen wirst.

Gespräch:
„Mario, was machst du denn heute für ein Gesicht?"
„Bin traurig, merke dass ich im Knast bin."
Wie lange bist du denn schon drin?"
„Acht Monate."
„Dann merkst du das jetzt erst?!"
„Ja seltsam, doch draußen fliegt mir gerade alles weg. Die Wohnung, die Kohle, die Frau. Und mir sind die Hände gebunden.

Kraft
Ich liege wach und warte
Nur langsam kommt das Licht
Die Stunde die ganz uns gehört

Und Einsamkeit wie Rauch verweht
Gedanken weiche, harte
Dazwischen dein Gesicht
Und niemand der uns stört
Weißt du noch?
Das Geräusch des Südens
Bronzehaut lockt
Auf weißem Sand
Zwischen Felsen versteckt
Schützt das Meer die Liebe

Doch die Kälte wird sobald nicht weichen
Ich muss Kräfte sparen, hoffen, dass sie reichen
Im Kampf gegen die unsichtbaren Ketten

Und den Zeiger, der sich zu langsam dreht
Schlüsselklirren, Stimmen im langen Gang
Die Nacht ist herum, aufstehen

Und den Kopf nicht neigen
Wildes Tier im Raubtierbau
Läuft im Kreis herum
Werde auch heute keine Schwäche zeigen

Streng geheim
Die Worte werden weniger
Jedes Jahr verschwinden ein paar
Keiner merkt es
Aber bald
Werden wir sprachlos sein.

Blende – Thomas, ein Zellennachbar.
Mario hat einen Zellennachbarn, der ist Totalverweigerer.
Was heißt, dass er den Kriegsdienst und den Ersatzdienst
verweigert hat. Er kam auf die Idee, nachdem er schon ein
Jahr lang Ersatzdienst in einem Heim für geistig Behinderte
abgeleistet hatte. Er hätte also nur noch wenige Monate
weiter machen brauchen und die Sache wäre erledigt
gewesen. Übrigens wollte er in dem Heim nach seinem
Dienst mit einer Festanstellung weiter arbeiten.
Doch wie gesagt, nach zehn Monaten kommt Thomas zu der
Erkenntnis, dass der Ersatzdienst oder auch Zivildienst im
Kriegsfall, als Teil der militärischen Planung in die
Kriegsführung eingezogen wird.
Mario findet den Gedankengang ganz schlüssig. Was ihn
jedoch verblüfft ist die Konsequenz, mit der der Typ das

Ding durchzieht und die Konsequenzen, die seine moralische, ethische Haltung nach sich zieht.
Denn der junge Mann hat sich da was an Land gezogen, was nicht ganz ohne ist! Acht Monate auf Bewährung bekam er für die quasi Fahnenflucht. Doch sein Gewissen hat sich dadurch nicht beruhigen lassen. Er tritt den Zivildienst nicht wieder an und so wird er verknackt. Die acht Monate auf Bewährung wurden widerrufen und er bekam noch acht Monate Zuschlag. Das macht 16 Monate, die er jetzt hier absitzen soll.

Das ist nicht nur ein Politikum, das ist ein klarer Verstoß gegen das Grundgesetz und die Menschenrechte, wie Mario meint. Doppelbestrafung eines einzigen Straftatbestandes! In letzter Zeit gab es einige dieser Fälle und ein paar junge Männer wurden schließlich auch als Totalverweigerer anerkannt. Aber die Bayern sind da noch etwas hinter der Zeit zurück.
Nun, jedenfalls soll der junge Mann in 14 Tagen in den offenen Vollzug nach Preungesheim verlegt werden, damit er in Frankfurt sein Philosophiestudium weitermachen kann.
Der „Spiegel" hat sich angekündigt, um über den Fall zu berichten. Die Anstaltsleitung ist alles andere als erfreut. Und so wird er kurzer Hand direkt in den offenen Vollzug verlegt. Man will nicht zulassen, dass die JVA Dieburg in die Schlagzeilen gerät. Und die Blamage, einen aufrechten jungen Mann in den geschlossenen Vollzug zu „Verbrechern" zu stecken und das auch noch in einer „Demokratie", nein, die will man sich nicht einhandeln.

Gedanken
Soll man biegsam und flexibel sein
Um nicht an der Wirklichkeit zu zerbrechen? -
Soll man aufrecht gehen und seinem Gewissen folgen?
Oder soll man Verdrängungsmeister sein und abgestumpft für die Realitäten dieser Welt? -

Ist der Mensch nicht immer auf die eine oder andere Weise ein Gefangener? Finden wir nicht die einzige wirkliche Freiheit in unserem Inneren?

¿Cómo estás?
¿De verdad quieres saber? Tenia ganas de escribir en carta. Tengo un problema. Estoy en la cárcel! Jeden Morgen aufs Neue schaut Mario sich ganz verwundert um. Und immer wieder aufs Neue sind die Gitter vor dem Fenster, die Bettwäsche ist kleinweiß-blau kariert, die Wände grau-gelb, die graue Stahltür hat ein Guckloch für den Blick hinein und ist fest verschlossen. Mit dem Spanisch lernen versucht er sein Hirn zu trainieren.

Und Mario erkennt wie viel Einsichten er zurzeit in die verschiedensten Facetten des Lebens gewinnt. Momentan hat er sich stark reduziert. Seine Bedürfnisse beschränken sich auf das minimalste. Er kann sich über den Geschmack einer Orange in den siebten Himmel heben. Die Stunde im grauen, sandigen Hof, umgeben von mit Stacheldraht verzierten hohen Mauern, wird zu einem willkommenen und sehnlichst erwarteten Ritual. Wachtürme starren dabei auf ihn herab.
Mario trainiert bewusst zu bleiben. Er beobachtet sich selbst. Sieht wie er sich langsam verändert. Bald braucht er auch das Reden nicht mehr. Worte, viele Worte hier drin und fast alle sprechen von Leid, Ungerechtigkeit, Elend und Opfersein. Kaum jemand, der wirklich Verantwortung für sein Leben übernehmen will. Genau wie „Draußen".

Manchmal ist diese Wirklichkeit für Mario ganz unwirklich.
Am Anfang seiner Haftzeit, vor 40 Wochen etwa, ist ihm subjektiv gesehen, die Zeit wie ein riesiger Sandhaufen erschienen, der immer größer wurde und sich schließlich in einen zähen Brei verwandelte, der ihn umschloss und ihm den Atem nahm.

Jetzt hat er das Gefühl, dass ihm die Zeit wie Wasser zwischen den Fingern zerrinnt. Aber es ist die Zeit die hinter ihm liegt. An die lange Zeit, die noch vor ihm liegt erlaubt er sich keine Gedanken mehr.
Jetzt und Hier – Sein!

Und er hört auf, sich nach draußen zu orientieren.
Er muss leben. Ein wenig Spanisch lernen, ein wenig Canasta spielen, sein Yoga machen, keine Erwartungen mehr haben und sich nicht mehr täuschen, damit er nicht ent-täuscht wird.
Mario lotete sein ganzes Leben seine Grenzen aus.
Nun sind die Grenzen seiner Seele an der Reihe. Wenn seine Hände mal wieder vor innerer Unruhe zittern und er ganz verwirrt auf die verschlossene Tür starrt -
Wenn er merkt, dass sein Atem ganz flach und schnell ist -
Dann zwingt er sich, den letzten Sommer zu erinnern.
Oder war es der vorletzte?
Selbst dieses Zeitgefühl verschwindet langsam.

Er erinnert sich an die Fahrt an der spanischen Küste, die Serpentinen, die rostigen Kanonen hoch überm schillernden Meer. Er spürt den Wind und die Wärme auf der Haut. Und wenn er dann immer noch nicht ruhiger geworden ist, gibt es da einen Platz in einer felsigen Bucht auf Mallorca. Er sitzt nackt in der heißen Sonne und das Meer in seiner langen Dünung synchronisiert seinen Atem.
Im Nachhinein kommt es Mario vor, als hätte er geahnt, dass er die nächste Zeit zwischen kaltem Beton leben muss.
Jeden Moment hatte er genutzt, um im Freien zu sein, ohne Dach über dem Kopf, nur die Sterne, die Sonne, denn blauen Himmel über sich.
Und auch die Augenblicke, in denen er damals diese unerklärliche Traurigkeit verspürte und in leichte Depressionen verfiel, machen jetzt Sinn. Mario bekommt

Angst, dass er all das vergisst, es ihm wie Wasser durch die Finger rinnt.

Mancher Gedanke ist wie ein klebriger Kaugummi.
Der klebt Mario zwischen Mittel und Zeigefinger der linken Hand. Er will ihn wegwerfen. Greift nach ihm und schon pappt er an der rechten Hand. So geht das hin und her. Ein Paket, das nicht bei ihm zur rechten Zeit ankommt, ist für ihn wie ein teurer Blechschaden bei einem Autounfall.
Es hat ihn verrückt
Ist er verrückt?
Ja Mario ist ver-rückt
ES will, dass er ab-rückt!
Abrücken, verrücken – wohin?

Blende - Monate später.
Heute steht Merkur im Trigon zum Uranus. Mario müsste sich geistig lebendig fühlen und eine klare Intuition und Wahrnehmung haben. Er sollte diese Nacht, diese Zeitqualität nicht verschlafen. Doch er wird es tun. Denn er ist immer noch im Knast - und der Schlaf ist hier Gold wert. Glücklicherweise geht das die letzten Wochen ganz gut. Es sieht aus, als hätte er ein paar klebrige Kaugummis entfernt. Eine ruhigere Phase ist angelaufen. Mittlerweile geht er mit der Sportgruppe raus zum Schwimmen.

Blende - Wochen später
Ostern hatte er seinen ersten dreitägigen Urlaub. Und er hat es geschafft pünktlich zurück zu kommen. In einigen Tagen wird er in den „Offenen Vollzug" verlegt. Der soll die Gefangenen langsam wieder an die äußeren Realitäten anpassen. Die Türen der Zellen sind dort nicht mehr verschlossen. Mario darf dann jeden Tag für einige Stunden den Knast verlassen.
Doch so einfach wird es dort auch nicht sein. Viele Schikanen, regelmäßige Zellenkontrolle, strenge Disziplin

und Formularkrieg ohne Ende sollen dort auf ihn warten. Vielleicht schafft Mario es ja in der Gärtnerei arbeiten zu können. Und er kann sich um einen Umschulungsplatz kümmern. So etwas wie Zukunft gibt es schließlich auch für Mario.

Blende - Schließlich ist es soweit.
Für die letzten vier Tage im geschlossenen Vollzug ist Mario nochmal auf eine ganz andere Station verlegt worden. Das ist das reinste Gruselkabinett! Wie hässlich der Mensch doch sein kann! Liegt das dran, dass die meisten Menschen so unwissend und ignorant sind?

Das Leben ist ein Comicstrip
Die drei Helden vom neuesten Obelix Heftchen:
Frau Thatcher – Die eiserne Lady
Präsident Reagan – Vom schauspielernden Cowboy zum Mann am atomaren Drücker.
And last but not least – Mistel Gaddafi, der schmierige Sohn der Wüste, das Gehirn verschmort von afrikanischer Sonne.
Und der Westen hofiert den Typen noch – Öl sei Dank.
Von Kohl redet ja doch bald keiner mehr – oder?
Selbst die Blätter an den geplagten Bäumen trauen sich nicht aus ihren Knospen. –

Blende – Offener Vollzug
Mario ist also beim Kleiermann, dem heimlichen Diktator des „Offenen Vollzugs" gelandet. Der Reglementierungen gibt es hier eine Menge! Irgendwo hat Mario im Pflichtenheft gelesen, das Pfeifen, singen und herumrennen streng verboten ist. Wenn du dreimal bei etwas verbotenem erwischt wirst, darfst du wieder in den geschlossenen Vollzug zurück. Das ist nicht wirklich eine Alternative!
Mario darf sich noch unauffälliger verhalten. Nur gut dass er sein Yoga hat. Da perlt das Schmutzwasser von ihm ab. Und

immerhin, keine Gitter vorm Fenster mehr. Es gibt einige Bäume, Pflanzen und etwas Grün auf dem Hof. Die Zelle kann er selbst zuschließen, allerdings nur von außen. Eine Küche haben sie auf der Station, Minikühlschrank in der Zelle. Bis er jedoch für längere Zeit aus dem Knast darf, wird noch ein halbes Jahr vergehen. Es sind immer gewisse Stufen der Hafterleichterungen zu überschreiten. Verbunden mit Zuckerbrot und Peitsche, Schikanen und viel Kamine (Knastjargon für: So tun als ob – oder: Sie wollen angelogen werden). Wenn er "brav" ist, darf er in drei Monaten für 14 Stunden die Woche raus. Es ist ein Stufensystem. Fast wie eine Drogentherapie. Es kostet viel Kraft und Zeit, die Stufen zu erklimmen. Und du kannst in fünf Minuten wieder ganz unten sein. Wenn du zum Beispiel einem Beamten, der dich schikanieren will sagst, dass er dich mal kreuzweise kann. Im geschlossenen Knast kannst du das bringen. Da hat so mancher Schließer ein paar auf die Zähne bekommen. Hast ja nix zu verlieren.-

26. 04. 1986 - Reaktorunfall in Tschernobyl
Mario war auf seinem Hofgang. Es regnete radioaktiv und keiner sagte ihnen etwas. Was für Zeiten!! Wenn's dem Planeten so schlecht geht, warum sollte es den Menschen besser gehen?
Mikrokosmos = Makrokosmos
Wie oben so unten
Wie innen so außen

Keine Zeit
Ich habe keine Zeit. Keine Zeit.
Habe keine Zeit dich zu lieben.
Keine Zeit, keine Zeit.

Habe keine Zeit,
dich zu betrügen und anzulügen.

Ich habe keine Zeit. Keine Zeit.

Habe keine Zeit in der Wiese zu liegen.
Keine Zeit, keine Zeit.
Wie kann ich per Traumboot fliegen?
Habe keine Zeit. Keine Zeit.

Muss ich doch der Mark nachkriechen
Und mir selber in die Tasche lügen.
Habe keine Zeit. Keine Zeit.

Bin gut erzogen,
Mit dem Bruttosozialprodukt beDROGEN
Leistung und Macht haben mich verbogen.
Habe keine Zeit, keine Zeit.

Muss mich mit Nichtigkeiten abgeben,
Gier und Habsucht lässt mich streben,
Lässt selbst die Erde erbeben.
Ich habe keine Zeit. Keine Zeit.

Auf nem Pulverfass sitzend,
Habe ich keine Zeit,
Mich selbst zu finden.
Keine Zeit zu überlegen.
Jeden Tag, jede Stunde muss ich ausleben.
Habe keine Zeit, keine Zeit.

Blende - Ein sonniger Tag
Das Fenster seiner winzigen Zelle liegt nach Westen hin.
Zwischen dem Sonnenuntergang und Mario steht, wie ein
bedrohlicher Berg, kaum 70 Meter entfernt ein wuchtiger
Stahlbetonbunker, zwölf Stockwerk hoch. Den kennt Mario
auch gut von innen. Aus den schmalen Luftschlitzen der
doppelvergitterten Fenster, davor graue Betonsichtblenden,
dringt das Rufen und Schreien der lebendig Begrabene. Es

51

ist ein Sprachgewimmel wie beim Turmbau von Babel. Auf dem Dach ein vergitterter große „Vogelkäfig" für die vom Gesetz vorgeschrieben einstündige Freistunde in „frischer Luft". Hier kommen die gefährlichen Gangster mit akuter Fluchtgefahr hin. Mario hat dort oben so manche Runde gedreht.

Abfall fliegt aus dem zehnten Stock, Wasser wird Kübelweise hinterhergeschüttet. Es sieht aus, als weinte der Beton.

Der Himmel im Westen leuchtet vom letzten Abendrot. Je länger Mario aus dem Fenster und auf den nun scheinwerfermäßig angestrahlten Bau mit den scharfen Kanten schaut, desto melancholischer wird ihm zumute. All die armen Seelen. Das Schlagen der Zellentüren aus Stahlblech. Das Klirren der großen Schlüssel in den langen hallenden Gängen. Die Fangnetze zwischen den, in der Mitte offenen Stockwerken. Sie sollen verhindern, dass sich ein Gefangener zu Tode stürzt oder gestürzt wird.

Aber am grausamsten waren für ihn all die schrecklichen Geräusche, Stimmen, Vibrationen, die sich dort in dem Bunker verselbstständigten und ein Eigenleben führten. Nie war es still. Rufe, ein Stöhnen, ein Schrei war immer zu vernehmen. Und Mario war dort. Knapp vier Monate seines Lebens musste er sie aushalten. Im Nachhinein kann er von sich behaupten, dass er sie sogar ganz gut durchgestanden hat. Sein Wille wurde trainiert.

Aber er möchte diese Situation nie, nie wieder erleben. Seine jetzige Situation ist immer noch traurig genug. Heute hätte er gerne einen Brief bekommen. Aber alles was er erhielt, war die Frankfurter Rundschau. Und da stand wie jeden Tag gar nichts Schönes drin.

Und was machst du im Moment so?
Ich? Ich bin freischaffender Künstler -, eh ne, Knastler.
Das meint, ich schaffe mich langsam frei. –

Blende - Gibt es einen Plan der Pläne?

Ich meine, angenommen einer von uns könnte nach langem, zähem, verwirrendem Kampf in „Das Zentrum der Macht" vordringen -, wäre es ihm möglich, in einem gutgesicherten Aktenschrank oder hinter einer schweren Tresortür Die Pläne zu finden? - Ich meine Die Pläne, die das offensichtliche Chaos am Ende doch zu einer Ordnung führen, die Klarheit in die ganze Angelegenheit bringen und vor allen Dingen, zu einem Sinn.

Mario ist sich sicher, dass es solch einen Aktenschrank nicht gibt. So ziemlich das einzige, zu dem unsere so klugen Köpfe fähig sind, ist das kalkulieren der kurzfristigen Effizienz, der Wirtschaftlichkeit, des Profites einer bestimmten Handlungsweise, meistens reicht's jedoch gerade mal zum Reagieren. Von planvollem Agieren kann keine Rede sein.

Uns geht es wie dem geübten Schachspieler, der sein Brett im Schlaf beherrscht, plötzlich aber ein dreidimensionales Schach spielen soll. Er übersieht gewisse Zusammenhänge. Er ist gewohnt in die Tiefe und Breite zu denken. Nun aber kommen die Senkrechte und damit die Diagonale ins Spiel.

Auf der untersten Ebene macht der Chemiefabrikant noch seinen Profit, befriedigt somit sein Ego. Doch einige Ebenen weiter geht sein Kalkül nicht mehr auf. Der Chemiefabrikant hat sich seine Lebensgrundlage zerstört. Er bekommt nämlich keine Luft mehr.

Auch unter den sogenannten oberen Zehntausend gibt es denkende Menschen. Angenommen, du würdest sie fragen: "Habt ihr einen Plan der Pläne?"

Sie würden dir antworten, vorausgesetzt sie sind ehrlich, dass sie auch nur Opfer "unglücklicher" Umstände sind. Oft, zu oft verselbstständigt sich ein bestimmtes System, es automatisiert sich. Der Zauberlehrling, der die Geister rief, kann nur noch hilflos in der Ecke stehen, angstvoll die

Schatten beobachten, die immer bedrohlicher in die Höhe wachsen. Er nimmt dankbar das Angebot des Atombunkerfabrikanten wahr, der ihm eine strahlensichere Heimstatt unter dem englischen Rasen seines gepflegten Gartens verkaufen will. Doch es ist seine eigene Erfindung die ihn da bedroht. Der Plan der Pläne ist Profitdenken um jeden Preis, die Befriedigung des menschlichen Egos. Marios Hoffnung gründet alleine auf dem Plan der, nennen wir's, Schöpfung. Sie benutzt das Chaos um Klarheit zu schaffen. Erkenntnis, Klarheit und Mitgefühl sind Produkte dieses Planes. Allwissen steht am Ende. Aber da ist der Mensch unterm englischen Rasen vielleicht schon lange vergessen.

Schöne neue Welt
Mord und Totschlag überall!
Die Korruption stinkt zum Himmel!
Hass und Zwietracht finden kein Ende!
Die Menschen werden aus Erfahrung einfach nicht schlau!
Die Evolution der Natur hinkt der „Fortschrittlichkeit" des Menschen um einiges nach. Doch die Natur wird schließlich siegen.

Die Waage der Baleks, die Waage der "Gerechtigkeit", schlägt zu lange schon zu Gunsten der Mächtigen aus.
Wo findest du noch Ehrlichkeit?
Wem kannst du noch trauen?

In späteren Jahren, fast alles menschliche Leben existiert nicht mehr, werden aus den Gerippen, die in gold- und silberbeschlagenen Teakholzsärgen vermodern, Bäume und Sträucher wachsen.
Ein einsamer Mönch, vielleicht auch der Bewohner eines anderen Sterns, wird sich über die seltsamen Formen der Blätter und Wurzel wundern, die diese Gewächse annehmen.

Wie gierige, nach mehr grapschenden Hände greifen die Wurzeln um sich. Von den Ästen wird der Fremdling Dollar- und Pfundnoten pflücken können. Und im Herbst, wenn früher die Oktobersonne die Weintrauben erwärmte, fallen Euromünzen auf die Erde. Sie werden herumliegen, wie Fallobst vor dem atomaren Regen.

Und eines Tages gibt es vielleicht wieder spielende Kinder, die Kinder Noahs des Zweiten, die dann Wasserweibchen mit den runden Silberlingen machen und sich mit Dollarnoten den Hintern putzen werden.

Blende - Draußen bläst ein früher Herbststurm.
Mario beginnt seine Knastwanderung morgens um halb sieben mit Handschuhen an den Fingern. Dabei ist es erst Ende August. Brr, was für 'n Wetter. Aber es passt zu seiner Stimmung. Auch in seinem Inneren bläst ein böiger Wind, der Kälte mit sich bringt. Langsam wird ihm das Alleinsein wirklich zu viel!

In der Disco am Samstag, er hatte Freigang, war ihm die ganze Zeit zum Heulen zu Mute. Geborgenheit und menschliche Nähe, Zärtlichkeit und Liebe, das hätte er gebraucht und eine Möglichkeit zum Weinen. Aber nichts ging. Mario hat das Gefühl, dass ihm diese Gefühle nicht mehr erlaubt sind. Stattdessen erlebt er Oberflächlichkeit und Frust. Er hat zwar immer noch viele Bekannte draußen aber sie nehmen ihm mehr Kraft, als sie ihm geben.

Die letzten zwei Tage hatte er Ärger mit dem Knastzahnarzt. Der hat ihm auf dem Folterstuhl so wehgetan, dass ihm die Tränen gekommen sind. Der in Dieburg war eindeutig besser. Schließlich stieß Mario ihn weg, ist aufgesprungen, hat ihn angebrüllt: „Ich bin zwar ein Knacki aber noch lange kein Stück Holz."
Und der Zahnarzt? Der war erschrocken. So was ist ihm wohl noch nicht vorgekommen. Der Schließer, der immer

zum Aufpassen dabei ist, hat Marios Arme festgehalten. Aber dann hat der Weißkittel Mario ne Spritze gegeben und ist ganz vorsichtig mit ihm umgegangen. Es geht also doch. Scheinbar aber immer erst dann, wenn er mal kräftig auf den Tisch haut.

Blende - Und mitten in all dem Drama ist es geschafft. Die vor Monaten beantragte vierwöchige Kur auf Grund seiner Leberproblematik und die dazu benötigte Haftunterbrechung wird nach langem Hin und Her genehmigt. Mario hat sich durchgesetzt. Vom Knast in die Kur nach Mölln! Wieder eine andere Filmrolle. Glücklicherweise ist er mit dem Motorrad hochgebraust. Die Yahama SR500 hatte er vorm Knast geparkt. Sein schweres Gepäck ist mit der Bahn vorausgefahren. Die Fahrt im beginnenden Herbst ist reichlich kalt und nass. Es geht immerhin 555 km nach Norden. Aber jetzt kommt es richtig gut.

Welten in der Welt. Die Seenlandschaft, Überbleibsel der Eiszeitgletscher. Der weite Blick über das leicht hügelige aber sonst flache Land. Nahe im Osten die Sicherungstürme der Zonengrenze. Der elegante Dreimaster in Travemünde lässt Mario von Sonne, Wind und vom Segeln träumen. Die Ostsee, ein persönlicher Gruß vom großen Bruder dem Atlantik, dem er vor seiner Verhaftung versprochen hatte, zurück zu kommen.

Er ist in einem ehemals feudalen Kurhotel für vermögende Gäste untergebracht. Die Architektur kommt immer noch gut. Hohe Spiegel geben dem großen Eßsaal einen Hauch von Rokoko. Stuck an Decken und Wänden. Ornamente und bunte Glasscheiben im Jugendstil schlagen den Bogen ins zwanzigste Jahrhundert mit seinen Ultraschallgeräten, EKG´s, Telefonanlagen und blinkenden Lichtern.

Wenn Mario verträumt in den großen blitzenden Kronleuchter schaut, kann er noch etwas von dem vornehmen Flair, den glanzvollen Tagen erahnen. Mit den Augen folgt er den geschwungenen Armen der Jugendstillampe zum violett-grünen Blumenkelch des Glasschirms. Darunter spürt er die Damen in großer Abendrobe mit Brillantgeglitzer, die Herren in Frack, ein Monokel im Gesicht.

Rock me Amadeus
Viele Welten in dieser Welt
Die warme Brust einer lieben Frau
Der goldbehangene Herbstbaum
Leuchtend in der neblig milden Oktobersonne

Viele Welten in dieser Welt
Menschenschlangen nicht nur vorm Arbeitsamt
Nein auch die Sozialämter gehen aus den Fugen
Stromausfall in der großen Stadt
Wieder wurde ein Hochspannungsmast gesprengt
Ängstlich schauen die Menschen sich um
Was war das wieder für ein lauter Knall?

Die Medien bringen uns die Welten in dieser Welt näher
Unsere Sicht soll weiter werden
Aber die Angst vor der Erkenntnis der eigenen Kleinheit
Setzt uns Scheuklappen auf
Die Sicht reicht meist nicht weiter als bis zu Nachbars Garten.

Viele Welten in dieser Welt
Da gibt es Momente des Glücks!
Und die Dinge strahlen von innerem Licht
Liebe überträgt sich durch ein Lächeln auf deine Welt
Warum sind die Spiegelbilder oft schöner als die Realität?
Viele Welten in dieser Welt

Und in jeder gibt es Freude und Schmerz
Vertraue den Gesetzmäßigkeiten des Spiels des Lebens
Und du wirst immer öfters das innere Licht der Welt sehen.
Viele Welten in dieser Welt

Blende - Hallo Schwester, einen Eisbeutel mit Sahne bitte.
Mit Mario hat es in Mölln seinen normalen Verlauf genommen. Was heißt, dass nix mehr normal ist. Zuerst ließ es sich ja ganz gut an. Dann kamen die regenschweren Wolken am düsteren Himmel. Grauhaarige Köpfe wackeln an seinem Zimmerfenster vorbei. Er fühlt sich wie in einem Altersheim. Mit der sogenannten Diätassistentin hat er ziemlich bald Ärger. Wie kann er aber auch ahnen, dass die hier nicht wissen, wie man fleischlos kocht. Mehrmals schon hat er mit ihr gesprochen. Nachdem sie es nicht mal schafft, wenigstens ungeschälten Reis auf den Tisch zu bringen, hat er ein Wörtchen darüber bei der Visite fallen lassen. Das ergibt einen mittelschweren Palastaufstand. Nun hat er erst mal verschissen. Bei den Frauen in der Küche, bei der Stationsschwester und bei der Diätassistentin erst recht. Na, jedenfalls klappt es mit dem Essen nun besser.
Von seiner Doppelzimmermiserere wollen wir gar nicht reden. Die Klinik und ihre Umgebung ist eine einzige Baustelle. Presslufthämmer und Motorsägen sind angesagt. Alles in allem aber ist es doch für Mario eine Möglichkeit, Energie vor dem Start in die nächste Runde zu schöpfen: Dem Krampf im Knast.
Spazieren, Motorradfahren, Meditieren, Windspüren, Wolkenüberweitemland, Wasser und Sonne und sein OOOMMMMMMMmmmmmmmm. Schade nur, dass wieder niemanden da ist, mit dem er das Schöne teilen kann. Na gut, das Schlimme teilt auch niemand mit ihm! –

Blende - Mario und sein „Glück" mit den Frauen.
Nach den wenigen täglichen „Anwendungen" unternimmt er jeden Tag lange Spaziergänge in der herbstlichen Natur.

Statt Schlüsselgeklapper, Vogelgezwitscher und Wind in den Blättern. Mario liest viel und geht pünktlich ins Bett. Weit und breit gibt es ja auch nur gealterte Bildzeitungsgesichter. Aber in der zweiten Woche kommen Frischlinge. Zwei junge Mädels sind dabei. Die eine, zwanzig, Löwin, temperamentvoll, tiefgründige, starke Ausstrahlung, immer mitten drin. Schwere Darmoperation, Angst vorm Tod im Leib aber total lebendig und gut aussehend. Ihre Zimmergenossin eine Waage vierundzwanzig, Venustyp, weiblich, vollbusig, mollig, Berlinerin, Büroangestellte, vom Job, vom Sitzen fertig an Body and Soul.

Der Löwe würde Mario schon interessiert. Doch sie ist Hans Dampf in allen Gassen und er schaut zu. Die Venus machte ihn an und er setzt nichts dagegen. Was willst du schon von ihm erwarten nach einer so langen Zeit der Enthaltsamkeit. Das ganze braucht immerhin eine Woche. Es gibt keine Initiative seinerseits. Doch da ist die Frau mit verführerischer Ausstrahlung, aktiv und er ist alleine. Und Mario sagt schließlich nicht nein. Viel nachgedacht hat er nicht dabei, doch wenn Mario etwas macht, dann richtig. Seinen Zimmernachbarn, den Kripobeamten fragt er, was er am Abend vorhat. Der geht natürlich wie jeden Abend aus, einen schlucken. Soviel zu den lebergeschädigten Kurteilnehmern.

Also haben sie das Zimmer für sich. Sie fangen erstmal mit Backgammon an. Sehr bald aber beginnt sie ihn auszuziehen. Sie ist sehr initiativ! Doch irgendetwas stört ihn. Ihm ist nur noch nicht klar was es ist.

Sie ist sehr fraulich, voller Busen, weibliche Hüften, eine nasse Muschi und einen großen gierigen Mund. Nach dem ersten Orgasmus wird es Mario schwach deutlich und nach dem zweiten ist es ihm klar. Sie ist ausgehungert, gierig, heftig in ihren Gefühlen. Eine Dramaqueen.

Auf was hast du dich da eingelassen? schießt es Mario durch den Kopf. Aber es ist zu spät. Sie haben ein paar schöne Tage. Doch jeder Tag länger entfernt ihn von ihr.

Und dafür ist er froh. Denn ihre kaputten Kopfgeschichten kommen zum Vorschein. Sie vereinnahmt ihn und merkt in ihrer Gier nicht, dass er schon weit weg ist.

Nach einem weiteren Abend in der sterilen Kurzimmeratmosphäre will er nicht mehr mit ihr schlafen. Das Gespräch, besser, ihren Monolog hält er mit geschickten Einwürfen im rechten Moment am Leben. Ihn wundert, dass sie nichts merkt, denn unintelligent ist sie nicht. Aber sooooo anstrengend. Schließlich kommt es zum Drama.

Er will ihre Erwartungen nicht erfüllen. Sie törnt ihn ab. Und sie ist nicht abzuschütteln. Hängt sich vor allen Leuten an ihn. Mario küss mich, Mario drück mich, Mario, Mario. Was soll er nur tun? Wieder ein Mensch dem er nicht wehtun will, dem er aber wehtun wird.

Doch dann werden Mario zwei Zähne gezogen.
Der zweite, ein Backenzahn, ist die Hölle. Er will nur in Einzelteilen heraus. Was für ein Geschabe und Gemeißel in seinem Kopf! Dann hört das Loch nicht mehr auf zu bluten. Am anderen Morgen ist sein Kopfkissen und sein Bett rot von Blut und ihm ist's ganz schummrig zumute. Mario sieht aus, als sei er das Opfer auf einer opulenten Dracula Party. Dabei hat er es doch geahnt. Denn er fragte den Doc noch, warum er nicht nähen würde. Der hielt es nicht für nötig.

Also musste er am Samstag um 9 Uhr noch mal zu ihm und ne Naht machen lassen. Samstagnachmittag um 17 Uhr hat es immer noch geblutet. Und immer diesen metallischen Blutgeschmack im Hals. Also noch mal hin zum Doc, der ihm ne zweite Naht drauf setzt.

Da ist´s Mario mittlerweile richtig seltsam in den Beinen. Er bestellt sich also ein Taxi. BfA zahlt. Essen kann er auch nicht so recht. Es ist übrigens sehr voller Vollmond. Nie wieder lässt er sich schneiden, wenn der Mond so voll ist. Doch eins darf er bei der ganzen Aktion voller Freude feststellen. Er hat keine Angst mehr. Langsam lernt er den Schmerz anzunehmen.

Und weiter geht's im chaotischen Rhythmus.
Am Mittwoch ist die Leberpunktion angesagt. Seinen Bauch muss er sich selbst rasieren. Am Abend bekommt er eine Beruhigungsspritze in den Hintern. Morgens noch eine. Als die dritte und letzte und die Operation angesagt ist, - kommt so ein junger Hüpfer von Assistentsarzt und teilt ihm mit, dass die ganze Aktion auf den anderen Tag verschoben wird. Heute kämen sie nicht mehr dazu. Da sagt Mario ihm, dass er nun auch nicht mehr dazu komme. Er hat die Punktion von Anfang an nicht eingesehen. Hat sich mal wieder von anderen überreden lassen. Jetzt nicht mehr. Die Punktion dient ja doch hauptsächlich nur der Statistik. Und ihr Cortison, das sie ihm wieder verpassen wollen, können sie sich auch in die Haare schmieren. Er muss jetzt eben die Therapie mit Lykopodium D4 ausprobieren. Ja, wo Mario ist, ist´s nie langweilig. Sein einziger Trost ist das Motorrad. Er ist schon gut damit rumgekommen, hat schöne Plätze gesehen. Die Umgebung ist toll. FKK an der Zonengrenze. Travemünde nicht weit. Danach sitzt er in einem Kaffee an einem der vielen Seen dort oben. Die Herbstsonne scheint wieder warm und er hat einen vollen Bauch vom Apfelkuchen mit Schlagsahne.

Nachdem die Sache mit seinem Backenzahn einigermaßen erledigt ist, sind sie zu viert ans Meer gefahren. Die Löwin und ihr Kurschatten, ein Solariumgebräunter goldbehangener Krebs, die Waage und Mario. Die letzte Woche war er ja so gut wie außer Gefecht gesetzt. Es ergibt sich, dass er die Ente steuert, die Waage neben ihm sitzt und die beiden anderen im Fond turteln.
Die Hinfahrt verläuft ruhig und ereignislos. Mario spürt nur immer die begehrlichen Blicke von rechts. Zum Mittagessen trinkt die Venus zwei Gläser Wein. Und die Geschichte fängt

wieder an. Mario, nüchtern wie er ist, versucht die Situation zu meistern, ohne größere Unstimmigkeiten aufkommen zu lassen, ohne als Spielverderber dazustehen. Es ist nicht einfach. Eine angeschickerte geile Frau, gierig nach Zärtlichkeit, gleichzeitig lieb und abstoßend. Mehr, mehr, mehr. Aber eine schöne Autofahrt ist es doch.

Und übrigens, später trifft er die Löwin. Die Venus und der Solariumgebräunter Kurschatten sind abgereist. Die Löwin bereitet das Lager in ihrem Zimmer. Decken auf dem Teppichboden. Das Bett ist ihnen zu schmal. Und sie zeigt Mario schöne Spiele. Tief im Muschelgrund und mit ihrem Erdbeermund.

Tags drauf ist in Lübeck ein Vortrag angesagt vom Grals e.V.
Gibt es ein Leben nach dem Tode? Dreimarkeintritt. Mario fährt mit dem Motorrad hin. Alle sind im Anzug, die Frauen teilweise im kleinen Abendkleid. Der Dozent ein guter Redner, kopflastig, intellektuell, halt westlich. Der Raum mit Stuck, Spiegel und Parkett. Mario hält es nur ne halbe Stunde aus. Keine Luft bekommt er mehr da drin. Raus hier. Das Parkett knarrt und die vornehmen Herrschaften starren ihm auf die schwarze Motorradhose.
Seltsamerweise, ein paar Häuser weiter ist noch ne Veranstaltung. Von den Hare Krishnas. Dasselbe Thema, ein anderer Weg. Zwei kleine Mädel und ne junge Frau in traditionellen Saris führen indische Tänze vor. Geschorene Typen machen Musik dazu. Einen Vortrag gibt´s auch und was zu essen. Zu kaufen gab's die Baghdavita. Aber auch dieser Weg ist nicht der seine. OM.
Wenn sich in Indien Menschen begegnen und wieder auseinandergehen, sagen sie nicht wie hier "Guten Tag" oder "Auf Wiedersehen", sondern etwas zueinander, was uns daran erinnert, wer wir eigentlich sind "Namaste" Was heißt, "Ich Grüße den Gott in dir!" Das heißt, ich blicke tief

in dich hinein und sehe jenen Ort, an dem wir wirklich sind.
Ich sehe hinter alle individuellen Unterschiede. "Namaste":
Ich ehre das Licht in dir, ich ehre den Gott in dir.

Du hast es dann geschafft
Wenn du nicht mehr willst
Nicht zu wollen
Denn nur dann
Begehrst du wirklich
Nichts mehr!

Vom Blickwinkel der Reinkarnation aus,
weiß der Mensch scheinbar tatsächlich schon vor seiner
Geburt, auf was er sich einlässt.
Er kauft nicht die Katze im Sack; er weiß was er sich da
einhandelt. Im Gegenteil, er sucht sich den Ort, die Zeit und
die Eltern aus, um genau in dieser Zeitqualität seine
Erfahrungen machen zu dürfen. Er sagt: OK, ich lasse mich
auf diese Eltern, diese Erfahrung ein, - genau das ist es, was
ich brauche. OK, diesen Weg wähle ich. Das Individuum
taucht in die Materie ein und der Schleier senkt sich. Er
vergisst, wer er wirklich ist. Das „Spiel" würde sonst nicht
funktionieren.
Hier sind wir, wir durchlaufen dieses Leben, dann ist es
vorbei. Wir tauchen auf aus dieser Existenz und wachen auf.
Erinnern uns wer wir wirklich sind. OK, durch dieses bin ich
durch. Mal sehen, was ich als nächstes brauche.
Wenn Mario sich die Sache so anschaut, fühlt es sich an, als
wolle er in diesem Leben noch mal alles erfahren - um dann
hoffentlich nie wieder inkarnieren zu müssen. Denn auch
das Rad des Samsara wird einmal langweilig.
Blende - Schreck lass nach und komm nicht wieder! -
Nun hat der Knast ihn also wieder!
Ist schon ein mittelschwerer, bis schwerer Kulturschock für
Mario.
Mein Lieber!

Schon alleine die Zelle!
Und die Esserei!
Und das Schlüsselgeklapper!
Und die Grünen mit ihren schwarzen Funkgeräten!
Überall Überwachungskameras
Und Mauern!
Und natürlich die gezeichneten Gesichter derjenigen, die monate- und jahrelang unter seelischem und körperlichem Druck leben.
Krank und verängstigt
Aber gleichzeitig voller Imponiergehabe.

Mario darf gleich mit seinem Krempel in eine andere Zelle umziehen. Die fünfte in sechs Monaten. Sie ist versifft und stinkt. Er wischt erst mal alles nass ab. Die schönen Gerüche des Möllner Herbstwaldes sind Vergangenheit. Von seinem Zellenfenster kann er durch einen hohen Zaun zum Hof der Untersuchungshaftanstalt schauen, auf dem die Häftlinge ihren gesetzlich vorgeschriebenen einstündigen Hofgang machen dürfen. Und er hat schon vier „Kollegen" gesehen, die er noch aus dem Knast von Dieburg erinnert. Sie wurden entlassen und sind jetzt schon wieder in U-Haft.

Rechts neben dem Knasthof erheben sich die 10 Stockwerke der Untersuchungshaftanstalt. Die Fenster mit Beton verblendet. Auf dieser Seite 32 Stück auf jedem Stockwerk, auf der anderen Seite die gleiche Anzahl. Hinter jedem Lichtschacht zwei, drei oder auch vier menschliche Seelen. Und auf dem Dach der „Vogelkäfig", der Hofgang für die angeblich gefährlichen Typen bei denen Verdunklungsgefahr besteht. An den kann Mario sich noch gut erinnern. Immerhin, durch die Gitter hatte er eine gute Sicht auf den Taunus und die Wetterau.
Brrr, da geht es ihm hier doch wesentlich besser. Aber auch die Vibration im „Offenen Vollzug" ist gezeichnet von

Nervosität, Ängstlichkeit, Unzufriedenheit, Gereiztheit und hin und wieder von Hysterie.

Mario nimmt sich vor, die nächste Zeit sein Hauptaugenmerk darauf zu verwenden, trotz allem oder gerade deshalb ruhig zu bleiben, sich nicht in diese Knastpsychosen ziehen zu lassen. Nun wird er also wieder oft alleine sein wollen und müssen. Nicht mehr die warmen Arme einer Frau um sich spüren und sehr viel auf dem Knasthof laufen. In Marios Abwesenheit haben ein paar Freigänger draußen ein paar echt dumme Dinger gedreht. Und so sind die Erleichterungen bis auf weiteres sehr eingeschränkt worden. Da werden jetzt zum Beispiel keine Sonderstunden für Arztbesuche und dergleichen gewährt. Das Schwimmtraining fällt flach und überhaupt fangen selbst die Schließer an zu murren.

Der cholerische, machtgeile Anstaltsleiter, Herr Heiermann, bringt alle zum Schimpfen. In der Kur haben sie über ihre Krankheit gelabert. Hier im Knast ist's ähnlich, nur halt auf einer anderen Ebene. Mario versucht, die Sache bewusst zu erleben. Und gleichzeitig einen Abstand zu wahren, der ihm hilft, diese Realität zu einem dreidimensionalen Film zu minimalisieren. Denn das Leben hat noch mehr Filmdosen für ihn auf Lager.

Blende - Mario bekommt endlich die Bestätigung,
dass er nach dem Absitzen von zwei Dritteln seiner Strafe wegen guter Führung entlassen wird. Der Rest wird auf Bewährung ausgeschrieben. Das heißt, wenn nichts dazwischen kommt. Also Mario, reiß dich für die nächsten zwei Monate zusammen.

Blende - Für Mario war jetzt Silvester-
Fünf vor zwölf
Und der Untergang wollte narkotisiert sein.

Da kamen sie
  Die Tür ging auf
  Doch keiner war zu sehen.
 Die Frau vom Harald sah auch immer Geister.
  Ja, die war aber auch immer ganz schön heftig drauf.
 Doch Mario sah die Geister draußen vor dem Fenster -
  Und der Schatten des Fuchses
    Saß lange vor der Scheibe
  Und starrte ihn an.
 Was machst du aber, siehst du mal die weiße Frau –
  Das Zeichen des Todesengels?

Zwei Millionen Jahre kurz, die Geschichte der Menschheit!
  Die Zivilisation, die Technik und die Bombe.
    Die Riesen Nova -
     Im Osten geht sie auf -
       Oder war´s im Westen? -
         Immerhin, eine Alternative zum Autounfall.

Schnee in Afrika
  Die Weidenkätzchen blühten im November.
    Erdbeben in Deutschland
      Und die Hoffnung auf den großen RUMS
        Alles lässt sich auf den Rängen nieder,
        Um sich den besten Blick auf das Chaos zu sichern.

Lebe wach und bewusst
  Hab Spaß daran
    Und es wird besser werden

Ruf die Geister aus dem Zwischenreich.
  Geh auf die Schatten zu
    Und gib ihnen die Hand,

Aber vergiss deine innere Ruhe nicht.

Und dann gehen wir täglich spazieren
Beruhigt die Nerven-
Aber nur mit dem Walkman.
Und der Astralleib gleitet durch die Gitter
Doch die Geisterpolizei folgt ihm unauffällig.

Blende - Aggressiv können wir werden durch die Lebensumstände, denen wir ausgesetzt sind. Intimsphäre gibt es nicht. Über allem hier liegt eine Atmosphäre von Anspannung, Überwachung, negative Vibrations, Angst, Falschheit, Lüge und Arschkriecherei. Und irgendwie, so fürchtet Mario, muss diese Scheiße doch abfärben. Drüben, in den zwölf Stockwerken des grauen Untersuchungshaftbetonbaues rufen sich die eingepferchten Männer wieder ihre Lebensgeschichten über drei Stockwerke zu. Hin und wieder schüttet protestierend ein gestörter Kollege einen Eimer Wasser aus dem Betonverhau, der das Fenster darstellen soll. In Kaskaden stürzt es über die graue Wand. Aber die Stimmen verklingen nicht.

Glücklicherweise kann Mario sich bei den Bürokraten und Amtshengsten einigermaßen durchsetzen. Man muss das Schweinesystem mit seinen eigenen Mitteln bekämpfen. In seinem konkreten Fall heißt das, er deckt die Kerle mit Anträgen, Formularen und Dienstaufsichtsbeschwerden zu. Die sind froh, wenn sie ihn los sind. Was geschieht eigentlich mit den Menschen, die sich nicht so artikulieren können?

Es gibt immer wieder Phasen, in denen er knapp am Rande des Durchhängens entlangtreib. Jedem Tag muss er wenigstens einen ungefähren Sinn abringen. Das alltägliche normale Leben draußen stellt schon oft einen Trott dar, aber es gibt doch immer die Chance, dass wenigstens nach Feierabend etwas Außergewöhnliches passiert. Du kannst Leute treffen oder durch die Gegend ziehen. Doch hier!!? Die einzige Abwechslung besteht in den wechselnden Schikanen. Und die Aussicht noch 100 Tage so verbringen zu müssen, lässt Mario müde und lustlos werden. Und so zwingt er sich immer wieder, den Kopf hochzunehmen und zu lächeln. Er beschäftigt sich "nur" um des Tun's willen. Er tut es um nicht abzuschlaffen. Es ist gut, dass er weiß, dass draußen noch einige Freunde auf ihn warten. Und doch ist er alleine. Daran hat er sich im Laufe seines Lebens gewöhnt.

Jedoch hier ist er alleine immerzu
Aber man lässt ihm keine Ruh!

Auch diese Zeit geht vorbei.
Es wird wärmer, das Hochwasser kommt wie jedes Jahr. Dieses Mal erwischt es die Sprengminen an der Zonengrenze. Sie werden durch die Landschaft gespült. Den Bauern mit ihren anliegenden Feldern gefällt das natürlich überhaupt nicht. Denn im Sommer läuft so ne arme Kuh übers Feld, schlägt sich den Bauch mit Grünzeug voll. Sucht sich dann einen gemütlichen Platz, um sich zum Wiederkäuen niederzulegen. – Peng ein dumpfer hohler Knall. Platsch, Platsch, rieseln die Überreste der schönen braun-weißen Kuh vom Geäst des Baumes, in dessen Schatten Sie es sich gemütlich machen wollte. Da hängt das Grünzeug aus dem ersten Magen fein säuberlich aufgereiht in den Ästen neben dem, im Ganzen abgerissenen Euter. Mit der Zeit bilden sich am Boden Farbkleckse, ein weißer von der Milch, ein kräftig grüner und in der Mitte ein roter, der kommt von dem Blut, das selbstverständlich auch nicht fehlen darf. Sicher, einen dieser modernen Maler würde so etwas inspirieren, doch den Bauern wird das nicht gerade freuen, das kannst du mir glauben!

Ein Mensch am "Anfang"
der Bewusstwerdung,
der bewussten Reise
Bewusstsein
Bewusst sein
Wach sein
Hier und Jetzt
Gib Acht, Gib Acht
Und der, die, das Schöpfer/in
ES - sorgt für dich!

Mario, gewinne die Zuversicht, dass der Mensch fähig ist, ein Bewusstsein zu entwickeln, aus dem heraus er in Harmonie mit dem Geist des Universums leben kann.

Mario hat JA gesagt, zum „Wach" werden.
Er geht den Weg.
Denn das andere bleibt ihm nicht mehr.
Vertrauen
Disziplin
Geduld
Training
Hingabe
Freude
Stille
Kraft
OOOOOOOHHHHHHHHHHMMMMMMMMMMMMMMMMMM

Blende - Der Winter ist da.
Vom zwanzig Grad kalten scharfen Wind geschickte Schneewolken stieben waagrecht an Marios Zellenfenster vorüber. Die Vögel suchen windgeschützte Plätze nahe der Wurzel dicht stehender Büsche. Wölfe, selbst Bären sind bei Polen in bewohnte Gebiete vorgedrungen und versetzen die Menschen in Angst und Schrecken. Wahrscheinlich spüren die Tiere den bevorstehenden harten Winter. Aber seltsam

ist es schon, dass die Bären nicht ihren üblichen Winterschlaf halten. –
Martina, eine Bekannte, hat eine Arbeitsbeschaffungsmaßnahmestelle bei der Frankfurter Polizei bekommen. Ausgerechnet dort, bei unseren "Freunden und Helfern". Holger fährt bald wieder in den Urlaub nach Goa. Danach will er mit Freunden und Schmuck die Märkte besuchen.

Und Mario sitzt hier in seiner Zelle,
von innerer Unruhe getrieben, und sehnt sich nach Entspannung in Monas Armen. Er versucht die innere Unruhe umzusetzen. Gestern hat er sich in Wasserfarben ausprobiert. Dabei herausgekommen ist eine große gelbe Sonne oder auch ein Tunnel ins weit entfernte Licht. Umgeben von wirren düsteren Farben. Und wieder dieser große wilde Kometenschweif. Vielleicht die Andeutung einer Eskalation, Zuspitzung im Zeitlauf des Kosmos.
Oder ist es die Augenbraue des allsehenden Auges? Des Auges, das das Spiel des Lebens in die Düsternis hinein verfolgt, aber auch allwissend die Erneuerung durch Zerstörung erkennt. Die Inder haben den Gott Shiva dafür.

Iranische und Irakische Nachrichtendienste überbieten sich in der Darstellung von Gräueltaten des Anderen im langdauernden Nachbarschaftskrieg. Stolz erzählen sie von den zehntausenden Menschenleben, die sie dem „Feind" in diesen Tagen wieder abgenommen haben.
Welch schlimme Art des menschlichen Denkens! Was ist das für eine perverse Moral, die diese Handlung rechtfertigt! Hüten wir uns vor dem Fundamentalismus. Der Mensch ist manipulierbar. Und ist er erst mal verblendet, funktioniert er wie eine Maschine.

Blende - Tage später - Draußen ist es immer noch kalt.
Ein eisiger Wind schneidet in die Haut. Jeden Morgen wacht Mario auf und stellt aufs Neue fest, dass er im Gefängnis ist.

Die Tage gehen relativ ruhig vorbei. Allerdings um einiges langsamer als vor Wochen. Er fängt nämlich an zu warten. - Noch sechs Monate.- Und dazu kommt, dass er verliebt ist. Die Mona ist´s. Sie sahen sich lange Jahre nicht. Sie haben sich wiedergetroffen nach einem Jahrzehnt. Zufällig bekam sie Marios Aufenthaltsort heraus. Und jetzt scheint ihre Zeit gekommen. Doch sie haben viel zu wenig Zeit für sich und die Liebe. Mario wartet- von einem Wochenendurlaub zum nächsten. Und da hat´s nur zwei im Monat.

Ansonsten nimmt die menschliche Geschichte konsequent den Weg auf der steiler werdenden Schräge in den Abgrund. Eine Gesellschaft die sich wie die Lemminge verhält.

Mario, lebe bewusst-
Im Hier und Jetzt!

Nicht das Eingesperrt sein oder die Einsamkeit oder die Schikane ist für Mario das Schlimme am Knast.

Das nervigste für ihn sind seine Mitgefangenen. Du glaubst bestimmt nicht, dass es Typen gibt, die den lieben langen Tag nichts anderes tun, als zu schwätzen. Da kommt ein Wortschwall nach dem anderen, so regelmäßig, wie das Ein- und Ausatmen. Und alles ist schon einmal dagewesen. Nur die Akteure wechseln von Zeit zu Zeit. Mario meint erkannt zu haben, dass diese Männer versuchen, ihre Angst und ihren Frust damit zu überspielen, dass sie heiße Luft bewegen.

Gerade in den letzten Tagen ist Marios Station zeitweise wie ein Marktplatz voll klatschender Weiber. Man könnte es auch Kindergarten nennen. Männer die den Dicken raushängen. Da werden Geschichten von Annodazumal erzählt. Und bei jeder Wiederholung werden die Banküberfälle gerissener und die Bräute heißer. Weibergeschichten werden breit und lang bequatscht. Und immer wieder ist die Frau doch nur ein dummes Stück und Schuld an der ganzen Misere. Und überhaupt, Loch ist Loch.

Die Typen merken nicht, dass sie sich selbst erniedrigen, wenn sie andere erniedrigen.

Das andere unerschöpfliche Thema ist die Flucherei auf den Knast, den Anstaltsleiter und überhaupt sind sie doch alle unschuldig. Keiner schaut sich selbst offen und ehrlich ins Gesicht und fragt sich, was falsch läuft in ihrem Leben. Diese "Männer", die sich so gerne reden hören aber doch nichts zu sagen haben. Gerade sie glauben, sie hätten die Weisheit mit Löffeln gefressen.

Den meisten kannst du ansehen, wie wenig sie aus all den Knastjahren und den Gruselstorys in der kurzen Freiheit gelernt haben. Ja, es gibt Männer hier, die messen ihr Leben an der Zeit die sie in „Freiheit" sind. Sie müssen wohl noch oft den Tritt in den Arsch bekommen, bis sie raffen dass sie den falschen Idealen nachrennen. Wenn's nicht so traurig wäre, Mario könnte darüber lachen. All diese grotesken Geschichten im Leben der Menschheit, entstanden durch Angst, Faulheit, Ignoranz und Egoismus.

Und wieder ist Stimmengewirr draußen im Gang. Mario sehnt sich jeden Tag mehr nach einer friedvollen und ruhigen Umgebung. Nach einem Platz an dem er seine, nun schon mehrere Jahre, angespannten Nerven relaxen kann. Voller Ungeduld erwartet er die Tage in Freiheit. Gleichzeitig weiß er jedoch, dass alles seine Ordnung hat.
Er will hier und jetzt SEIN, beobachten und möglichst bewusst dabei bleiben. Denn das Leben ist zum Erfahren, Lernen und Erinnern da. Erinnern wer oder was wir wirklich sind. Dummerweise fällt uns das oft leichter durch das Erkennen, was wir nicht sind und sein wollen.

Ein Brief an Mona

Ich freue mich. Wir sehen uns heute und ich kann dich wieder atmen hören. Deine Nähe gibt mir Kraft. Und doch ist in mir auch eine große Unsicherheit, was uns beide angeht. Das liegt wohl in der Hauptsache daran, dass ich mir selbst nicht sicher bin. Habe so viele Erkenntnisse in den letzten Jahren gewonnen. Aber nicht immer gelingt es mir, diese auch in mein Leben umzusetzen. Es braucht viel Kraft den Weg zur Wahrheit zu finden und zu gehen. Es ist scheinbar viel einfacher, den vorgeblich leichten Weg zu nehmen. Den Weg, den die meisten Menschen gehen. Mittlerweile weiß ich jedoch eines ganz genau. Jeder bastelt sich sein eigenes Schicksal, sein Karma. Jeder ist sein eigener Gott und Satan!

Ich erschaffe mir meine Welt -, die ich mit meinen Sinnen wahrnehme. Ich kreiere das Leid und das Glück, das ich spüre. Ich sehe nur, was ich sehen will und kann. Wenn ich Mist erlebe, ist das meine Geschichte, mein Drehbuch. Die Menschen sind Akteure in meinem Film. Und wenn ich angenehme Zeiten erlebe, empfinde ich das als ein Zeichen, dass ich im Fluss des Lebens bin.

Mona, das ich dich nun wieder in die Arme nehmen kann, dass ich die Möglichkeit habe meine Welt mit der deinen zu verbinden, erfüllt mich mit Freude und Dankbarkeit.

Mona, ich umarme dich.

Blende - Wie matt Mario manchmal in der Birne sein kann.

Fast zwanzig Monate Knast! Doch es wäre schlimm, hätte diese Zeit keine Spuren in ihm hinterlassen. Seine Gedanken bewegen sich immer mehr um ein bestimmtes Thema. - FREIHEIT- Wie kann er sich eine möglichst große persönliche innere und äußere Freiheit erschaffen? Gibt es am Ende etwa nur die Innere? Diese Frage ist schon lange sein Thema.

Wie kann er den Mauern der menschlichen Existenz, mit all seinen Abhängigkeiten entkommen? Jeder Mensch ist im Grunde gefangen, Gefangener seiner selbst! Im Knast kommt eine spezielle Form der Gefangenschaft dazu. All die

Ausdünstungen dieser Welt, ihrer Menschen und Umstände. Manchmal ist sie schwer zu ertragen.

Im Grunde ist es aber wie im richtigen Leben. Nur wie durch ein Vergrößerungsglas verstärkt. Die Welt spiegelt sich auf engstem Raum. Geschichten, skurril, paradox, "ungerecht", spannend und hässlich, pervers aber auch schön, wie sie sich nur das Leben selbst einfallen lassen kann.

Doch hin und wieder ist Mario von all dem nur noch matt in der Birne. So matt, dass er all seinen Willen aufbieten muss, um noch etwas anderes zu tun, als auf dem karierten Knastbett zu liegen und mit offenen Augen seinen Tagträumen nachzuhängen. Immerhin, der Winter ist bald vorbei. Die Jahreszeit, die schon immer seine letzten Kraftreserven gefordert hat. Übrigens, eine Tätigkeit Marios im Knast ist: Fenster zu öffnen, die sich öffnen lassen. Könnte ein Zukunftsjob für ihn sein, übertragen gesehen.

So geht im Zuchthaus alles seinen Weg.

Und je näher die Entlassung rückt, desto heftiger wird seine Geduld auf die Probe gestellt. Letzte Woche hatten sie auf der Station einen von diesen gefährlichen, eifrigen, jungen Schließern, die sich noch die Baggerfahrt durch die Heide verdienen wollen. Er machte jeden Tag Zellenkontrolle. Langweilte sich wohl. Na ja, schließlich hat er freiwillig lebenslänglich gebucht.

Und bei jeder Kontrolle drückte Mario ihm einen seiner Sprüche rein, immer dicht vor der Beleidigung. Der Schließer gab's ihm natürlich zurück. Doch am Donnerstag konnte Mario ihm klar machen, dass es selbst hier Menschen mit Ehre und Intelligenz gibt. Es gab eine Auseinandersetzung. Der Schließer drohte ihm. Mario ließ sich nicht einschüchtern. Verlangte Klarstellung durch seinen Vorgesetzten, der Mario dann auch recht gab. Seitdem lässt ihn der Schließer in Ruhe, er grüßt Mario sogar. Das sind die Geschichten, die ihn in dieser beschränkten Welt etwas aufmöbeln können.

Heute meint ein Knastkollege, je näher es zum Ende kommt, desto körperlicher spürt man das Zuchthaus. Mario kann das nur unterstreichen. Spätestens in einem Monat müsste aber die Geschichte gelaufen sein. Dafür kommen dann andere - doch keine wird ihn so tangieren können, wie dieser Film es tat. Vom JETZT aus gesehen wundert Mario sich, dass er die 615 Tage, die er unter menschenunwürdigen Umständen zubringen musste, einigermaßen heiter und ohne größere Schäden überstanden hat. Es hat ihn jedoch reichlich Energie abverlangt, den Kopf relativ klar und den Körper fit zu halten und die Knastmentalität, die Mentalität der Ganoven, Zuhälter und Eierdiebe fern zu halten. Doch die letzte Zeit sieht ihn oft wütend und aggressiv. Dieses hirnrissige System der Strafverfolgung und -verbüßung macht ihn zornig.

Ach, die Handlanger des Systems, wie sie sich dazu hingeben, andere Menschen zu schikanieren. Ach, die Widersprüche zwischen idealistischen Ansätzen des Strafvollzugs auf dem Papier und deren Umsetzung in den Knastalltag.

Das Tao wird oft als leuchtende, ungreifbare Nicht - Substanz
von unendlicher Ausdehnung aufgefasst, die aus sich selbst die unzähligen wellengleichen Formen schafft, die Lao-tzu die "Myriaden Dinge" nannte. Sie sind alle vergänglich und immerfort in Wachstum oder Verfall begriffen. Sie alle können sich in alle anderen Dinge verwandeln, da sie letztlich niemals vom Ganzen getrennt oder ihrem Wesen nach von ihm verschieden sind. Deshalb sind der Mensch und seine Umgebung nicht voneinander zu trennen.

Taoistische Maler weisen oft mit großem Können auf dieses Mysterium hin, indem sie zum Beispiel Berge, Wolken und

Wasserflächen mit verwaschener Tusche abbilden, so dass sie aussehen, als seien sie in ständiger gegenseitiger Durchdringung und Verwandlung begriffen. Die Worte von Lu Yen deuten auf die geheimnisvolle gegenseitige Durchdringung scheinbar verschiedener Dinge hin:

Grüne Berge sind weiße Wolken
In einer vorübergehenden Verwandlung
Rasch eilt der Fluss dahin
Von duftenden Gräsern gefärbt
Die uralten Pinien
Haben die Tönung des Blaus
Der entfernten Berge

Die Frage der Freiheit des Willens:
Sie stellt sich nicht mehr, wenn wir erst einmal die
Illusion des Ich's erkannt haben und feststellen,
Dass wir ein Teil des Ganzen
Mit seinen Spielregeln sind,
Und wenn wir erkennen, dass das Ganze
"Gott" oder "Tao" oder "All-Eins" ist.

Tot sein war nichts, über das man viel Aufhebens machte.
Sterben konnte vielleicht ein Problem sein,
Aber nicht wenn man richtig gelebt hatte.
Sterben erforderte ein bisschen Vorbereitung,
Und die einzige Vorbereitung auf das Sterben ist -
Intensiv zu leben.

Eines Tages erwacht Mario in einer weißen Welt.
Auf die grauen Knastmauern hat sich über Nacht ein weißer Überzug gelegt. Schnee macht aus der eintönigen Landschaft, den Betonpalästen, den Chemiefirmen, den schwarzen Asphaltstraßen und schmutzigen Gewässern eine glitzernde Winterlandschaft. Wie um ihn für diesen Tag glücklich zu machen, bleibt der Schnee liegen. Ein weiteres

Glück ist, dass Mario noch drei Stunden Ausgang hat. Die beantragt er und machte sich auf, den Winter vor den Mauern zu erkunden.

Selbst auf den vielbefahrenen Straßen der Stadt bleibt der Schnee liegen. Er verwandelt sich nicht in grauen, schmutzigen hinterhältigen Matsch, der dazu dient Fußgänger zu bespritzen, die an der Ampel auf Grün warten. Auf jedem Hügel, der nur steil genug ist tummeln sich Kinder, die das saisonbedingte Spiel des Schlittens spielen.

Am Teufelsberg ist die Hölle los. Der Hügel beschreibt einen Halbkreis, steil, mitten in einem alten Park liegend. Mario schaut der rasenden Talfahrt zu. Bei ganz besonderen Kapriolen hält er den Atem an. Da gibt es eine Gruppe, die sich an den Händen fasst, eine lange Kette bildet und zu Tale rast. Andere, ganz Verwegene, fahren schräg und folgten so dem Halbkreis des Berges. Dabei überkreuzen sie nicht selten den Weg der anderen. Und es kommt zu wüstem Durcheinander. Dort gibt es welche, die einen Absatz überspringen. Sie fliegen ein Stück durch die Luft und wenn sie Pech haben, endet die Abfahrt mit dem Aufkommen. Der Schlitten verkantet sich und die Kinder schlagen wilde Purzelbäume.

Mario steht unter der alten weit ausladenden Eiche und beobachtet die Szenen mit einem Lächeln im Gesicht. Eine Abfahrt endete erst richtig, wenn man unten in die Truppe der Schlittenfahrer braust, die sich gerade zum Aufstieg fertig macht. Über all diesem Gewimmel und Toben liegt ein vielstimmiges freudiges Geschrei und Gelächter. Nur selten hört er einen Schmerzensschrei. Denn in der ganzen Aufregung ist der Schlag gegen das Schienbein schon bald vergessen. Abends im Bett zeigen die Kinder den Müttern stolz ihre blauen Flecken.

Und Mario sitzt wieder in seiner Zelle,
hört Bachs Brandenburgische Konzerte und hat das
dringende Gefühl, der Welt eine freundlichere Facette dem
Drama der wirren Zeiten abzuringen. Doch dann hört er
draußen auf dem Gang wieder das Piepsen der Funkgeräte
und das Schlüsselgeklapper. Für ihn ist es nicht einfach, sich
frei zu machen von der Ausstrahlung seiner Umgebung. Er
muss viel Energie investieren, um die Gefühle des
beobachtet Werdens, der ständigen Kontrolle, den Anblick
der grünen Uniformen, die Verängstigung und Geducktheit
seiner Knastkollegen zu vergessen. –

Ist das der richtige Ausdruck? Wie kann er vergessen, wenn
plötzlich, kurz, wie gerade jetzt, an der Tür geklopft wird
und ein Schließer in der Zelle steht. Zellenkontrolle! Und
seine Schultermuskeln ziehen sich zusammen, verhärten
sich und die Gedanken drehen sich ganz und gar nicht mehr
um eine freundlichere Facette im Spiel des Lebens -. Es ist
wahr, er ist im Knast. Seine Kreativität, seine Kraft soll er
wohl erst einmal dazu benutzen, dem Leben im Hier und
Jetzt eine freundlicher Seite abzugewinnen. Nach der
Zellenkontrolle, bei der die Schließer natürlich nichts
gefunden haben, sitzt er also möglichst entspannt, hört
Bach, schaut in seine gemalte Sonne, den Tunnel oder das
Auge und versucht nicht zu denken, nichts zu tun und keine
"Angst" zu haben.

4.3.87. Aschermittwoch

Der Winter ist noch mal mit aller Macht aus dem Norden
zurückgekehrt. Die Nacht war minus vierzehn Grad kalt.
Mario sitzt in der emotionalen Achterbahn. Seine
Stimmungen schwanken von großer Zuversicht zu Zweifel
und Ziellosigkeit. Eigentlich hat er ein Ziel. Das Ziel der
Weisheit. Aber der Weg dorthin ist mit Kosten verbunden.
Also braucht er eine Erwerbsquelle.-

Gestern erhielt er Post vom Manfred, dem Mensch, dem er das alles hier zu verdanken hat. Er bittet Mario um Verzeihung. Nun, denkt Mario, ich glaube es genügt, wenn ich ihn nicht hasse und mir meine Seele und meine Finger nicht an ihm schmutzig mache. Aber soll ich ihm etwa verzeihen, dass er mir den Glauben an Freundschaft, und das Vertrauen daran restlos zerstört hat?! –

Ansonsten kennzeichnet sich Marios Lage darin, dass er sich bemüht, seine Tage so angenehm wie möglich zu gestalten. Kämpft mit den Anfällen von Faulheit und Phlegma, versucht nicht zu viel Speck anzusetzen und das Gähnen zu reduzieren.-

Doch die fortwährende Anstrengung, das Aufbringen des Willens zum Weiterleben, zum heiteren Optimismus und die Sorge um das Wohlergehen seines Körpers und Geistes strengen ihn an. Jeden Morgen das erneute Aufwachen in einer absurden Realität, mit seinen andauernden Schikanen und der Überwachung. Dazu der trostlose bis deprimierende Anblick seiner Knastkollegen, denen ihr kaputtes Leben und das Zuchthaus im Gesicht abzulesen ist. Müdigkeit & Mutlosigkeit überfällt ihn dann. Er kann nichts tun, außer versuchen zu schlafen. Aber auch das hat seine Tücken. Manchmal kommt der Schlaf nicht. Gedankenströme wälzen sich in seinen Weg oder ein Schließer steht plötzlich in der Zelle oder der Schlaf ist so unerquicklich, dass es großer Anstrengung bedarf, wieder klar zu werden.

Davon abgesehen: Viele begabte Männer
Gehen heutzutage vor die Hunde.
Wann haben sie das nicht getan?
Begabte Männer sind immer hart an der Grenze.
Das müssen sie.
Manche halten das nicht aus.

Also geben sie auf –

Was Gorbatschow und seine Leute in der Sowjetunion betreiben,
ist ein großer Augenblick der Weltgeschichte.
Wer es stattdessen für großes propagandistisches Augenzwinkern hält, muss die Gründe dafür bei sich selbst suchen. Natürlich lassen die Weinbergers und Wörners, die heißen Typen für den kalten Krieg, sich nicht ihre Ost-West-Klischees nehmen. Und die Neonationalen im Bundestag werden ihre Stahlhelme nicht abnehmen.

Moral und andere Tugenden.
Mario hat mal gehört es gebe kein Thema mehr für Literaten. Wie schön, da befindet er sich ja in bester Gesellschaft. Worüber soll er denn auch schreiben?! Nein, nicht das Wühlen in den Eingeweiden der Psyche, keine glanzlose Aufarbeitung nichtiger Probleme, bitte! Und, dass die Welt schlecht ist, vielmehr die menschliche Rasse, das wissen wir doch alle. Wir wissen auch alle, dass wir das Beste draus machen sollten! – oder – ?
Ach ja, das könnte ein Thema sein! Mario sollte herausfinden, wie es kommt, dass scheinbar intelligente Menschen es mit ihrem Gewissen, ihrer Moral vereinbaren können, so zu leben:
• Als säßen sie mit ihren fetten Ärschen noch immer im Schlaraffenland -
• Als gäbe es keine Probleme auf dem Globus -
• Als würde die Planetenuhr nicht fünf vor Zwölf anzeigen
• Als wäre die Welt jung und frisch wie der Tau am Morgen -

Er sollte ergründen, wie diese, allem Anschein nach schlauen Kerle, sitzen sie doch an den Schalthebeln der Macht, es schaffen, immer noch so weiter zu machen, als gäbe es keine Überbevölkerung, Umweltprobleme,

Rüstungsspirale, Apartheid und dergleichen mehr. Vielleicht ist es so, dass das menschliche Hirn ab einem bestimmten gesellschaftlichen Status seines Besitzers, nur noch in Klischees denkt. In jungen Jahren hat der sich geistige Schubladen gezimmert und einige als Ausschuss verworfen. Zum Beispiel die soziale Verantwortung. Tugend hat sich dem Prinzip der Profitmaximierung, der Egobefriedigung, dem kurzfristigen Denken untergeordnet. Das menschliche Leben für sich betrachtet reicht nur über eine kurze Zeitspanne. So auch das Gedächtnis. Geschäftliche Moral, Ethik und Ästhetik orientiert sich nicht an der Verantwortung für die Zukunft und die, die nach uns kommen.

Die christliche Philosophie in der Jetztzeit bietet keine Perspektive für eben diese Verantwortung. Da ist die buddhistische Philosophie von einer handfesteren Ethik geprägt, weil auf die Welt, das Alltagsleben übertragbar. Hier steht im Mittelpunkt die Selbstverantwortlichkeit für alles Handeln, Denken und Fühlen. Und vor allen Dingen die Erkenntnis, dass alles auf uns zurückfällt. Man kann es auch das Gesetz von Ursache und Wirkung nennen.
Das von den Mächtigen der Welt gepredigte Christentum gibt aber gerade die Handhabe zur Ausbeutung dieser Welt. "Macht euch die Welt untertan" Welch ein hirnrissiger Anspruch!? Welch herrlich egoistische Philosophie lässt sich daraus ableiten! Mit ruhigem Gewissen gibt es immer noch Priester, die segnend vor die Armeen ihres Landes treten und Kanonen mit Weihwasser besprengen.

Mario möchte den Weisen sehen, der unweigerlich die Zusammenhänge und die Verantwortlichkeit des Einzelnen für die Welt erkennt und dann predigt um zu zerstören. Es gibt keinen!! Und daran erkennst du den wirklichen Weisen. Er hat den Egoismus überwunden und ist nicht mehr korrumpierbar. Er hat die Klischees abgelegt, die

Schubladen auf den Sperrmüll geworfen, ist spontan und offen für Intuition.

Der Feind steht im Osten oder ist türkisch, tamilisch, jedenfalls andersartig. Klischees, Klischees -. Wer materiell denkt hat unweigerlich Angst. Denn der Materialist hat was zu verlieren und merkt gar nicht, dass er dadurch schon verloren hat. Nämlich seine Seele, seine Freiheit. Die hat er eingetauscht gegen den Benz, den Farbfernseher, gegen das Leben in Luxus und Abhängigkeit. Schubladen, Klischees, der Tanz ums goldene Kalb - ein Leben in Illusion. Das System verhaftet uns immer stärker. Und ehe wir es merken, stecken wir selbst in einer Schublade, Marionetten in den Händen der "Mächtigen", die selbst keinen Durchblick haben. Die Buddhisten sagen Maya dazu. Der Mensch wird im Wahn geboren.

Es ist traurig aber wahr:
> Wir leben in einem Schweinesystem!
> > Wir sterben in einer Bananenrepublik!
> > Wenn wir alles laufen lassen,
> > > Haben wir bald verschissen.

Burn, Baby, Burn.
> Folge deinem Gewissen.
> Verlasse diesen Irrweg.
> > Und stelle dich selbst
> > > Immer wieder in Frage.

Wir sollten wieder so etwas wie Verantwortungsbewusstsein entwickeln. Aus dem Herzen heraus Zusammenhänge begreifen.
Wo was herkommt und hinführt.
Und irgendwann hast du heraus was geht und was nicht.
Die Lebensfreude dürfen wir bei dem Prozess nicht vergessen.

Blende - Entlassung

Wie geht das eigentlich? Ein „normales Leben" leben? Nach den Jahren des schnellverdienten Geldes, des Reisens, der Freiheit und den Jahren des Gefängnisses. Wie geht das eigentlich, ein „normales Leben" leben? Die Stunde, wenn's hochkommt 16 Mark netto zu verdienen. Dafür wäre er vor Jahren nicht aus dem Bett gestiegen. Der August verlässt uns schon wieder und der Sommer war noch nicht da. Also wirklich! Mit diesem Land stimmt etwas nicht. Na, Mario für seinen Teil ist jedenfalls gerade dabei, ein Stück seiner vergessenen Jugend aufzuarbeiten. Mit seinen zweiunddreißig Jahren macht er ne Lehre. Hi, Hi, Hi. Seine zweite in diesem Leben. Mario ist im zweiten Lehrjahr zum Druckvorlagenhersteller. In der Berufsschule sitzt er neben 17 jährigen Mädels. So manches Mal sitzt er da, innerlich kopfschüttelnd und denkt so für sich: Dass ich das noch mal erleben darf! Doch seinem fertigen Köpfchen schadet das bestimmt nicht. Das Training in Geduld und Konzentration nimmt kein Ende.

Die Arbeit mit Tusche und Feder macht Spaß aber die Hand will manchmal nicht so wie er will. Fakten, Sprachgebrauch der Welt des Druckens, die Chemie, Mathematik alles wieder Neuland. Er muss sich gehörig hinter die Bücher klemmen. Ja, ja, also wieder ein anderes Leben.

Arbeiten, essen, lernen und schlafen. Diese Umstellung ist ein Hammer – Schließlich hat Mario jahrelang nichts getan. Die neun Stunden auf der Maloche machen den Tag kurz. Erst recht kurz sind die wenigen freien Tage. Aber er sieht es als Training. Und dann ist es wieder gut wie es ist. So kommt er auch nicht auf dumme Gedanken. Wenn nur das tägliche Aufstehen um sechs Uhr nicht wäre! Mario ist ganz und gar kein Morgenmensch.

Blende - Montagnacht, halb zwölf.

Steve Wonder im Radio, eine milde Nacht, die erste seit langem. Eine Ahnung des Sommers. Mario war heute wieder den ganzen Tag auf den Beinen. Er hatte den Hund eines Freundes mit beim Bewährungshelfer. Der Hund hat dem gleich an das Sofa gepisst. Hi, Hi, Hi. Da war nämlich ein Weibchen im Raum. Mario ahnte, dass ihm das nicht passt - dem Herrn Fetzer. Also war sein Besuch nur von kurzer Dauer. Gut so. Doch das gibt noch was. Scheinbar will Herr Fetzer Marios Retter und Moralapostel spielen. Hat sich der aber geschnitten. Von ihm lässt Mario sich nicht erziehen. Zwischen den Regenschauern war Mario dann auf Wohnungssuche. Heute Abend in der Burgallee. Eine hohe Altbauwohnung, zwei Zimmer, große Küche, Bad, großer Hof, warm 600 DM. Aber ein junges Pärchen war vor ihm da. Und die entschieden sich sofort.

Für Mario alleine wäre sie wahrscheinlich auch zu teuer geworden. - Na ja, es sollte nicht sein. Zwei Häuser hätte er im Angebot. In der Bachstraße, Musikerviertel. Werden gerade renoviert. Er will die Besitzer ausfindig machen. Ne große Wohnung mit Garten, ruhige Wohnlage -- wär das nix? Ist Mario mal wieder reif für eine WG?

Ein Glück, heute geht's ihm etwas besser. Gestern hatte er wieder seine Depressionen. Ob das noch Nachwehen vom Knast sind? Im Spanier hat er Thomas getroffen. Sie haben geredet - über Buddhismus, LSD, sein halbgedecktes Dach für 8000 Eier und seine verlorenen Illusionen. Mario hat ihm empfohlen etwas zu meditieren, die Pforten der Wahrnehmung von Huxley zu lesen. Wenn er sich etwas in die Materie vertieft hat, besorgt Mario ihm einen LSD-Trip. Er hätte doch Schamane werden sollen. Doch wer weiß, was nicht ist, kann ja noch werden.

Dann musste Mario ganz schnell aus dem Spanier wieder raus. Komisch, früher war das seine Stammkneipe. Hier hatte er das Billardspiel gelernt, so manchen Kubalibre getrunken und viele Freunde getroffen. Tja, Menschen und Zeiten ändern sich. Und nun ist er bei Mona zu Haus. Sie ist seit Tagen im Griechenlandurlaub. Er sang Ihren Namen heute Nachmittag - eine Gänsehaut war die Antwort. Feelings - wie schön – da ist er wohl noch immer verliebt. **Blende – Tage später. Es ist ne einzige Sauerei mit dieser Wohnungssucherrei.** Mario jedenfalls hat noch immer keine. Als Wohnungsuchender gibt es zwei Kategorien von Menschen. Die Vermieter und die Mieter. Die einen haben die Macht und können dich abfucken. Die anderen müssen sich abfucken lassen, um nur ein winziges Eckchen zu ergattern und dürfen dafür auch noch ne Stange Geld hinlegen. Heute jedenfalls hat er sich die Füße heißgelaufen. Jetzt hat er Löcher in den Socken. Na gut, morgen Nachmittag weiß er mehr. Vielleicht haben sich die Löcher ja gelohnt. Am anderen Tag: Ja, es hat geklappt. Mario hat eine Altbauwohnung, neunzig Quadratmeter, mit großem Südbalkon ergattert.

Blende: ES IST SCHWER BEWUSST ZU BLEIBEN!
Die Wohnungsrenovierung hat ihn manche Nacht gekostet. Mario fühlt sich zurzeit ziemlich alleingelassen. Mona ist immer noch im Griechenlandurlaub. Sind´s die Frühjahrsdepressionen? Ihm fehlen die Seelenverwandten! - Hatte er eigentlich schon mal welche? Ab und zu denkt er, dass er nen leichten Dachschaden hat. Handelt er doch entgegengesetzt zu dem, was er wirklich will. Mario weiß, dass ihm sein Unterbewusstsein einiges sagen will aber die Klarheit will nicht kommen. Und das Schön-Schlimme ist, das Leben zieht immer wieder die Notbremse für ihn, wenn es ihn mal wieder allzu sehr herumwirbelt. Am Montag fing´s an. Am Dienstag ließ er sich von der Arbeit heimschicken. Am Mittwoch hatte er Zeit genug zum Nachdenken. Soweit Mario eben mit ´ner Grippe in den Knochen denken konnte. Dann kam der Donnerstag und er

saß schon wieder auf dem Balkon in der Sonne. Denn die scheint in der letzten Zeit und lässt ihn nicht im Bett.

Eigentlich kann er sich's gar nicht leisten krank zu sein. Aber sein Unterbewusstsein sagt ihm wohl: Nix ist so wichtig, um sich dafür verrückt zu machen. Also mach mal Pause. Nun genießt er die paar Tage. Montag steigt er wieder ein in den Trott. Es gibt nix schlimmeres für Mario als unbewusst zu leben - aber glücklicherweise hängt er am Haken des Bewusstwerdungsprozesses.

Mario bekommt immer schnell die Rechnung serviert, falls er aus seinem Gleis gerät. Es ist interessant, wenn du die Gesetzmäßigkeiten durchschaust. Er erlebt in der letzten Zeit den Zustand allgemeinen Krachs, Hektik und Chaos. Baulärm wo er auch hinkommt. Für ihn ist es eine Metapher für seine innere Welt.

Doch dann kommen ihm wieder Zweifel. Wie kann er relaxen, wenn bis abends acht Uhr der Presslufthammer in der Nachbarschaft dröhnt. Zum Glück fällt ihm die innere Baustelle ein. Und er lächelt. Wenn er auch einen großen Hang zur Selbstzerstörung hat, so hat Mario doch immer wieder ganzes Vertrauen in das Leben selbst. Lass es geschehen, nimm's hin und schon wandelt es sich in dir.

Mario denkt bei sich:

Ich weiß, es liegt an mir. Es ist meine Welt, die ich da sehe und erlebe.

Die unbekannten Früchte, die ich gerade gekostet habe müssen an einem Kaktus gewachsen sein. Habe die linke Handfläche gespickt mit feinen, kleinen Stacheln -

Vielleicht sollte ich nicht mehr die 20 Uhr Nachrichten anschauen -

Die Amis schicken Soldaten nach Honduras (das nächste Vietnam?)

In Panama steht das Militär bis in den Hl-Markt.

Die Iraker und Iraner massakrieren sich immer blutiger.

Das kultivierte, zivilisierte, einbetonierte Deutschland ersäuft in seinem Klärschlamm.
Die hochgehenden Flüsse tragen die Scheiße dahin, wo sie herkam, nämlich in die deutschen Wohnstuben.

Und David Bowie singt hysterisch - Let's dance! - dazu.
Ich weiß, es ist mein Kopf und mein Karma, das mich das alles sehen lässt.
Ich weiß, es geht nur mit - ohne Widerstand!
Und mit Liebe. Die Liebe, die nicht bei der einen Frau aufhört, sondern die ganze Schöpfung umfasst.
Aber liebe mal, wenn du dir selbst nicht übern Weg traust!
Oh Mann! - Die Gen-Forscher bereiten eine neue Revolution vor. –

Es ist Samstagabend.
Mario ist zu Hause und frönt seinem neuen Hobby, dem Aufsuchen der SCHERBEN DER ERINNERUNGEN. Begonnen hat er mit den Erinnerungen der jüngeren Vergangenheit. Ganz schnell bemerkte er aber, dass er wieder Opfer seines hervorragenden Verdrängungsmechanismus wurde. Die Gabi gab ihm letztens den Tipp, doch in seiner Kindheit nachzuschauen.

MARIO IST GEBOREN IN DEN ZEITEN DES TEPPICHKLOPFERS
Liegt es in seiner Kindheit begründet, warum er nicht träumen, nicht weinen, nicht wirklich lieben kann? Wie sollst du Gefühle haben, zu ihnen stehen und sie zeigen, wenn du als Kind lernen musstest, dass Gefühle Luxus sind und Vertrauen schädlich ist?
Eigentlich sollte Mario ein Mädchen werden. Ganz ist es seiner Mutter nicht gelungen. In Wolfgang, der engen Wohnung bekam er schwerstes Asthma. Seine Mutter war ständig gereizt, teilweise aggressiv, aber auch heuchlerisch.
In einem Moment tanzte der Rohrstock oder der

Teppichklopfer, im nächsten, wenn Kundschaft kam, war sie scheißfreundlich. Die Schneiderarbeiten machte sie im Kinderzimmer, in dem eh schon zwei Hochbetten standen. Das Klo war der einzige Ort an dem er alleine sein konnte. Dem entsprechend saß er dann auch immer lang darauf.

Und Mario überlegt sich was er erreichen möchte.
Ich brauche eine Beziehung zu einem Menschen dem ich vertrauen kann. Ich weiß, dass ich allein sein kann, aber in meinem Alleinsein kann ich so extrem fühlen, dass es gefährlich, ja zerstörerisch wird. Ich möchte mein verstörtes Inneres heilen. Ich möchte meine Verbindung zum Leben, zu meiner Umwelt und zu den Menschen klären. DENN MANCHMAL FÜHLT ES SICH AN, ALS HÄTTE ICH EINEN NASSEN LAPPEN IN DER BIRNE. Meine Gedanken sind wie zugeschleimt und in einer Spirale verhaftet, die ganz tief runter zieht. BELZEBUB SCHAUT DANN UM DIE ECKE UND ICH BEKOMME VOR MIR SELBST ANGST.
Hoffentlich lüftet sich die Käseglocke bald. Ob ich es jemals schaffe, mit meinen Gefühlen auf die richtige Art umzugehen? Dabei will ich doch nur vermeiden, dass ich Opfer, Gefangener der Umstände, der Vergangenheit werde. Doch der nötige Abstand geht mir zu oft verloren. Nehme es viel zu persönlich. DR. JEKILL UND MR. HYDE

- Du bist Du -
    - Ich bin Ich -
        Und Ich darf nicht denken,
            Dass Du jemals Ich sein kannst.

Blende - Es ist nur Rock and Roll
Aber Mario liebt ihn.
Musik war seine erste Liebe
Und Musik wird seine letzte Liebe sein.

Er meint die Musik, die vom Herzen, vom Bauch kommt
Nicht das synthetische Zeug von heute.
Maschinen, Computer überall.
Selbst in den Gefühlen der neumodischen Menschen.

Ja, Marios Musik ist nach wie vor der Rocks. Und er ist froh darum Hendrix, Fleetwood Mac, Clapton, die Stones und die Beatles in ihren besten Zeiten erlebt zu haben. Davon können die jungen Leute von heute nur träumen. Eric Burdon und War, das war eine ganze Entwicklungsperiode für ihn. Tobaco Road, The house of Riesing Sun, das ist Musik. Heute hat er ihn wiedergesehen. Eric Burdon im "Druckhaus". Schauer liefen ihm den Rücken hinab. Seine Stimme, die alten Erinnerungen.

Dort hat er vom Michael gehört, dass Heike noch lebt. Scheint als Tänzerin im Showgeschäft zu sein. Noch eine gute Nachricht heute. Der 15. März und draußen schneit es. Das ist doch was. Oder ist das nix?

Irgendwo gefunden:
• Man kann nur Brücken schlagen zwischen Ufern, die man auseinanderhält.
• Je größer die Erwartung, desto unmöglicher die Erfüllung.
• Wer sich aufgibt, liebt nicht, weil er sich nicht liebt.
• Nur wer sich verschenkt, liebt, weil er sich liebt.
• Wer die Quelle mit Füßen tritt, kann nicht erwarten, dass ihr Wasser seinen Durst löscht.

Blende - Und Mario hat Regen im Herzen
Freundschaft – Liebe – Vertrauen – Hilfsbereitschaft – Zuneigung.
Er vermutet, dass der Mensch an sich selbst zu Grunde gehen wird. Zwei Menschen, die sich lieben, verstehen sich nicht! Wie sollen sich dann Völker und Rassen verstehen, verständigen und vertrauen?

Blende - Der April, der ein Mai war.

Aber langsam wird es langweilig über das verrückte Wetter zu reden. Sind wir doch alle etwas verrückt, abgerückt von uns selbst. Wir sind nicht mehr wir selbst. Wir sind nur noch Produkt -, Produkt einer immer abseitigeren Gesellschaftsform. Wir sind als kollektive Tänzer ums goldene Kalb nicht mehr auf der Suche nach dem inneren Frieden.

Heute beginnt Mario damit sein Motorrad, das in tausend Einzelteilen im Keller liegt, Stück für Stück zusammen zu bauen. Er überholt den Motor und so manch anderes Teil, immerhin hat das Gerät nun bald 50 000 km auf dem Buckel oder soll er sagen, auf der Achse.

Gesundheitlich geht es ihm die letzten Wochen nicht gut. Seine Leber macht ihm zu schaffen. Also hat er wiedermal über die Stränge geschlagen und bekommt auf diese Weise die Rechnung. Er mutet seinem Körper und seiner Seele zu viel zu. Er darf wieder ruhiger, einfacher, gelassener werden.

Seine Probleme mit der Zeit. Der doppelte Zwilling will alles auf einmal. He Alter, was soll der Geiz?! Halb so schnell ist schnell genug. Und du hast mehr von deinen Aktionen.

Blende - Mona und Mario sind im Spessart gewandert,
über Zäune geklettert, haben in der Lichtung gerastet. Dann sind sie Waldarbeitern begegnet und nen steilen Abhang runtergehüpft. Später sind sie über einen verzweigten Bach gestiegen und an einem kleinen Haus auf der linken Seite des Wegs vorbeigekommen. Auf der Terrasse oberhalb der gemauerten Grundmauer saßen Leute. Es war ein sehr idyllischer Platz, dort am Waldrand. Dunkel kann Mario sich daran erinnern, dass er die Leute begrüßt hat und ihnen zu dem schönen Platz gratuliert hat. Später waren sie in einer Dorfkneipe essen.

Lange Rede kurzer Sinn. Mario lernte diese Leute wenig später in Frankfurt kennen. Ein skurriler Haufen. Die meisten sind "bildende Künstler", auf dem Licht-, Luft- und Naturtrip. Veranstalten da oben Sessions, und Happenings oder kommen einfach zum Relaxen.

Wochen später sitzt Mario auf besagter Terrasse. Er hat einen Spaziergang hinter sich, alles bekannte Wiesen, braune Kühe und Zäune. Nur, dass es jetzt Herbst ist, die Nebel steigen aus dem Teufelsgrund und die Blätter färben sich bunt.
Gestern Nacht hatte Mario seinen neuen Schlafsack 'nem Härtetest unterzogen. Draußen war's feucht und immerhin fünfgradkalt. Aber er hatte es gemütlich und warm. Jetzt kann er ruhig obdachlos werden, was ja immer im Bereich des Möglichen liegt. Das geht heutzutage ganz schnell. Mario nimmt dann seinen Rucksack, den geilen Schlafsack und sein schwarzes Mountain-Bike und verschwindet. So kann ihm die Schwachsinnsgesellschaft mal den Buckel runterrutschen.

Blende - Mario spürt nur noch eine große Müdigkeit.
Kann kaum noch essen. Muss sich dazu zwingen. Er könnte jeden Moment zusammenbrechen. Würde ihm gar nix ausmachen. Und wenn er sich das Weinen gestatten würde, könnte er weinen, bis kein Wasser mehr in ihm wäre. In welche Lage hat er sich nur wieder hinein manövriert? Es hatte mit Mona zu tun. Am Donnerstag hat er ihre Wohnung verwüstet. Zum Glück war sie nicht da. Und da ist es wieder. Er kann sich selbst nicht fassen. Er wollte nicht aggressiv sein, wollte nicht auf diese Ebene abgleiten. Aber es ist passiert.
Mario hatte ihr Gelegenheit gegeben mit Dietmar zusammen zu sein. Das war soweit klar, dazu stand er auch. Es sollte möglich sein, so dachte Mario sich, dass der Partner innerhalb einer Beziehung Erfahrungen mit einem

anderen Mensch machen kann. Das scheint jedoch nur äußerst seltenen zu funktionieren. Denn dieser Eine hat Mona offensichtlich nicht gereicht. Es musste gleich noch ein anderer her. Und das war ausgerechnet ein alter Freund von ihm. Das drückte ihm sämtliche Knöpfe.

Mona wich Marios Fragen aus, lenkte ab und hielt sich, wie immer, mit Oberflächlichkeit auf. Es kam zu keinem klärenden Gespräch.

Dann sah er sie sechs Tage nicht mehr. In diesen sechs Tagen, seine Nerven waren sowieso am Ende, spielten sich Horrorfilme in seinem Kopf ab. Wie er hörte, nahm sie sich sogar einen Tag frei. Das hatte sie in all der Zeit mit ihm nie getan. Sie ließ ihn mit seinem Unbehagen und Unwohlsein alleine. Und jetzt wurde er richtig eifersüchtig.....

Mario versuchte sich mit Lexotanil zu beruhigen. Er konnte trotzdem nicht schlafen, bekam Wahnvorstellungen, wünschte sich sie zu schlagen, ihr einzuhämmern, dass Mona so nicht mit ihm, ihrer "großen Liebe" umspringen könnte. Und sie wurde in seiner Vorstellung zum Flittchen, zur Schlampe.

Eine alte Wunde ist aufgerissen. Die Verletzung des Vertrauens in seine Freunde. Ich habe keine Freunde, war sein tiefstes Gefühl. Es war nicht mal das Gefühl der Einsamkeit, das Mario zusetzte. Es war eher das Gefühl der tiefen Sinnlosigkeit, der Hoffnungslosigkeit im Zusammenleben mit den Menschen. Und er fiel in ein riesiges schwarzes Loch. Er fiel, dass es ihm schwindlig wurde. Er fiel ohne Ende, ohne Halt.

Und dann war da ein Aufbäumen. Diese Frau tötet ihn nicht! Nicht nach all dem, was er schon durchgestanden hatte. Eher tötet er sie. Der Akt der Aggression sollte den Sturz aufhalten.

Da er sie nicht packen konnte, zerstörte er ihre Wohnung. Aber das half nicht wirklich. Denn bald trat diese riesige Leuchtschrift in Aktion:

Ich habe meine Zeit mit einer oberflächlichen Schlampe verbracht! - Und es ekelte ihn, es ekelte ihn vor sich selbst. Wo war eigentlich jetzt all die Weisheit, die er sich so mühsam angeeignet hatte?

Einige Tage später beschloss er eine Gesprächstherapie zu machen. Langsam bekam er wirklich Bammel vor seinen Aggressionsanfällen. Denn in seiner Wut hatte er gegen eine Wand geschlagen und sich den rechten Unterarm gebrochen.

Irgendwo zwischen der Königin Heroin
Dem Tod seiner großen Liebe Gordana
Und dem Schatten einer Löwin namens Maria
Dem weißen Dämon des Coca
Und dem giftigen Schwanz des Skorpions Mona
Hat er sich selbst verloren.

Ob er sich jemals wiederfinden wird?
Mario glaubt nicht,
Dass er so viel anders ist
Als die anderen
Er hat nur eine Idee
Die sich unterscheidet
Von der, der meisten anderen
Und um diese Idee zu verwirklichen
Muss er an sich arbeiten, mit ihm,
Und in sich arbeiten
Ist das nicht der Sinn seines Lebens?

Was für eine Idee meint er eigentlich?
Die Idee einer utopisch friedlichen Welt
In der das Leben spielerisch
Und doch auch spannend gelebt werden will

Wenn wir unser Leben nicht mit Ängsten und leeren Hoffnungen vergeuden wollen, müssen wir uns den gespenstischen Geistern unseres geheimen Selbstes stellen und ihre Freunde werden.

Blende - Die Buchmesse im Herbst

macht Mario bewusst, dass das Jahr sich schon wieder dem Ende zuneigt. Die Bücher vergammeln in den Regalen. Die Yuppies brauchen Bildchen auf den Speisekarten ihrer Schicki Micki Restaurants. Die Videogeneration und das Lesen. Das schnelle Bild löst das Wort ab. Die Wörter werden eh jeden Tag weniger. Alles scheint zum leichten Konsumieren zu tendieren. Die Fantasie wird dabei über Kurz oder Lang auf der Strecke bleiben. Und mit ihr wohl auch die Spontanität und Flexibilität.
Aber was passiert, wenn wir uns auf ganz, ganz andere Umstände einstellen müssen?! -Die Yuppies werden den Bach runter gehen. Oder?

Na ja, Mario kommt ja auch kaum noch zum Lesen. Das Arbeitsleben eben. Und zum Schreiben kommt er überhaupt nicht mehr. Die Tage und Wochen zischen immer schneller an seinem Hirn vorbei. Eigentlich ein gutes Zeichen. Langeweile kennt er kaum. Er erinnert sich - vor noch nicht allzu langer Zeit konnte die Minute ein langes Jahr sein.

Blende - Mitte März 88 –

Vor einigen Tagen erst ist es dem Winter eingefallen, dass er an der Reihe ist. Er ist aufgesprungen und mit großen Schritten herangebraust. Süddeutschland versinkt im Schnee und die Menschen müssen sich vor den Dachlawinen hüten.
Mario kommt gerade vom Schwimmen. Das ruhige Durchziehen, Ausatmen unter Wasser gibt ihm nach einer

halben Stunde ein meditatives Gefühl. Das Wasser umschmeichelt ihn und gibt ihm neue Energie.

In Hanau war gestern eine große Kundgebung. Zum Gedenken an die Zerbombung am 18. März 1945 - in Verbindung mit dem Gedenken an die Atommafia und ihrer Bombe aus Wolfgang. Mario war nicht klar, wer da demonstrierte. Zeitweise sah er nur noch Bundesgrenzschutz und Polizei. Die Strategie der Verunglimpfung hatte sich für die Herrschenden wiedermal ausgezahlt. Hanauer Bürger und Geschäftsleute gerieten schon Tage vorher in Angst und Schrecken. - Die Chaoten kommen! - So ging die Parole durch die Stadt. Fenster wurden verbarrikadiert. Schaufenster vorsorglich leergeräumt. Es herrschte eine faschistische Stimmung.

Wer demonstrieren wollte für ein Leben ohne Angst, für einen Staat ohne Bespitzelung und Big Brother und Polizeimacht und Sicherheitsgesetzte, der wurde schon im Voraus zum Rechtsbrecher gestempelt. Wieder ein Zeugnis der Strategie der Herrschenden, das Volk mit Angst und Desinformation in eine Schafherde zu verwandeln.

Robert Jungk fand jedenfalls treffende und berührende Worte. Dieser alte Mann mit seinen Erfahrungen und seinem Wissen! Und er strahlt noch immer und trotz allem Optimismus und Positivismus aus. Wir sollten uns ein Beispiel nehmen!

Blende - STRANGE FRUITS, EIN BLUES VON BILLY HOLLYDAY

und dazu die herrlichste Straße Europas. Mario war mit Freunden nach Italien unterwegs. Nach einem langen, grauen, dunklen, regnerischen Winter nahmen sie diese wundervolle Straße in den Frühling hinein. In der Schweiz, kurz hinter Basel fing es an, und dann ging es immer Richtung Vierwaldstättersee. Sanfte, grüne Hügel wechselten sich mit blauen Seen ab. Auf den Hügeln, braune Holzhäuser und frisches Grün.

Der Fahrtwind wehte Mario milde Frühlingsluft ins Gesicht. Es wurde wieder weicher. Ein Lächeln legt sich in seine Augenwinkel. Er war unterwegs. Und als die ersten schneebedeckten Berge vor ihm erscheinen und er wie ein Vogel in sanften Schwüngen dahinschwebte, öffnete sich sein Herz. Er erinnerte sich an die Nacht, als er mit ausgebreiteten Armen auf dem gefällten Baumriesen lag, die Sterne über sich. Er erkannte das Spiel der Welt mit aller Klarheit. Eine Sternschnuppe verglühte über ihm und sein Wunsch war nicht der Lottogewinn-, sein Wunsch war vielmehr - wieder lieben zu können, das Leben -, und die Menschen. Er wünschte sich LIEBE zu SEIN. -

Und das Gefühl kam wieder-, es begann unter seiner Schädeldecke im Hinterkopf und lief in Schauern am Rückgrat hinab. Als sie erst einmal am Vierwaldstättersee vorbei, in das nun dicht bei dicht ansteigende Alpenmassiv gelangten und der Schnee immer näher kam, hinter ihnen noch der grünblaue glitzernde See lag und es hinauf ging in die Klarheit und Majestätik der Bergriesen und die Sonne im tiefblauen Himmel strahlte, da wusste er wieder, dass es sich doch lohnt zu leben!

Mario spürte, dass er für einen einzigen Tag dieser Art, die restlichen 364 Tage des Jahres mit Leichtigkeit und Humor ertragen könnte und ein erlösender Schrei drang tief aus seiner Seele und seine Augen schwammen im Glück -.

Blende - Ostersonntag / Vollmond in der Poebene

Flaches, fruchtbares Land, paradoxerweise waren die Bauern arm. Die EG und der technische Fortschritt nimmt ihrer Kleinfeldbewirtschaftung jegliche Konkurrenzfähigkeit. Das Landleben zieht hier nicht mehr. Immer mehr Höfe werden verlassen und verfallen mit der Zeit. Aber auch sonst bekommst du oft den Eindruck, dass die Römer spinnen.

Ihr Ästhetikbegriff ist aber auch zu verwirrend. Da die verfallenen Häuser, die grauen Fabriken im Grünen, der

Schrottplatz mitten auf der Almwiese und dort die Luxusklamotten und die Eitelkeit. Außen hui, innen pfui, sagt man wohl dazu. Wenn dazu die Sonne scheinen würde, wäre die Sache nicht ganz so krass. Aber der graue Himmel, der andauernde Nieselregen lässt die Landschaft mit ihren kreuzqueren Stromleitungen oft recht trostlos erscheinen.
On and on
  The rain will fall
    Like tears from the star
   (Sting)
Ja, der Himmel weint! Er weint über uns Menschen - und über das, was wir aus Mutter Erde machen.

Doch sonst geht's Mario gut. Er ist mit Ulrike hier, Spaxels Freundin und 'ner ganzen Karona Kinder und noch so en paar Gestalten - die dem Alkohol reichlich zusprechen. Muss man schließlich auch ausnutzen, dass der Wein in Italien nicht so teuer ist - und außerdem ist ja schließlich Urlaub angesagt. - Oh Scheiße!
Die Hektik hier im Haus und die Alkscene lässt Mario relativ kalt. Er macht sein Ding und in der Nacht hat er sein ruhiges Bettchen im Passat. Nur morgens zieht's ihm etwas in den gekrümmten Knien. Und der Vollmond scheint dazu.

Zwei Tage später und der Himmel weint immer noch.
Marios Schädel brummt. Er würde gern fahren. Mal schauen, wie die Herrschaften in die Reihe kommen. Gestern waren sie in Verona. Die Stadt von Romeo und Julia. Die Altstadt ist sehenswert. Das Geldausgeben in Italien macht Mario allerdings keinen Spaß. Immer riesige Zahlen. Und vor allen Dingen die Wahnsinnspreise. Es ist ohne Worte. Mario würde gerne wissen, wie das die Italiener machen. Leben die nur von Nudeln und Brot? –
Blende - Das Leben ist ein seltsam Ding!
Monate später. Mario hat das Gefühl, als würden um ihn herum alle Menschen verzweifelt vor der Wahrheit

davonlaufen. Der Mensch kann sein wie ein Stern und seine Bahn ziehen. Wir sind jedoch erst dann frei, wenn wir uns unter das Gesetz des Lebens begeben. So wie der Stern, der seine Bahn nicht verlassen darf um nicht zu zerschellen. Aber da keiner mehr an etwas glauben will, nehmen wir mit dem Tanz ums goldene Kalb vorlieb.

Diese Erkenntnis nutzt Mario, um aus seinem eigenen Traum aufzuwachen. Denn er merkt, dass er sich schon wieder vom Alltag und dem Film um ihn herum einlullen lassen hat.

Blende - Und dann gibt es Wochen die angenehm verlaufen. Wenn es der Sommer erlaubt, fährt Mario nach der Arbeit an den Mühlheimer Steinbruchsee. Dort lernt er Astrid mit dem schönen Busen und ihre Freundin Inge kennen. Es kommen gleich gute Gespräche auf. Der Abend klingt auf Marios großem Balkon beim Caromspiel und Weißherbsttrinken aus. Inge hatte das Zipperlein. Ihre zukünftige Liebe ist im Griechenlandurlaub und nichts ist klar zwischen den beiden. Er ist der Bruder des Typs mit dem sie sieben Jahre zusammen war.

Wieder so eine Geschichte, wie sie das Leben schreibt. Am nächsten Tag treffen die Drei sich wieder am See. Inge gibt ihm zu verstehen, dass sie sich nach Zärtlichkeit sehnt. Aber Mario kann ihr nicht helfen. An die Brust ihrer Freundin würde er sich schon mal anlehnen.

Am 9. November 89 veränderte sich die Welt.
Die Mauer zur DDR brach. Das Bild der BRD währenddessen: Der Penner auf dem U-Bahnschacht, brennendes Aussiedlerwohnheim, echter russischer Kaviar aus dem HL, Satellitenfernsehen, chromblitzender Luxus, Wohnungsnot, die Republikaner auf dem Vormarsch, Weihnachtseinkäufe und in der oberen rechten Ecke des goldgerahmten Bildes, ein schwer gepanzerter Benz, von einer Bombe drei Meter über den Asphalt katapultiert, die den Big Boss des Establishment, Herrn Herleshausen in Stücke reißt.

Wir könnten von den Menschen in der DDR lernen, die mit ihrer spontanen Kreativität, ihrer friedlichen Revolution, den Mächtigen ihres Landes zeigten wo es langgeht.

Die achtziger Jahre hätte Mario also geschafft.
Im letzten Jahr hatte sich einiges verändert. Europa war in Bewegung gekommen. Mario ist neugierig darauf was daraus wird. Hoffentlich kein riesengroßes Einkaufsparadies, kein Kontinent der verblödeten Konsumenten!
Auch in Mario sollte Bewegung entstehen. Wenn er nicht endlich all die Knoten aufdröselt, die sich im Laufe der Jahre in ihm gebildet haben, wird seine innere Aggression wahrscheinlich immer destruktivere Formen annehmen. Ja, manchmal bekommt er Angst vor sich selbst. Den Killer in ihm hat er zur Genüge kennengelernt. Die Wände zu dieser Energie sind sehr dünn geworden. Er kann nicht mehr wie früher, die Ereignisse einfach auf sich beruhen lassen und ein anderes Programm in seinem Kopf einschalten. Er schüttelt sich zwar innerlich und sagt zu sich selbst: Vergiss und fange neu an! Aber seine innere Platte hängt, sie wiederholt sich immer wieder. Er ist verhärtet, erstarrt. Deshalb musste er sich wohl vor Monaten den Arm brechen. Wenn er sich nicht ändert, bricht er am Ende doch noch. Doch immerhin, er hatte die Gesellenprüfung zum Druckvorlagenhersteller bestanden und auch gleich eine Stelle gefunden.

Blende - Draußen geht gerade ein Hagelschauer nieder.
Und so flüchte er sich in die Kneipe hier. Auf seinem Tisch steht ein großer Pott Kaffee. Crosby, Stills, Nash and Young spielen ihren Westcoastsound im Hintergrund. Er schnorrt sich Papier und Kuli vom Wirt und schreibt drauflos.
Tja, wo soll er anfangen. Manchmal liegt alles klar wie ein Bergsee vor ihm und er weiß, dass die Trennung von Mona in Ordnung ist. Wenn er seine Tagebücher aufschlägt

schüttelt er den Kopf. Wie oft haben sie diese Geschichte wiederholt?! Und wie oft haben sie einfach weitergemacht, als wäre nichts geschehen? Oh Mist! Denkt sich Mario.

Und er schreibt: Der Bauch und der Kopf, zwei gegensätzliche Herren. Aber ich muss einfach mehr verlangen dürfen. Bei mir klappt es nicht, dass mein Schwanz befriedigt und so der Kopf beruhigt ist.
Mir wird meine Seele immer wichtiger. Ich werde mir wichtiger. Und ich merke, wie viel Kompromisse ich mit den Jahren eingegangen bin. Ich meditierte nicht mehr, bin kaum noch kreativ. Ich pendele zwischen zwei Wohnungen und der Arbeit hin und her. Ich mache Ordnung, wo eigentlich Ordnung ist. Ich verbringe immer mehr Zeit mit überflüssigen Handlungen. Wahrscheinlich, weil ich dann nicht über das eigentliche Thema nachdenken braucht.
Mona, schon länger merke ich, wie mir deine Ansprüche zur Last wurden. Wie ich "Angst" bekam deinem Wunsch nach Halt, Sicherheit, dem Leistungsanspruch das Vögeln betreffend, nicht gerecht zu werden. Ich merkte wie ich mich Stück für Stück zumachte. Und je mehr ich mich zumachte, desto mehr hast du geklammert. Und das schlimmste ist, dass wir unfähig waren, auch nur andeutungsweise darüber zu sprechen. Du verlangtest von mir Treue, hattest aber kein Vertrauen in mich, weil du dein eigens Herz mit seinen tausend kleinen und großen Geheimnissen in jede andere Brust projiziertest.
Dass ich viele Probleme mit mir hatte, nahmst du selten wahr. Ich musste möglichst lächelnd den Pflegeleichten markieren. Doch ich fraß dabei zu viel in mich rein.
Ich brauche Abwechslung, Bewegungsfreiheit. Alltag ist für mich giftiger als fünf Gramm Kokain. Was habe ich mich reduziert! Ich wollte die Welt mit dem Kugelschreiber erobern und jetzt kann ich ihn kaum noch halten. Ich wollte meine Seele leicht und leichter machen, auf dass sie wieder fliegen kann, doch jetzt muss ich sie erst mal aus den Ritzen

der Betonklötze herauskratzen, die auf ihr liegen. Wir sind aus zwei verschiedenen Welten. Seltsamerweise, meine Einsamkeit hat sich nicht vergrößert, seit wir uns getrennt haben. Eigentlich will ich nichts anderes, als dass wir irgendwie die Kurve bekommen und Freunde bleiben, ohne Anspruch aneinander.

Der Kaffee steht nun kalt neben dem Papier. Ich mach jetzt Schluss mit dem Brief.

Blende - Geduld ist alles und sowieso, in der Ruhe liegt die Kraft -
Scheinbar ist das Marios Aufgabe in diesem Leben. Er wird immer wieder vor Situationen gestellt, die Geduld und Durchhaltevermögen erfordern. Er hat sich seinen ersten Computer zugelegt. Wer hätte das gedacht! Doch um von einer Diskette eine Datei zu bearbeiten, muss er die Datei erst in den Arbeitsbereich laden. Was längere Zeit braucht. Damals waren die Disketten übrigens groß wie kleine Schallplatten.

Blende - Sie haben ihn in der Mangel
Mario geht's wie dem Zauberlehrling. Er rief die Geister und wird sie nicht wieder los. Tja, wenn du in die mystische Welt einsteigen willst, passiert so manches, mit dem du nicht gerechnet hast. Ist es ein Härtetraining? Im Moment schaut es ganz danach aus. Er versucht sich damit zu beruhigen, dass seine Frustrationstoleranz ausgedehnt werden soll. Das Leben ist doch immer der mächtigste Guru.
Wie war das noch mit den schreienden Kindern, den bellenden Hunden, den Presslufthämmern, den Düsenflugzeugen über seinem Kopf und den restlichen nervenkillenden Lärmquellen? Je mehr er sie flüchtet und fürchtet, desto mehr bekommt er sie reingedrückt. Bis dann irgendwann der Zustand der Annahme erreicht ist und er mitten auf der Verkehrsinsel in einem meditativen Zustand verharren kann.

Blende - Jeden Tag eine neue Filmrolle.
Wenn du die eine Aufgabe gelöst hast, und du dich gerade zum Relaxen zurücklehnst, klopft schon eine andere an die Tür. Meistens klopft sie nicht mal an. Sie fällt gleich mit der Tür ins Haus.

Vor sechs Wochen hatte sein Arbeitgeber ihm gekündigt. Die Firma stellt alle Arbeitsplätze auf digitale Bildbearbeitung um. Und darin ist Mario nicht ausgebildet. Sein Leben zwischen den Stühlen.

Er hat ein paar Bewerbungen am Laufen, erwartet jeden Tag einen Anruf wegen nem neuen Job, da verschaltet sich irgend so ein Jockel bei der Deutschenbundespost und sein Telefon ist tot. "Kein Anschluss unter dieser Nummer". Das Arbeitsamt schläft sowieso. Das Arbeitslosengeld lässt auf sich warten. Währenddessen häufen sich die Rechnungen.

Tage später, ein Freund ruft an. Er steigt in zwei Stunden in den Flieger nach Indien. Fünf Wochen Urlaub. Das erzählt er, um Mario aufzuheitern. Die heftigen Winterstürme der letzten Wochen haben sein Moped dreimal umgeblasen. Die Reparatur macht 250,- DM. Der TÜV fürs Auto hat ihn runde tausend Mark gekostet. Derweil hat er keinen Hunger mehr zu haben. Der Kühlschrank ist leer. Und er weiß doch zu gut, wie er ganz schnell Geld machen könnte!

Doch Mario hat noch Geduld, wenn er Glück hat. Wenn er Pech hat, hat er Sodbrennen oder ganz und gar ein Magengeschwür. Tja, die Entwicklung der Tugenden Geduld und Ruhe, die Aufgabe, die er in diesem Leben lösen soll. Wenigstens hatte er heute einen schönen Spaziergang im Spessart. Ein Tal, frühlingfrischer Bach, die Quelle im Wald. Sonne und Stille.

Blende - Mit großem Getöse wurde heute den Hanauern klargemacht,
dass sie auf einem Pulverfass leben. Der Sauerstofftank einer Fabrik flog mit Karacho in die Luft. Zum Glück zur

nachtschlafenden Zeit, sonst wären am Ende noch Menschen getötet worden. Der tonnenschwere Deckel des Tanks zischte wie ein Wasserweibchen mit großer Wucht durch die Gegend und hinterließ bei jedem Aufprall eine Spur der Verwüstung. Dachdecker und Glaser der Umgebung verdienen sich eine goldene Nase, denn ein ganzes Stadtviertel wurde von der Druckwelle erschüttert. Mario beeindruckt die Verwüstungen mit eigenen Augen zu sehen. Fernsehen hat etwas Unwirkliches. Die Bilder berühren uns nicht mehr. Wir haben einfach zu viele davon.

Blende - Der BND dealt mit ausrangierten Waffen der Nationalen Volksarmee.
Ein Staat im Staat. Unkontrolliert, mit eigener Moral. Er gehört abgeschafft. Wie leicht könnte es sonst geschehen, dass er ähnlich wie der EX-KGB seine eigene Herrschaft aufbaut. Glücklicherweise enttarnen sich solche und ähnliche Vorgänge in letzter Zeit immer häufiger selbst. Die Informations- und Mediengesellschaft schafft auch in diesem Lebensbereich neue Strukturen. Innerhalb der letzten 14 Monate hat eine wahre Inflation historischer Momente im deutschen Lande Einzug gehalten. Wenn Mario etwas naiver wäre, könnte er sich freuen. Aber diese ganze deutsch, deutsche Entwicklung lässt ihn skeptisch sein. Dazu kommt die Öffnung zum Ost/West - Kontaktgeschäft; die zukünftige ent-ami-sierung Deutschlands und Europas, in Verbindung mit der Schaffung des neuen Krisenherdes Irak-Kuwait-Saudi Arabien-Israel und der Entsendung "unserer Amis" in die Wüste. Das sind doch keine Zufälle mehr. Die Amis brauchen den Krieg, ihr Haushalt ist im Arsch und der Dollar steckt ganz tief darin. Wenn sie den Krieg nicht bekommen, bekommen sie immerhin die Hand an den Ölhahn. Wie trivial! Leider hängen wiedermal Millionen von Einzelschicksalen an dieser Geschäftemacherei. Denn um nichts anderes geht es bei diesem Weltmonopoli. GELD UND MACHT - Und dafür lässt

man jetzt auch noch die russische Bevölkerung hungern, die selbst nach einfachen Knochen stundenlang Schlange steht.

Ach, jetzt sind wir ganz von "unserem" historischen Augenblick abgekommen. Am 2.12.1990 hat sich das diesmal gesamtdeutsche Volk zum dritten Mal den Kanzler gewählt, den es verdient hat. Auf der Regierungsbank sitzen nur noch Clowns, drittklassige Schauspieler, Kohl- und Eierköpfe.

Und Mario hat immer größere Probleme, sich auch nur mit einem winzigsten Zipfelchen Deutschland, dem Staat und seinem Volke zu identifizieren. Von Identifikation als Deutscher kann bei Mario schon lange keine Rede mehr sein. Im Gegenteil, bei ihm überwiegen eher die Momente des Ekels vor all der Dummheit und Ignoranz. Woher nur stammt die seltsame Eigenschaft der Deutschen, sich immer wieder seinen Schlächter selbst zu wählen?

In anderen Ländern gibt's wenigstens einen anständigen Putsch. Aber die zivilisierten, hochgebildeten, gut informierten(?), konsumorientierten Leistungsmenschen sind wohl zu träge im Geiste.

Wir denken nicht -
    von heute nach morgen.
Wir denken nur noch:
    NACH UNS DIE SÜNDFLUT

Blende – Dezember 91 - Sie sitzen im Flieger Richtung Tanger/Marokko.

Mit von der Partie sind Peter und Anja, das getreue Beziehungsspiegelbild von Mario und Mona. Aber Peter will's nicht glauben. Und so wird er sich quälen lassen müssen. Hinter Mario im Flieger sitzt ne gepflegte Mutti mit

Tochter und ihrem Lover. Die näheren Zusammenhänge wird Mario im Laufe der nächsten Tage noch mitbekommen.
Über den Wolken lebt es sich schlagartig besser. Der Flieger zieht zuerst eine niedrige Bahn. Die Dörfer, Städte, Straßen, selbst die Kernkraftwerke, alles sieht niedlich aus. Mario hat sich vorgenommen, die zehn Tage zu nutzen, um wieder zu sich zu kommen. Er muss seinen Schädel klar bekommen, seine Nerven beruhigen, die Mona vergessen, Kraft tanken, flexibler werden. Er möchte wieder lieben können. Lieben ohne Bedingungen, ohne Misstrauen! Ein neues Jahr, ein neues Glück?

Flughafen Tanger, Jürgen holt ab. Er lebt hier und besitzt eine Fabrik für Damenbekleidung. Bei ihm werden sie erst mal bleiben und Silvester feiern. Dann würde Mario sich ganz gerne Richtung Rabbat aufmachen. Das soll eine schöne Stadt sein. Jürgen fährt zu seinem riesenhaften Anwesen. Palmen und Grün zum Jahreswechsel. Viele Zimmer, Kamin, Bedienstete, marokkanische Frau und gar keine europäischen Verhältnisse. Marokko ist halt doch schon Afrika. Am Abend gehen sie in diesem stilvollen "Rokokorestaurant" essen. Mit Stuck, Spiegeln und roten Stofftapeten.
Mario findet marokkanische Frauen so ganz anders. Sie haben ihre Welt für sich und die Männer eine andere. An den Berührungspunkten, an den Grenzübergängen bilden sich seltsame Formen von Zuneigung, Zärtlichkeit, Aggression, gegenseitiger Respekt und Hierarchie. Er bekommt den Eindruck, als würde gar nicht der Versuch gemacht, eine Gemeinsamkeit in der Beziehung zu erreichen. Jeder Part hat seine Rolle zu spielen. Sie ergänzen sich bestenfalls aber sie kommen sich kaum näher.

Eindrucksvoll sah Mario das gestern auf der Hochzeit. Ja, er hatte das seltene Glück als Europäer, Nicht-Mohammedaner, in eine waschechte marokkanische Hochzeit hinein zu geraten.

Am Nachmittag war ihre Clique auf einem dieser farbenprächtigen, lebendigen Märkte einkaufen. Mario wollte ein Abendessen für alle zubereiten. Alles vegetarisch. Es kam gut an.

Danach unternahm er einen Verdauungsspaziergang. Langsamen Schrittes bewegte er sich den Berg hinauf. Luxusvillen der Saudis wechselten mit relativ guten Wohnvierteln der Marokks ab. Dunkle Gassen mündeten in hellerleuchtete Asphaltstraßen, die von Rinnsalen der letzten Regentage durchkreuzt wurden.

Er kam an einem, mit Lichtergirlanden geschmückten Haus vorbei, aus dem arabische Musik erscholl. Einiges Volk stand an den Ecken, hauptsächlich Männer. Mario lächelte einem jungen Mann zu, der ihm neugierig nachschaute und ging weiter den Berg hinauf zu seinem Aussichtsplatz.

Dort warf er ein, zwei, drei Blicke über das nächtlich erleuchtete Tanger. Der volle Mond stand senkrecht über ihm. Die Nacht war kühl, na immerhin es war Ende Dezember. Er machte sich auf den Heimweg. Um sich im Gewirr der Gassen nicht zu verlaufen, ging er die gleichen Straßen zurück. Kam wieder an dem hellerleuchteten Haus vorbei. Die Musik hatte an Ekstase zugenommen.

Mario stellte sich lauschend in den Schatten des gegenüberliegenden Hauses. Ein junger Typ löste sich aus der Gruppe drüben und kam auf ihn zu. Es war der Gleiche den er vorhin schon angelächelt hatte. Wie es der Brauch zu sein schien, fragte er Mario nach seiner Nationalität. Der vertraute im an, dass er Deutscher sei. Der junge Mann lud ihn ein mit hineinzukommen. Mario war ganz baff.

Es hätte eine Hochzeit, erzählte der Marokkaner auf Englisch und Mario könne ruhig mitkommen.

Da saß er schließlich, umringt von freundlich lächelnden, dunklen Männern. Als Blonder Blauäugiger war er diesmal der Exot. Die Einrichtungsgegenstände im Zimmer wurden auf die Schnelle hinausgetragen. Der Platz wurde gebraucht für Verstärker und Musikinstrumente. Mikrofone wurden aufgebaut. Jeder packte mit an. Die Musiker kamen. Zwischenzeitlich hatte sein neuer Freund Hamed Mario in ein anderes Zimmer verfrachtet. Dort rauchte man Haschisch. Er nahm ein, zwei Züge. An seiner Art zu rauchen merkten sie, dass er kein Neuling war. Und das Dope war gut. Doch Mario war vorsichtig. Immerhin war er fremd hier. Man hatte ihm einige marokkanische Geschichten erzählt.

Doch schließlich war er mitten drin. Fühlte sich pudelwohl. Die Musiker waren gut. Geige, Bratsche, Piano, eine Art Zitter, eine Mandoline und Gesang. Mario taute immer mehr auf. Und die Männergesellschaft um ihn herum auch. Es gab heißen, gesüßten Pfefferminztee. Dann kam eine andere Musikgruppe. Berber mit großen fellbespannten Trommeln und gebogenen Trommelstöcken, eine Art Kastagnette aus Metall spielte auch ne Rolle. Sie machten diese ekstatische Musik, die er draußen auf der Straße gehört hatte. Die Menschen im Hof tanzten und lachten und klatschten und feuerten sich gegenseitig an. Beeindruckend zu sehen, wie wenig sie brauchten, um es sich gemeinsam gutgehen zu lassen. Gesüßten Pfefferminztee, Musik, etwas zu essen und menschliche Nähe. Und auch Mario gehörte an diesem Abend dazu. Die Hochzeitsgesellschaft war stolz, ihm ihre Gastfreundschaft geben zu dürfen. Selbst der Bräutigam tanzte mit ihm.

Blende - So, jetzt hatten sie ihn also, den 1.1.1992
Die letzten Tage des Jahres versöhnten ihn beinahe mit den recht anstrengenden Ereignissen der vergangenen Monate. Den Jahreswechsel konnte Mario gleich zweimal innerhalb

einer Stunde feiern. Einmal nach deutscher Zeit. Danach stießen sie auf die marokkanische an. Sie hatten eine wirklich große kleine Fete. Alles war ungeordnet, irgendwie chaotisch. Jürgens marokkanische Frau und ihre Schwestern machten die Vorbereitungen. Mario wusste wieder nicht, was ihn erwartete. Und dann wurde es richtig gut. Eine Musikgruppe kam. Sie hatten gutes Essen, Whiskey, Gin, etwas Koks, Kaminfeuer, Champagner, Musik und Bauchtanz. Ein Leben in Luxus.

Das Jahr und der Tag sind ganz jung. Es ist sechs Uhr in der Frühe. Mario ist drauf wie Harry. Peter fährt mit Anja zum Beach: Oh Je, Na Ja. Eigentlich wollten sie heute nach Fes' aufbrechen. Peter und er. Aber das wird bestimmt spät, wenn sie heute überhaupt loskommen.
Marokko ist für Mario voller Gegensätze. Doch eigentlich ist es nur wie im richtigen Leben. Hier Luxus, ne Straßenecke weiter der Kampf ums nackte Überleben.

Also, sie kamen erst am anderen Tag los. Ihre Rundreise führte nach Fes über Larache am Atlantik, dann Souk el Arab el Rharb / Quezzane, ein schöner in den Bergen gelegener Ort. Dort hatten die Beiden eine Übernachtung in der alten Karawanserei, eine gute Zeit mit drei jungen Marokkanern, die ihnen super Haschisch besorgten. Das Riffgebirge war nicht weit. Dafür musste Mario sein Roxy Musik Live Kassette opfern. Weiter gings über den Col du Zeggota nach Fes. Dort verbrachten sie zwei Nächte. Dazwischen immer wieder wundervolle Landschaften, eindrucksvolle Bilder für den Augenmensch. Fruchtbares Land. Ein Land für Vegetarier.

Blende - Freitag, Fes', Maroc
Die Stadt der Mauern, Zinnen. Mit Peter in der Medina: Ledergerber, Bettler, Eseltreiber, Koranschulen, Kupferschmiede, Messingziseleure, verwinkelte Gassen,

kleine Läden, vollgestopft mit den Herrlichkeiten der tausend und einen Nacht. Manchmal sitzen die Händler einfach nur in einer Art Schublade und bieten ihre Stoffe oder knalligen Süßigkeiten an. Einfach fantastisch. Man muss sich nur vor den Schleppern und Bettlern in Acht nehmen. Die können ganz schön aufdringlich sein. Du brauchst ein paar gute Sprüche oder Gesten. "Barre, Barre" = verschwinde, hau ab, hat Mario schnell drauf.

Im Basar hatte sich Mario an einem Stand einen schönen, reichverzierten Kelim, ein paar Versteinerungen aus der Sahara und alte Münzen ausgesucht. Danach ging das Handeln los. Dreimal ging er lachend und kopfschüttelnd vom Stand weg. Ibraim, der Händler lief ihm nach und senkte den Preis. Am Ende hatte Mario ein gutes Geschäft gemacht. Selbst Ibraim war glücklich. Er lud die beiden Deutschen zum Abendessen in seine Wohnung ein. Ibraim erzählte später ganz begeistert, dass er so einen spannenden Handel mit einem Touri noch nicht gehabt hätte. Und dass es für ihn einer persönlichen Beleidigung gleich käme, wenn die Touris ihm seine völlig überhöhten Preise bezahlen würden.

So sitzen sie also in Ibraims Neubauwohnung auf dem Diwan und trinken mal wieder gesüßten Pfefferminztee. Im Flur hat die Frau den Holzkohlengrill angeworfen. Fettige Rauchschwaden durchziehen das Haus. Nach und nach kommen die Nachbarn ins Zimmer, verneigen sich vor den Europäern, sagen etwas unverständliches, trinken einen Tee und gehen wieder. Ibraim ist ganz stolz auf seine Gäste. Den plärrenden Fernseher könnten sie ruhig abdrehen. Doch das Statussymbol muss vorgeführt werden.

Peter kommt nicht so klar mit Land und Leuten. Er ist unflexibel die letzten Tage. Wahrscheinlich fehlt ihm seine Geliebte. Mario gefällt's super gut, das Chaos ist nach seinem Geschmack. Er kommt wieder. Am nächsten Tag nach dem Frühstück wollen sie weiter nach Rabbat.

Und weiter geht's, über Meknès, Volubilis und Kenitra nach Medhiya Plage. Ein paar Stunden Sonne, Sand und Wind. Am Meer treffen sie einen alten Mann. Sein Zuhause, eigentlich nur eine Bretterbude, steht direkt in den Dünen mit Blick auf den Atlantik. Er lädt die beiden zum obligatorischen stark gesüßten Pfefferminztee ein. Mario ist berührt.

Da ist die alte, verfallene portugiesische Festung am Meer. Mario sieht mit seinem inneren Auge die spanischen Galeonen mit ihren geladenen Kanonen den Fluss hinunter segeln. Die Männer hatten das Glitzern der Eroberer und Abenteurer in den Augen. Ihr Blick war nach Westen gerichtet.

Sogar die Sonne kommt durch den Dunst, um ihm diesen Augenblick zu vergolden. Danach schauen sie sich das Hotel Atlantic an. Ist einsam, kalt und verlassen und vor allem teuer. In Medhiya-Stadt finden sie ein Doppelzimmer mit Dusche für 85 Drachmen, ca. 17 DM. Am anderen Tag gehts immer an der Küste lang, Richtung Larache. Der Motor des gemieteten R4´s dreht immer öfter durch. Irgendwas ist mit dem Getriebe und der Kuppelung. Sieht aus, als dringt Öl in die Kupplung.

In Moussa haben sie noch mal Strand, Sonne und ne schöne Ortschaft. Dann gehts über Stock und Stein und tiefen Schlaglöchern zurück nach Tanger. Der R4 schafft mit letzter Kraft und zwanzig Sachen die steile Straße zu Jürgens Villa hinauf. Nun ist die Kupplung ganz hinüber.

Glück gehabt. Nur mal angenommen, ihnen wäre der Wagen irgendwo in der Pampa verreckt! Na, sie hätten dumm dagestanden.

Lilos Geburtstag feiern sie mit einem Fischessen in Tanger. Später zündet Mario ein letztes Mal Jürgens Kamin an. Der Mond strahlt hell, vom sternfunkelnden Nachthimmel durch die breite Fensterfront, in den großen Wohnraum. Das Holz knistert, die Funken fliegen. Ein schöner Abschluss.

In der Früh weckt Mario ein unverschämter Sonnenstrahl. Seine Glieder sind steif. Eine Erkältung brodelt die ganze Zeit schon in ihm. Und nun sitzen sie im Madrider Flughafengebäude und warten auf den Anschlussflug nach Krankfurt. Eine ganze Stunde noch bis zum Einchecken. Diesiges Wetter lässt den Abschied nicht ganz so schwer sein. So können sie sich seelisch und physisch auf zuhause einstellen.

Die Situation in der Reisegruppe ist mittlerweile chaotisch. Die Beziehung zwischen Lilo und Tino ist heute auch noch gestört. Peter ackert immer noch/wieder mit Anja herum.
Die letzten zwei Tage hat Mario ein wenig die Geduld verloren. Peter hat ihn mit seiner Ich-bezogenheit oft genug aus den schönsten Feelings herausgerissen. Zwillinge haben´s schon nicht leicht. Müssen alles analysieren. Mario, nimm dir ein Beispiel und vergesse die Mona, vergesse was war. Fang jeden Tag neu an und erinnere dich der schönen Momente in Maroc.

Mario jedenfalls war willkommen und darf wieder kommen. Das hatte er gespürt, bei allen Marokkanern die er traf. Wohl auch wegen seiner Unvoreingenommenheit und Offenheit ihnen gegenüber. Arroganz verhindert Nähe und Verständnis. Die Mentalität der Marocs ist ihm nicht unsympathisch. Man muss sich als Europäer eben darauf einstellen. Zum Beispiel auf die Rollenspiele zwischen Mann/Frau und der Sache mit dem Bakschisch. Mario spürte hinter all diesen Spielchen, dem Zocken um Geld, hinter all der Show eine menschliche Seite, die den Westlern leider abgeht.
Was Mario gerne näher kennenlernen würde, ist die marokkanische Art der Mädels und ihrer Beziehungen. Die

Frau steht da nämlich gar nicht so unterm Pantoffel, wie man gemeinhin annimmt.-
Sousa und ihre ältere Schwester haben ihn im Gegensatz zu den anderen Frankfurtern herzlich verabschiedet. Und wie gesagt, er darf wiederkommen. Jürgen ist ihm bis auf seinen Hang zum Wein auch recht nahe gekommen. Alles in allem war es wieder kein erholsamer Urlaub, dafür aber umso lehrreicher. Es ging alles so schnell und es kam immer wieder neues hinzu.

Blende - Die spinnen die Werbefritzen.
In seinem neuen Job hat er viel Arbeit. Die Aufträge sollen am besten gestern schon erledigt sein. Nach vier Farbkorrekturen nehmen die Kunden dann oft doch die erste Version. Manchmal arbeiten sie in die Nacht hinein oder das Wochenende durch. Mario verdient mal wieder verhältnismäßig viel Geld. Doch Zeit es auszugeben hat er nicht.

Osho:
Wir sind in der Hölle, wir schmoren im Fegefeuer, und wir sind dort, weil wir festhalten wollen, was vorbei ist. Wenn wir den Partner festhalten wollen, wird aus der Tür zum Himmel eine Falltür zur Hölle.
Wenn wir nur lieben können, weil ein anderer uns liebt, leiden wir in der Hölle der Einsamkeit, dann quälen uns die Dämonen und Geister der Sehnsucht und Eifersucht.
Aus der Hölle gibt es nur einen Weg: Die Liebe zu sich selbst zu entwickeln. Denn wir lieben uns nicht genug, um unsere eigene Gesellschaft zu ertragen, uns liebenswert und ganz zu fühlen, unabhängig vom Partner und seiner Zuwendung.

Die Funktion des Künstlers
Wie kann ein Selbstportrait statueske Ruhe ausstrahlen –
Angesichts des uns umgebenden Schreckens?
Die Tortur, das Leid, die Furcht und der Hass
sind zum täglichen Brot dessen geworden,

das der Papst "das Bankett des Lebens" nennt.

Die gepeinigten Gesichter sagen:

Das ist was ich meine...

und das...

und das....

Schau und du wirst sehen.

Man kann keinem etwas zeigen, was er nicht auf irgendeine Art selbst gesehen hat –

Genauso wenig, wie man keinem etwas zeigen kann, das er nicht bereits weiß.

Die Funktion des Künstlers besteht darin, die Erfahrungen eines überraschten Erkennens wachzurufen; dem Beobachter zu zeigen, was er weiß, von dem er aber nicht weiß, dass er es weiß.

Blende - Heute muss Buß- und Bettag sein.

November ist angesagt. Es regnet schon wochenlang. Bald ist wieder ein Jahr wie im Flug vergangen. Und Mario lebt noch. Seltsam wie schnell man die Tage der brütenden Sommerhitze vergisst und nur noch nasskalte Feelings in den Knochen hat. Am Morgen wacht Mario auf, schaut in sich hinein und kann's nicht fassen. Da ist er 35 Jahre und hängt immer noch im Spinnennetz der Unzufriedenheit und Unsicherheit fest. Sicherlich ist es das Schicksal des Sternzeichens Zwilling, immer mal zwischen zwei Stühlen zu sitzen. Aber meist weiß er, welchen Umständen er das zu verdanken hat.

Oft genug waren es die Drogen, manchmal die Frauen, ab und zu seine Einstellung zum Leben. Der jetzige Zustand, der schon etliche Wochen anhält, ist eine Mischung aus allem.

Mittlerweile wirkt es sich wieder körperlich aus. Der Nacken ist am Morgen verkrampft, die Hände zittern, Nervosität, Unruhe lassen keine Konzentration aufkommen. Es brodelt, rumort und kocht in ihm. Ihm kommt es vor als solle mit ihm etwas geschehen:

Mario sollte wieder den unpersönlichen Beobachterposten einnehmen, der zuschaut was mit ihm geschieht, sich der Gesetzmäßigkeit von Ursache und Wirkung bewusst ist und etwas weiter als bis zur Nasenspitze schaut.

Anschauen, aber nicht daran haften bleiben!
Sonst gibst du dem Tier der schlechten Energien Nahrung. Dann drehen sich die Gedanken im Kreis und der Tiger der Angst wird fetter und fetter. Schau hin, sag ja und gehe weiter! Also, jetzt genug der Depressionen. Mario weiß, es wird auch wieder besser. Aber es wird dauern. Doch er will nicht mehr mit sich und seinen Selbstzerstörungsarien und der manchmal unkontrollierten Aggression leben. Die Gesprächstherapie, die er vor einem Jahr begonnen hat, hilft ihm auch nicht weiter. Die Sitzungen langweilen, die Tussi, die sie leitet langweilt und die Technik sowieso.

Und als wäre es ein Wink des Himmels
Heike, eine Bekannte, bringt Mario bei 90 Grad in der Sauna auf die Idee. Sie fragt ihn:
„Was machst du zwischen den Jahren?"
„Nichts."
„Gut, dann hast du jetzt ein Date mit deinem Selbst."
Mario: „Hä?"
Heike „Da findet ein Einführungsseminar zu einem Energietrainingsjahr statt. Mein Eindruck ist, du bist jetzt soweit und es könnte dir ganz viel geben."
Er weiß zwar nicht, auf was er sich da einlässt, doch zu verlieren hat er eh nichts mehr. So landet Mario einen Tag nach Weihnachten des Jahres 92, auf einem ausgebauten Bauernhof, in der Nähe von Geschwend. Das liegt zwischen Heilbronn und Stuttgart, in der tiefsten Pampa.

Es gibt eine Woche Selbsterfahrung.
Und alles erinnert ihn an die Sannyasins Aktion, damals in der Toskana. Es ist nur friedlicher und wesentlich komfortabler. Mit Fußbodenheizung im schönen Meditationsraum. Warme Duschen hat es auch. Bekocht werden sie vegetarisch. Wie es der "Zufall" will liegt Mario mit sieben Frauen im Gemeinschaftszimmer. Am Abend die erste geführte Meditation. Danach darf jeder der zweiunddreißig Teilnehmer eine Karte ziehen. Marios Motto für die Woche ist: "Fühle". Seltsamerweise lautet die englische Übersetzung "Be Free". Er ist irritiert.

Um acht Uhr die Morgenmeditation.
Neun Uhr gibt´s Frühstück. Mario isst nicht mehr so viel wie am Abend. Das Meditieren funktioniert nicht so recht mit Blähungen. Sie haben gestern Abend noch einige intensive Partnerübungen gemacht. Es ist für Mario nicht einfach, mit wildfremden Menschen über sein Innerstes zu reden. Sein Übungspartner fragt ihn zum Beispiel nach seinem Satz, seinem Thema, mit dem er die Tage hier umschreiben möchte. Der Satz, der Mario regelrecht anspringt ist: „Mario sei locker, werde locker, du schaffst das schon."
Diesen Satz sagt ihm sein Übungspartner, ein Holländer, hinter ihm sitzend ins Ohr und massiert ihm dabei leicht den Rücken. Dann wird gewechselt.

Eine andere Partnerübung: Nach einer öffnenden Meditation sitzen die Gruppenteilnehmer im Doppelkreis gegenüber. Dabei findet sich das Gegenüber ganz spontan. Die Frage ist: "Was bedeutet für dich Glück?" Und immer wieder wechselt im Doppelkreis der Partner. Mario fällt zu dieser Frage einiges ein. Irgendwann entdeckt er, dass er ganz schön viel braucht, um glücklich zu sein.
Die zweite Frage lautete: "Was trennt dich, was hält dich ab, vom Glücklichsein?" Und da fällt ihm noch viel mehr zu ein. Upps.

Der Raum ist voller Stimmengewimmel. Mario bekommt in diesem Soundteppich von seinen Nachbarn nicht viel mit. Ist er doch ganz auf seine eigene Geschichte konzentriert. Doch einer, links neben ihm, erregt seine Aufmerksamkeit. Auf die Frage nach dem Glück antwortet er nämlich unter anderem: Mit dem Partner ein Legoschiff bauen. Materielle Einstellung assoziiert Mario. So ist die folgerichtige Antwortet des Kollegen auf die zweite Frage, dass er zu wenig Geld habe. Wie oft versuchen wir doch unser Glück über den Umweg der materiellen Dinge zu gewinnen! –

Am Abend dann Partnermassage.
Mario hat eine ältere Dame als Partnerin. Leider, - dachte er am Anfang. Doch es war gut so. Mario lernt wieder zu geben. Und das empfindet er an diesem Abend schöner als das Nehmen.
In der Nacht war er mit Elke zusammen. Das ergab sich ganz spontan, intuitiv. Sie hat schweres Asthma und während der Massagesession einen Anfall. Und Mario sitzt auf einmal hinter ihr und legt ihr seine Hände auf. Und sie wird ruhiger und die beiden verbringen kuschelnd und klönend die Nacht im Meditationsraum. Mario bekommt gerade zwei Stunden Schlaf. Er kann wieder geben. Und gewinnt dabei. Alte Erinnerungen an seine eigenen Anfälle, die damals ausgestandenen Todesängste kamen hoch. Längst vergessenes. Und er fühlt auch Dankbarkeit, dass diese Geschichte hinter ihm liegt.

Täglich steigt die Energie in der Gruppe.
Nach der üblichen Morgenmeditation und dem Müslifrühstück gibt es wilden Discotanz. Danach ruhige Selbstversenkung im Stehen. Sie sollen in sich reinfühlen, ihre innere Statur oder Haltung finden, sie beobachten und dann mit dem Körper ausdrücken. Und dann geht alles ganz schnell. Überall im Raum heftige Reaktionen. Lautes Schreien, Stöhnen, Weinen.

Marios Statur ist das Schilfrohr, das im Winde weht, das Gefäß, das gefüllt wird. Danach kommt Dankbarkeit in ihm hoch, die sich so ausdrückt, dass er auf die Knie geht und sich mit dem Oberkörper tief zum Boden verneigt, die Arme weit nach vorne gestreckt.

Aber da ist auch eine unendliche Müdigkeit, Trauer und Mitgefühl über das Leid der Menschen um ihn herum. Denn da gibt es viele Tränen, explosionsartiges Geschrei.

Später darf jeder Einzelne seine Statur vor versammelter Mannschaft vortragen. Und sie berühren ihn alle. Fast ohne Unterschied. Mario weint das erste Mal seit langer Zeit. Noch verhalten. Und es war gut so.

Da passiert noch so viel und alles geht so schnell. Der Kopf kommt gar nicht mehr mit – soll er auch gar nicht. Und alles was passiert ist in Ordnung so. Das Interessante dabei ist, eine Erkenntnis, Erfahrung baut auf der anderen auf und macht ihm bestimmte Verhaltensmuster bewusst. Später lernt er dafür den Begriff Synchronizität schätzen. Da gibt es zum Beispiel dieses prägnante Erlebnis seiner Losgelöstheit von der Gruppe, der Masse. Das ist wohl seine Geschichte. Nämlich immer wieder seine Sache alleine durchzuziehen. Eine spannende Erkenntnis.

Da gibt es zum Beispiel die Übung, in der alle ziellos durch den Raum gehen, jeder ganz bei sich selbst. Dann bekommen sie die Aufgabe, nacheinander zu den Menschen hin zu gehen, die entweder Zuneigung oder Aversionen in einem geweckt haben. Mario steht "zufällig" am Fenster und schaut hinaus in die Landschaft. Und er kann ja nicht gut alle zusammen aus Sympathie in die Arme schließen, eine Aversion fällt ihm nicht ein. So bleibt er am Fenster stehen, halb der Gruppe den Rücken zugekehrt. Die anderen haben sich zu lockeren Zweier-, Dreier- oder Mehrergruppen zusammengefunden. Und er bleibt am Fenster alleine. Er ist´s zufrieden und ein Lächeln macht sich auf seinem Gesicht breit, denn schließlich ist das symbolisch für sein Leben. So ist er eben. Der Stern, der alleine durch den Kosmos zieht und schaut und aufnimmt. - oder?

In der folgenden Morgensitzung erhalten die Gruppenteilnehmer die Aufgabe, sich über ihre derzeitigen Programme, ihre sogenannten "Glaubenssätze" Gedanken zu machen. Mario denkt bei sich: `Ich bin verwirrt - bin blockiert, ich blockiere. Bin ich denn nicht der ungläubige Thomas?! Und da soll ich einen "Glaubenssatz" haben?!´
Was hat er gestern Mittag in der Session gesagt? „Ich weiß nicht, ob ich mich öffnen will und soll. Denn damit muss ich den Rückzugsraum, die Höhle verlassen, die mir gleichzeitig Schutz aber auch Gefängnis ist. Jedes Mal nämlich, wenn ich die Mauern einreiße, den Raum verlasse, stoße ich mir, in meiner dann stärkeren Sensibilität, blaue Flecken an den Mauern der anderen. Und überhaupt, was passiert, wenn ich beim Verlassen der Tür ins Bodenlose falle? Wer oder Was fängt mich auf?"

Mario kommt sich langsam auf die Schliche.
Also hat er doch Ängste! Und was für welche! Mei oh Mei. Ist alles nicht so einfach. In dieser Welt braucht er doch ein Schutzsystem, sonst wird ihm wehgetan. Aha – interessanter Glaubenssatz!
Mit diesem Schutzsystem kommt aber auch der Schmerz der Isolation, der Schmerz des Nichtfühlens. Und wenn er an ihm festhält und so weiter macht wie bisher, bleibt alles beim Alten und er stirbt, jeden Tag ein bisschen mehr. Hat er also noch eine Wahl?!
Mario realisiert, dass er wohl alle Schattenseiten dieser Welt in sich vereint. Genauso, wie er für alles eine Antwort und eine Ausrede hat.

Mario darf lernen, seinen Kopf abzuschalten.
Mario darf lernen, wieder Gefühle zuzulassen.

Mario darf lernen, sich wieder der Welt und seinen Intuitionen zu öffnen.

Und die Energie in der Gruppe und in ihm wird immer stärker. Doch zunächst einmal bekommt er das gar nicht so mit. Im Gegenteil. Als es nämlich für ihn daran geht, die Schamanentrommel (eine Übung) zu schlagen, muss er fluchtartig den Raum verlassen. Das ist nicht bewusst gesteuert. Er will die Woche nicht abbrechen, er will nur diese Übung auslassen.

Mario zieht sich warm an und läuft los.

Er muss gehen. Irgendwie hat er den Kontakt zu all dem verloren. Er fragt sich was los ist. Ja, die Energie ist hoch und die Magie linst um alle Ecken. Es ist eine eisigkalte, sternenklare Nacht und Mario marschiert durch den stockdunklen Wald. Später läuft er durch die schwäbische Hochebenenlandschaft. Über ihm funkeln Millionen Sterne. Nach einer Weile sieht er weit vor sich einen angeleuchteten Kirchturm.

Mario spielt mit dem Gedanken in die Dorfkneipe zugehen, um sich am Ofen aufzuwärmen und ein Bier zu trinken. Dabei trinkt er doch gar keinen Alkohol. Als er dem Ort näher kommt, ihn etliche Wagen auf der dunklen Straße mit ihren Scheinwerfern geblendet haben, bemerkt er, dass er kein Geld einstecken hat. Da beschloss er zurück zu gehen.

Und er läuft zurück. Schneller als er geflohen ist. Im Stillen mit der Hoffnung, gerade recht zum Abendessen zu kommen. Nach zweieinhalb Stunden in der kalten Nacht landet er ziemlich durchgefroren "Zuhause". Und oben im Mediraum sind sie immer noch zu Gange. Er hört erschreckend lautes Geschrei, schmerzliches Stöhnen, wirres Reden und dumpfe Schläge auf der "Trommel". Es kommt ihm vor, wie in einem Exorzistenfilm. Und nichts anderes ist es ja wohl auch. Da werden die Dämonen aus ihren Schatten geholt und mit lautem Getobe davon gejagt.

Mario sitzt auf seinem Bett und weiß nicht was tun. Doch dann geht er rüber ins Haupthaus. Will eine Tasse warmen Kräutertee ergattern und sich an den heimeligen Tannenbaum setzen. Erst mal warm werden, dann sehen wir weiter, denkt er. Schließlich kommen die anderen. Sie sehen, bis auf einige, die einen verschwitzten Eindruck machten, noch recht normal aus. Mario mischt sich unauffällig unter sie. Den meisten ist es gar nicht aufgefallen, dass er bei der Aktion nicht dabei war. Doch als er gerade sein Abendessen beendet hat, wird er von einer der Assistentinnen "entführt", wie sie sich ausdrückt.

Mario hatte es kommen sehen.

Sie gehen in den Raum, in dem das Assistenzteam sitzt. Und Bodhi spricht mit Mario. Fragt ihn, ob er die Sache abbrechen will. Fragt nach seinen Motiven für das Hier sein. Und Mario berichtet. Erzählt von seiner Skepsis Sannyasins gegenüber, spricht seine Angst vor Gehirnwäsche und Manipulation an. Fragte wer ihn auffängt, wenn er springt und ins Bodenlose fällt. Und irgendwie wächst bei Mario das Vertrauen während des Gesprächs.

Bodhi berichtet von seinen Erfahrungen mit sich und dieser Arbeit: „Du bekommst nur das, was du innerlich zulässt. Und etwas in dir weiß, dass du es auch tragen kannst. Du fängst dich selbst."

Bodhi meint, es sei schade, wenn Mario jetzt aussteigen würde. Er könne sehen, dass er nicht mehr viel braucht.

Nicht mehr viel braucht - für was? Mario muss nicht wirklich fragen. Er weiß es auch so. Nachdem ihm Svagat ein Assistent, seine Unterstützung zugesagt hat und Mario gefühlt hat, dass das so in Ordnung geht, beschließt er die Übung zu machen. Und jetzt spürt er neben der Angst und der Aufregung auch eine freudige Erregung in sich.

Die Schamanentrommel!

Nach dem Abendessen geht es also weiter im Text. Die Dreiergruppen finden sich wieder. Der Trommler, in dem Fall Mario, sitzt in der Mitte. Vor sich eine zusammengerollte Matratze, als Trommelersatz. Links von ihm sitzt Gabi, die ihm seine "Glaubenssätze" ins Ohr sprechen soll. Rechts von ihm sitzt die Carola, die zunächst ganz unbeteiligt dabei sein soll und die Matratze hält.

Und es fängt an. Eine rhythmische Trommelmusik kommt aus den Boxen. Mario kniet, die Augen geschlossen. Er trommelt auf der Matratze. Atmete in kräftigen Intervallen, versucht loszulassen, alles raus zu atmen. Seine Aufregung, seine Angst, seine Skepsis. Versucht, nicht mehr zu denken. Schaut, was geschieht, während ihm seine Sätze zugerufen werden:

„Wenn ich mich öffne, werde ich verletzt! -
Ich, Mario glaube an nichts! -
Ich, Mario bin verwirrt! –"

Um ihn herum bricht das Chaos aus. Wieder der reinste Exorzismus. Und er nimmt das Geschrei, das Geschimpfe, die aggressiven Ausbrüche nur am Rande war. Mario versucht weiter zu trommeln, im Rhythmus zu bleiben. Summt sein OM laut und deutlich. Svagat war hinter ihm. Er unterstütze ihn mit seiner Energie. Flüstert ihm ins rechte Ohr: "Geh in den Körper, schau was deine Hände wollen. Gehe in die Stimme. Lasse es raus."

Marios Körper beginnt rhythmisch zu schaukeln. Er hebt die Hände, Handflächen flach nach oben. Sein OM bekommt Obertöne. Die Stimme wird stärker. Er ist nicht mehr in der Zeit. Starke Energien fließen durch seinen Körper. Da ist kein Chaos, keine Aggression, nichts wovor er Angst haben muss. Carola rezitiert mittlerweile die Glaubenssätze mit. Seine Begleiter versuchen ihn weiter zu bringen, die Energien zu verstärken.

Und plötzlich sieht Mario einen Sternenhimmel vor sich und um sich herum. Und er legt seine Hände sanft, fast zärtlich auf die Matratze und beginnt den tiefschwarzen Nachthimmel mit seinen Millionen und aber Millionen glitzernden Brillanten zu streicheln. Und sein Gesang wird ruhiger, langedehnte Ausatmung, voller Kraft. Und er wird immer gelöster, Marios Trance vertieft sich noch.

Svagat fällt schließlich in den Ton ein. Doch sein Atem reicht oft nicht aus. Und es ist schön mit ihm dort an diesem Platz, in diesem weiten Raum, weit weg von all dem, was Mario sonst gefangen hält. Später, scheinbar eine Ewigkeit später, löst sich langsam die Energie. Sachte setzt Entspannung ein. Eine ruhige Gelassenheit füllt Mario und den Tempel aus.

Mario kommt wieder zu sich. Öffnet die Augen. Hat er es richtig gemacht? Gleich muss sein Hirn wieder eine Frage stellen. Und er beantwortet sie sich selbst: Er fühlt ein glückliches Lachen. –

Später liegt er noch eine ganze Zeit mit der Carola auf der Matratze. Sie unterhalten sich ganz entspannt. Hin und wieder nehmen sie sich in die Arme, kuscheln, spielend, wie Kinder.

Sonntag früh

Während der Morgenmedi geht die Sonne knallrot auf. Und Mario ist wach wie lange nicht. Das Wetter der letzten Tage war mit ihm synchrongeschaltet. Am Anfang Nebel, Dunkelheit und Regen. Jetzt kam die Klarheit, das Licht, die Sonne. Die Energie steigt von Tag zu Tag. Das konnte ja heiter werden.

Montag früh, sehr früh.

Mario sitzt alleine im Mediraum. Er muss nachdenken. Sein Gefäß ist voll, er ist voll. Mehr Leid geht nicht mehr rein. Ihm ist schlecht davon. Der Magen ist hart, der Kopf schmerzt, seine Knochen kann er einzeln zählen. Kommt jetzt der Augenblick, in dem sich die Geschichte, seine

Geschichte dreht? Lernt er jetzt aufzumachen und auch mal was anzunehmen?

Begonnen hat es - ja, wann denn? Eigentlich schon die ganze Zeit. Er lädt sich den Müll der Welt auf. Schon immer, seit dem er denken kann, fühlt er sich verantwortlich für die Misere der Welt. Als neunjähriger Bub hatte er ein schlechtes Gewissen, weil in Biafra die Kinder elendig verhungerten. Den Vietnamkrieg nahm er sehr persönlich. Jetzt sah er nach Jugoslawien hin und spürte eine Mitschuld. Und sei es nur, weil er ein Mensch, ein Europäer war, - einer von denen, die diesen schönen blau/grünen Planeten ergrauen lassen. Und auf der persönlichen Ebene sieht Mario auch genügend Mist.

Gestern Abend zum Beispiel.

Nach der Abendsession sitzen sie noch `ne ganze Weile oben im "Tempel". Die Elke ist da und die kleine Susanne mit dem Lockenkopf. Klönen über Beziehungen im Allgemeinen und ihre persönlichen Vorstellungen im Besonderen.

Mario hat beobachtet, dass die im sechsten Monat schwangere Raily mit ihrem Mann zusammen in der Gruppe ist. Der Typ war das pubertäre Kerlchen mit dem Legoschiff. Der lässt keine Gelegenheit aus, sich `ne Frau zu schnappen, um mit ihr zu kuscheln und sonst so spaßige Sachen zu machen. Mario findet es interessant, dass es immer wieder Frauen gibt, die dieses Spiel mitmachen. Später wird Joachims Verhalten vom Bodhi als verdrängter Frauenhass beschrieben. Und die Frauen, die von ihm wie magnetisch angezogen werden, sind auf der anderen Seite beschäftigt, nämlich mit einem subtilen Männerhass.

Um auf die Sonntagnacht zurückzukommen. Es trifft Mario wie ein Schlag in die Magengrube, als er erfährt, dass die starke Raily, mit dieser ganz besonderen Ausstrahlung, ausgerechnet mit diesem „Kind" verheiratet ist. Mario schaut zu ihr rüber. Sie liegt mit einigen anderen Teilnehmern ein paar Meter entfernt und unterhält sich angeregt. Weiter hinten in der Ecke kann er Joachim erkennen, der wiedermal einem Mädel ganz gezielt in die Wäsche geht.

Mario denkt bei sich: Spannend wie verantwortungslos zwei Menschen miteinander umgehen können. Wie kann die Raily das auch noch mitanschauen, was lässt sie da nur mit sich machen? - Dann spürt Mario seine Müdigkeit. Er verabschiedete sich, geht bei Railys Gruppe vorbei. Sie steht gerade auf. Mario umarmt sie, wie er es schon öfters getan hat. Eine schwangere Frau, besonders die Raily hat immer eine spezielle Aura. Die berührt er gern. Er geht weiter Richtung Treppe. Raily neben ihm her. Gerade noch denkt er, wie hält sie das nur aus mit Joachim? Da sieht Mario im Augenwinkel, wie sie ihrem Mann volle Kanne ins Gesicht tritt. Der liegt ja nur einen Schritt weiter, nichtsahnend und wehrlos mit seiner Kuschelpartnerin auf der Matratze. Raily ist gerade mal dabei, also bekommt das Mädel, das von all den Zusammenhängen nichts weiß, auch ein paar Tritte ab. Joachim springt auf und es gibt ne kurze Prügelei. Blut fließt. Mario sieht innerlich, wie Raily ihr Baby verliert.

Also geht Mario dazwischen. Und er muss seinen Senf dazu geben: Nicht gerade, dass er Joachim für nen verantwortungslosen, sadistischen Hurenbock hält, aber doch für so was Ähnliches. Und zur Raily sagt er, er könne nicht verstehen, wie sie das immerzu mit ansehen kann. Du hast wohl nen perversen Hang zum Masochismus. Lässt dich quälen, bis dir dann auf mörderische Art der Kragen platzt. Und Joachim kommt mit dem Punkt, wenn dieser Kurs und all das Training was wert sein soll, dann dürfte es doch so etwas wie kleinliche Eifersucht und Besitzansprüche nicht geben. Oh Mann, Mario wird es übel. Wie sich das blöde menschliche Hirn die Sachen doch immer wieder zu seinem

Nutzen zurechtlegen kann! Er bringt all seine Geduld auf, und die ist immer wieder erstaunlich groß. Doch dann überkommt ihn eine Welle tiefster Müdigkeit. Mario nimmt den beiden noch das Versprechen ab, diese Nacht Ruhe zu halten und sich nichts anzutun.

"Wenn ihr erlaubt, sprechen wir die Sache morgen in der Gruppe an. Ich bin noch nicht kompetent genug, um hier weiter zu machen."

Das ist also diese Aktion, das war also der Auslöser für.....

Mario schläft die ganze Nacht nicht.

Ihm ist kotzübel.

Steht auf mit nem dicken Kopf und steifem Körper. Vielleicht kommt es von der Championcremesuppe vom letzten Abendessen. Er freut sich auf die Morgenmedi. Hofft, sie wird ihm Kraft geben.

Svagat hat große Bergkristalle in die Mitte des Raumes gestellt. Einige Kerzen beleuchten den Raum, der noch in der Morgendämmerung liegt. Mario nimmt einen kleineren Bergkristall und hält ihn in seinen zusammengelegten Händen. Er will auftanken, Energie schöpfen. Sie beginnen mit den Atemübungen.

Er weiß nicht mehr genau wann es geschah. Mario weiß nur noch, dass er später auf dem Boden kniete und weinte. Dann liegt er ausgestreckt auf dem Boden, die Stirn berührte die Holzdielen (Wie damals in Freiburg, als der Eifersüchtige ihm eine Kugel in den Kopf schießen wollte). Mario hält sich an dem fast dreißig Zentimeter großen Bergkristall fest. Er hat das Gefühl, das gibt ihm ein wenig Halt in all dem tiefen Auflösen.

Wer will beschreiben, was da mit Mario geschieht. Sicher ist, dass er seit Gordanas Tod nie mehr so geweint hat. Sicher ist, dass er das Gefühl hat, er wird jetzt sterben, denn sein Rücken schmerzt ohne Ende, sein Kopf ist leer, sein Körper wiegt eine Tonne und zieht ihn zur Erde nieder.

Irgendwann merkt er, dass er alleine ist. Die anderen sind zum Frühstück.

Komisch denkt er noch bei sich. Sonst, wenn ein anderer seine Momente hat, sind immer wenigstens ein, zwei Menschen für den da. Und dann fällt ihm auf, dass er das ja nicht anders kennt. Würde er denn auch jemanden an sich heranlassen? – Und er weint und versuchte aufzustehen. Er bekommt die Augen kaum auf. Wenn du hier weiter liegen bleibst stirbst du, sagt er zu sich selbst. Und er erhebt sich im Zeitlupentempo auf die Knie.

Komm steh auf Mario, du willst doch leben. Es vergeht viel Zeit bis er endlich steht. Und es vergeht noch viel mehr Zeit, um einen Fuß vor den anderen zu setzen. Langsam macht er eine ovale Runde durch den Raum. Versucht in seine Mitte zu kommen. Atmen, Atmen. Aus den Ovalen wird eine Acht, die unendliche Acht. Er geht sie fast blind. Etwas führt ihn. Etwas sagt ihm, dass das OK ist. Das ist eben so, wenn man all die lange Zeit die Gefühle nicht zugelassen hat und nun der Panzer, dieser blöde "Schutz" endlich aufbricht.

Du willst doch wach, spontan und lebendig sein. Dann brauchst du ihn nicht. Denn er verhindert dein Fließen und dein Fühlen.

Und es ist weiter sehr mühsam, einen Fuß vor den anderen zu setzten. Sein Wille muss seinen Körper zum Leben zurückbringen. Und dann steht Mario plötzlich vor dem knallroten Mandala, auf dem die Rose, das Symbol für das Transformationstraining zu sehen ist. Es hängt zwischen zwei kraftvollen Zen-Bildern an der Westwand des Meditationsraumes. Mario ist wie magnetisch, mit geschlossenen Augen, dorthin gezogen worden. Er öffnet wie unter Zwang die Augen, sieht es an - und die Tränen stürzten wie ein Wasserfall herunter. Doch da ist jetzt auch ein Gefühl der Dankbarkeit. Da ist das Wissen in ihm, dass auf irgendeine Art immer eine Kraft mit ihm ist und dass er auch immer irgendwoher Kraft bekommt.

Mario nimmt seine Achten wieder auf. Irgendwie hilft ihm seine Drogenerfahrung bei diesem Trip. Denn er weiß, auch das geht vorbei. Mario fühlt sich keinen Augenblick wirklich alleine. Er weiß, dass das alles so in Ordnung ist. Einige Achten später sagt er sich, dass ihm ein Schluck Wasser und ein Happen zu essen bestimmt gut tun würde. Und Mario konzentriert sich ganz auf sein Vorhaben, nun die Treppe hinunter zusteigen, die Schuhe anzuziehen und eine Jacke. Es fällt ihm unendlich schwer, über den Hof durch den schneeigen, eiskalten Morgen zum Haupthaus zu gehen, dort die Treppe hochzusteigen und die schwere Eingangstür zu öffnen, die er kaum aufstoßen kann. Es erfordert seine letzten Kraftreserven sich eine Tasse Tee, eine Orange und eine Kiwi zu nehmen und sich an einen Tisch zu setzten.

Er sieht die Welt, die Menschen um ihn herum wie ein Taucher, der einen Meter unter der Wasseroberfläche schwimmt und nach oben, nach draußen schaut. Mario wird angesprochen, doch er kann nur schwach lächeln, zwischen all seinen Tränen, die noch immer fließen. Reden kann er nicht. Es gibt auch nichts zu sagen. Er ist eine halbe Kiwi und trinkt den Kräutertee und ist satt. Auch das ist OK. Er lebt und die Sensation des Geschmacks ist intensiv wie nie zuvor.

Mario hat etwas Kraft bekommen, kann sich aber immer noch nicht normal bewegen. Wie in Zeitlupe steht er auf, um wieder in den Meditationsraum zu gehen. Wo soll er auch sonst hin. Dort gehört er hin, dort ist im Moment sein Zuhause. Ihm fühlt sich noch immer kalt, erschöpft und der gesamte Rücken schmerzt ungemein. Mario sucht sich eine schöne flauschige Decke, packt sich warm ein und legt sich auf den Boden. Mit der rechten Hand schreibt er mit geschlossenen Augen Stichworten auf.

Noch immer ist er ganz schön weit weg. Langsam füllt sich der Raum. Da erscheint der jammernde Joachim, von zwei

Kollegen gestützt. Auch er hatte wohl seine Katharsis oder wie immer man so einen Zustand bezeichnen soll. Man baut ihm ein Bettchen. Irgendwie bekommt Mario mit, dass er ausgerechnet Jochens Decke aus all den vielen anderen Decken gegriffen hat. Später hört Mario, dass Joachim in der Nacht nen ganz schönen Aufstand gemacht hatte. Unter anderem auch noch mit Selbstmord gedroht. EI, EI, EI! Glücklicherweise beginnt die Session, ohne auf ihre speziellen Themen im Einzelnen einzugehen.

Die Fünf-Rhythmen-Tanz-Übung.
In der von Gabrielle Roth entwickelten Bewegungsmeditation geht es darum, mit dem Körper und seinen Bewegung, die verschiedenen Zustände des Bewusstseins darzustellen. Mario kann nicht alles mitmachen. Doch er versucht seinen Körper zu dehnen, die Muskeln elastischer zu machen und mit Atmung Leben in die „Bude" zu bringen.
Nach dieser Lockerung setzen sie sich in einem großen Kreis zusammen. Bodhi spricht kurz über das Drama der letzten Nacht, ohne allerdings genau darauf einzugehen. Er spricht auch über die „Schattenarbeit".

Schattenarbeit bietet die Möglichkeit sich mit den Inhalten des eigenen Unbewussten auseinandersetzen. Sie kann dazu beitragen, die Zusammenhänge unseres individuellen Entwicklungsweges bewusst zu erkennen und uns dadurch von dem, was uns das Leben schwer macht, zu befreien. Schattenarbeit deckt unbewusste Programme auf, löst Barrieren und erschafft neue Wirklichkeiten.

Später bereitet Bodhi die Gruppe auf die Fallübung am Nachmittag vor. Sie sollten sich überlegen welches Ziel sie hätten, was sie sich wünschten. Eine kurze Meditation zeigt Mario genau, wo hinein er fallen will. Er bekommt intuitiv den Satz: "Ich Mario falle in Klarheit und Bewusstheit."

Zum Mittagessen hat er einen Anflug von Hungergefühl. Um den Hof zu durchqueren, braucht er zwar noch immer doppelt so lange wie sonst, aber er verspeist immerhin schon einen ganzen Teller Salat. Marios Augen sind rot vom Weinen, doch auch ein leichtes Lächeln kommt hin und wieder in seinem Gesicht vor.

Die Gruppe ist vor der "Fallübung" sehr aufgeregt. Viele haben regelrecht Angst. Dabei geht es doch einfach nur darum, sich mit einem lauten Aufschrei nach hinten von einem Stuhl auf ein weiches Matratzenlager fallen zu lassen. Wo also, wo ist die Gefahr, womit die Aufregung zu erklären? Tatsache ist, dass sich die Energie in der Gruppe und in jedem Einzelnen im Laufe der letzten Tage sehr verstärkt hat. Einige Teilnehmer berichten von regelrechtem Energieströmen im Körper.

Das „Fallen" läuft letztendlich innerlich ab. Der äußerliche Fall dauert nur Bruchteile von Sekunden. Das innere Fallen dauert bei vielen zwischen fünfzehn Minuten und einer halben Stunde. Dabei werden intuitiv Reisen in kosmische Gegenden oder zurück in den Mutterleib, durch das ganze vergangene Leben oder durch das Meer der Zeit gemacht. Alles ist möglich.

Marios Erleben ist, dass er trotz seines erschöpften Zustands, immer wenn es darauf ankommt, von irgendwoher Energie bekommt, um die anderen in seiner Gruppe zu unterstützen. Sie durchströmt ihn. Er kann sie durch seine Hände, die er immer wieder ganz erstaunt anschaut, an die anderen weitergeben. Es ist in der Tat eine aufregende Erfahrung des Empfangens und Gebens.

Die Reaktionen der Menschen im Raum sind für Mario wieder teilweise überwältigend und auch erschreckend. Bei vielen, besonders bei den Frauen, kommen alte psychosomatische Muster hoch. Da wird gehustet, gewürgt und gekotzt. Es wird geschrien und geweint. Alte Schmerzen kommen zum Vorschein.

Wir Menschen müssen scheinbar durch viele Zustände gehen, um uns endlich von unserem Gefängnis des Leids zu befreien, denkt Mario bei sich. Aber nachdem der Druck, die Enge wieder gefühlt ist, kannst du dann leichtere, entspannte, glückliche, strahlende Menschen sehen.
Da ist diese Frau um die fünfzig. Sie ist mehrfache Mutter und vom Leben gezeichnet. Nach der Fallübung sieht sie zehn Jahre jünger aus und springt ausgelassen im Raum herum und ruft: "Ich bin ein Tiger!"

Dann ist Mario mit seinem Sprung dran. Während er auf dem Stuhl steht, bereit für den Fall, geht links und rechts von ihm mal wieder das reine Tohuwabohu ab. Er kann sich nicht konzentrieren. Er steigt herunter und wartet, bis es etwas ruhiger im Raum wird. Dann stellt er sich bereit.
Ein lautes Zischen kommt aus seinem Mund und mit dem Gedanken: Ich, Mario, falle in Klarheit und Bewusstheit! verbunden mit einem lauten Schrei, fällt er nach hinten. Von dem Fall spürt er nicht viel. Er atmete und versucht mit dem Denken aufzuhören. Es fällt ihm schwer. Schließlich schreit er sich selbst an: „Hör auf zu denken!"
Und der Raum um ihn herum verschwindet. Irgendwann ist es dann vorbei. Mario bekommt erzählt, dass er die Beine in Lotushaltung verschränkt, Daumen und Zeigefinger zusammengelegt hat und laut singend mit dem OM den Raum durchtönte. Diese Geschichte ist wieder eine gewaltige Erfahrung, aber auch eine vergängliche. Denn im Alltagsbewusstsein verblassen diese Art Erfahrungen bald. Es ist wie bei einem Traum, der gerade noch ganz real war und später nicht mehr erinnert werden kann. Das ganze findet in anderen Bewusstseinsschichten statt.

Mario beginnt, sich auf das Jahrestraining zu freuen. Er nimmt sich vor, dass es irgendwie schon klappen würde mit dem Geld und der Zeit und der Energie.

Übrigens sein Zischen während der Übung hatte noch ein Nachspiel. Mike erzählt ihm am anderen Tag, nachdem er Mario wiedermal zischen gehört hatte, dass er gerade durch das weite dunkle Weltall gesegelt sei. Sterne, Planeten ganze Sonnensysteme zogen an ihm vorbei, als auf einmal hinter ihm zischend eine Schlange aufgetaucht wäre, die ihn dann eine Zeit verfolgt hätte. "Du also warst die kosmische Schlange!" Und sie lachen sich kringelig. Mario umarmt spontan und herzlich den Bär von Mann, der zwei Kopf größer ist als er selbst. Diese Momente der spontanen Freude überkommen Mario nun immer öfter.

Am letzten Tag bildet die Gruppe einen großen Kreis.

Zum ersten Mal ist er wirklich rund. Die Gruppenteilnehmer stellen noch einmal eine tiefe Verbundenheit mit den anderen und mit der „Quelle allen Lebens" her. Dann sollen sie auf einen Leitsatz hören, der ihnen für die nächste Zeit als Motto dienen wird.

Mario, der alter Skeptiker denkt, da kommt nix. Trotz all der nun hinter ihm liegenden Erfahrungen, hat er es wohl immer noch nicht ganz realisiert, dass es da eine innere Führung gibt, sozusagen "ein kleiner Mann im Ohr", der ihm sagt wo es lang geht.

Und der Satz kommt wie aus dem Nichts geschossen! "Ich, Mario, falle in Klarheit und Bewusstheit."

Nach dieser Verinnerlichung dürfen die Teilnehmer einzeln aufstehen und zur Vertiefung und Verstärkung das persönliche Motto laut vor der Gruppe aussprechen.

Sonst hält Mario sich eher zurück. Diesmal steht er wie getrieben als Erster auf und spricht mit geschlossenen Augen, das Herz schlägt ihm bis zum Hals, Ströme von Energie schießen durch seinen Körper: "Ich, Mario, falle in Klarheit und Bewusstheit!"

Schwierig zu beschreiben wo Mario in diesem Moment ist und was in ihm geschieht. Das Gefühl hat etwas sehr weites, riesiges, kosmisches. Tränen des Glücks laufen ihm das Gesicht hinunter. Es hat auch etwas orgiastisches. Mario setzt sich wieder. Einer nach dem anderen steht auf. Eine ganz seltsame Atmosphäre ist im Raum. Irgendwie achtete kaum einer auf die anderen, doch nie stehen zwei gleichzeitig. Es ist, als würde da eine Macht im Raum herumlaufen und immer, wenn einer an der Reihe war, ihm die Hand auf die Schultern legen und sagen: "Jetzt du!"
Ein Raunen, ein Atmen, eine gemeinsame Welle der Freude und der persönlichen Anerkennung geht bei jedem Motto durch den Raum. Es fühlt sich großartig an.

Doch auch das muss einmal zu Ende gehen. Und sie müssen Abschied nehmen. Mario kommt sich recht sentimental vor. Er hat sich noch nicht an all das Gefühlvolle gewöhnt. Doch dann ließ er es zu. Er umarmt viele ihm liebgewordene Menschen. Bei den meisten ist er sich sicher, dass der gemeinsamer Weg noch nicht zu Ende ist.

Danach bringt Mario all seine, ihm verblieben Energie auf, um seine Sachen zu packen. Dann geht er rüber ins Haupthaus zu einem letzten Essen. Sein erstes an diesem Silvestertag. Er fühlt sich wie weichgeklopft, in der Waschmaschine gewaschen und geschleudert. Jetzt muss er sich noch zuhause auf die Leine hängen, um die Knitter herauszubekommen. Jetzt ist er froh, dass er jetzt nicht Auto fahren muss!
Erst als sie vor dem Frankfurter Kreuz sind und der Flughafen in Sicht kommt, bekommt er die Zähne wieder auseinander und sagt zu den anderen:
"Bitte anschnallen, der Flieger setzt zur Landung an." Und er atmet ein paarmal tief durch, um wieder in die doch so vordergründige Realität einzutauchen.

Tage später

Beinahe wäre Marios Begleitbrief zur Anmeldung für das Transformationstraining verbrannt. Der ist nämlich in eine Kerzenflamme geraten. Als wollte es sein innerer Dämon verhindern. Der sitzt auf seiner linken Schulter und flüsterte ihm ins Ohr: Das ist doch alles Quatsch. Doch Mario schickt den angekokelten Brief weg wie er war. Was für eine Aufregung.

An Vision der Freude
Hallo Vatika und Bodhi!
Zuerst noch mal meinen herzlichen Dank für die schlimm-schöne Zeit, die ich bei euch genießen durfte. Ich rang die vergangenen Tage mit mir. Wie immer machte ich mir die Sache nicht leicht. Manchmal war die Energie zum Ja, das Ja fürs Transformationstraining einfach da, ohne Wenn und Aber. Da hatte ich dann die innere Sicherheit, dass ich gar keine Wahl habe. Dann wieder kam das - Wenn und Aber -.

Doch wenn ich in einem ruhigen Moment und der kam immer öfter, in mich hinein horchte, dann wusste ich, es wird gelingen, so oder so. Und ich denke, gerade mit eurer Unterstützung, der des Schöpfers und der Gruppenenergie wird es schon gelingen. Denn ich möchte meine Energie, die doch recht stark sein muss, zum Guten hinwenden und mein Geben klar und deutlich in den Dienst an die Welt stellen.

    Namaste'
    Mario

In ein neues Leben gelandet......

Es ist als hätte sich Marios Leben auf den Kopf gestellt. Es fällt ihm zu Hause nicht schwer, vom Koks und Haschisch zu lassen. Das was er noch zu Hause hat, kommt ins Klo. Und er verabschiedet all seine Freunde aus der alten Zeit.

Mario lässt es sich unverschämt gut gehen. Soweit es seine Disziplin zulässt, meditiert er jeden Morgen und versucht den Tag so bewusst wie möglich zu leben. Und es klappt. Und das Feedback seiner Umwelt stimmt auch. Freilich sieht er jetzt noch viel öfter das Leid und die verzerrten Fratzen unter den "pflegeleichten" Gesichtern in seiner Umwelt. Doch er trainiert die Energie zu halten. Er übt die Unterscheidung zwischen Mitleid und Mit-Gefühl. Also, die "Woche" war noch nicht vorbei.

Doch immer wieder diese Anfälle.
Weiß er doch, Ich bin die Kraft, Ich bin die Einheit mit allem was ist! Aber -- trotz dieses Wissens - er bekommt seine Gedanken nicht zum Stillstand. Und da kommt wieder Aggression in ihm hoch. Mario sieht ein, er braucht einen Meister, einen spirituellen Lehrer -.
Gleichzeitig aber spürt er, dass nur er sein Meister sein kann. Wahrscheinlich dürfen aber seine alten Gewohnheiten erst mal aus seinem System verschwinden. Und das geht nun mal nicht von heute auf morgen. Oder doch?

Die Einflüsse der schlechten Gesellschaft, der schlechten Gedanken und Taten ziehen einen Rattenschwanz hinter sich her, der nur mit viel Gewahrsein zu erkennen ist. Mario kam sich auf seinem neuen Posten manchmal verloren vor.

Das Lachen seiner Welt -
   Der vergangenen Welt -
      Ist nicht mehr sein Lachen.
Alles ist im Umbruch. Der oberflächliche Weg ist, oberflächlich gesehen, vermeintlich leichter. Nur, Mario bleibt dieser Weg nicht mehr. –

Wir hängen am Haken.
Und er zieht uns zum Licht. Auch wenn es erst einmal durch eine ganze Menge Dunkelheit und Chaos geht.
Draußen regnet es Bindfäden. Graue Wolken fliegen übers Land. Es ist ein Tag, an dem es Mario schwer fällt wach zu werden. Der Winter kommt zurück. Dabei war doch noch vor ein paar Tagen schönster Frühling.

Die Türkei wurde in letzter Zeit vom "Schicksal geschlagen." Zuerst hatten sie Bomben auf die ungeliebten Kurden geworfen. Danach fielen ungewöhnliche Mengen an Schnee. Ganze Dörfer wurden von Lawinen verschüttet, Landstriche mussten evakuiert werden. Tage später, in dieser schnelllebigen Zeit waren die Lawinen schon vergessen, kam als zweite Plage eine schwere Schlagwetterkatastrophe in einem schlecht gesicherten Bergwerk. Ca. 300 Kumpels verloren ihr Leben.
Kaum waren die Beileidstelegramme aus aller Welt getrocknet, erschütterte eine dritte Plage, schwere Erdbeben, die Mitte der Türkei. Wieder gab es viele Tote und unvorstellbares menschliches Leid.
Und die Menschen im Westen? Sie jammern mit ihren vollgefressenen Bäuchen unzufrieden über das schlechte Wetter und langweilen sich im materiellen Wohlergehen. Mario macht da keine Ausnahme. Denn, wenn es ihm endlich mal für ein paar Tage gut geht, verspürt er den perversen Drang, sich dadurch am Leben zu spüren, dass er sich Schmerz bereitet. So gibt ihm die Wand, gegen die er mit dem Kopf schlägt, das Gefühl zu leben. Jahre später sprach ihm Eckhart Tolle davon. Er nennt es die Sucht des Schmerzkörpers, den wir alle haben.

Die Krähen segeln durch den stürmischen Wind
Nebel und Regen an den schwarzen Tannen herunterrinnt
Graue Wolken treiben über die geschlagene Erde
Dass sie vielleicht wieder gesünder werde

Sie müssen all den Schmutz abwaschen
Sonst haben die Menschen bald nichts mehr zu lachen.

An seinen Geist der Mensch sich wieder müsst erinnern
Den er irgendwo mal vergaß beim Dinnern.
Den Bauch so voll:
Was ich bloß mit dem Geiste soll?
Ja, der Mensch hat ganz vergessen
Dass er mit diesem Geist
Kann den ganzen Kosmos durchmessen.

JA
Mario hat JA gesagt, zum Wach werden.
Vielleicht heißt das auch,
dass er noch länger alleine sein wird.
Aber er geht den Weg.
Denn das andere bleibt ihm nicht mehr.
Vertrauen
   Disziplin
      Geduld
     Training
      Hingabe
        Freude
        Stille
         Kraft
         OM

Heute kam die Bestätigung, dass Mario am Training teilnehmen darf.
Und er spürte große Aufregung und Freude. Was hätte er eigentlich gemacht, wenn das nun nicht geklappt hätte? Er weiß es nicht. Er weiß nur, dass das Training genau das richtige ist. Es wird in sieben Abschnitten sein nächstes Jahr bestimmen. Jeweils eine Woche Klärung, Primär- und Schattenarbeit, Heilung, Stille und Ankommen bei sich selbst. Welches Geschenk!

Ostersamstag 1993 - Mario ist da!

Seine karierte Wolldecke auch! Die hatte er nämlich neulich vergessen. Er freut sich, viele alte Bekannte wiederzusehen. Und es gibt viele Menschen, die er noch kennenlernen wird. Eine Gruppe von sechzig Teilnehmern, drei Assistenten und zwei Gruppenleitern wollen zusammen eine Woche sich selbst erforschen. Das Thema der Woche, die Beziehung zu den Eltern.

Der Meditationsraum hat ihn gleich warm empfangen. Mario ist auf eine eigenartige Weise glücklich. Er ist zuhause. Das Training kann beginnen. Ein Aspekt des Trainings wird sein: Wie kommt der Einzelgänger Mario mit sechzig Menschen auf so engem Raum klar? Also das ist die erste Prüfung. Die Vorgehensweise: Erst mal bei sich bleiben.

Um 19 Uhr geht es los mit der Kundalinimeditation. Er schwitzt mindestens einen Liter Wasser. Nach dem Abendessen gibt es die erste Abendsession. Sie beginnt mit Discotanz. Zuerst tanzt jeder für sich. Später mit Partner, immer wieder wechselnd. Sie sollen sich beim Tanzen auf das Gegenüber einstellen und seine Bewegungen „übernehmen". Schließlich kommt Körperlockern dran. Kopf, Schulter, Rumpf, Bauch, Knie, Füße.

Danach kommt eine geführte Meditation zum inneren Kind.

Zehn Jahre ist er, ein süßer Fratz. Mario ist überrascht, er kann ihn direkt spüren. Und Mario sagt ihm, dass er gut auf ihn aufpassen wird. Und dass er froh ist, dass es ihn gibt. Und dass er ruhig und voller Vertrauen das Abenteuer eingehen kann.

Später spricht Bodhi viel von der Energie, die auf sie zukommen wird. Und Mario spürte es wieder in seinem Körper fließen.

Zum Abschluss ziehen sie Karten. Sein Thema für die kommende Woche ist Spielfreude. Die Karte und das Thema begleitet Maio heute noch.

Ostersonntag

Licht und Freudemedi vor dem Frühstück. Danach: Geführte entspannende Meditation - Licht durch den Körper fließen lassen. Dabei spürt Mario seinen Problempunkt, der obere Rücken. Sein Panzer.

Mario nimmt sich vor, gut für ihn zu sorgen, z.B. ihn warm halten. Ja, er wird ihn schützen und massieren. Ja, er wird den Panzer heute und im kommenden Jahr lockern und aufbrechen. Mario hat keine Angst, auch wenn der Leibhaftige aus dem Panzer herausspringen wird.

Doch da wusste er noch nicht, was er da sagt. Denn ein paar Tage später rutscht ihm tatsächlich ein Dämon aus der Schulter.

Überhaupt, wenn Mario gewusst hätte, auf was er sich mit dem Training einlässt, wer weiß, ob er diesen Weg eingeschlagen hätte.

Denn das alles ist nicht wirklich einfach. Da gibt es Fragesessions. Zum Beispiel: Warst du von deinen Eltern gewollt? Haben sie dich gesehen, haben sie dich angenommen wie du warst? Bei der Beantwortung geht es eher um die subjektive Empfindung des Kindes, als um die objektiven „Tatsachen".

Mit der Unterstützung von geführten Mediationen und Trancereisen schauen sie sich die Kindheit und etwaige Traumata an. Das Unterbewusstsein soll auf diese Weise geöffnet werden.

Einmal führt Bodhi sie in einer Trance in der Zeit zurück. Es ist nicht einfach für Mario, sich zu erinnern. Die Gordana steht kurz da. Beim Alter von zwanzig, zählt Bodhi die einzelnen Jahre zurück. Bis zehn kommt Mario relativ gut klar. Doch dann beginnt seine "verlorene Kindheit". Die mit

Angst, Krankheit und Schrecken. Und diese Zeit hat Mario super verdrängt. Beim Alter von vier sollen sie im „Zurückgehen" stehen bleiben. Mario kann nicht recht definieren, wie alt er da ist.

Im Raum um ihn herum ist wieder Geschrei und viel Weinen. Mario ist recht ruhig. Sie sollen in die Stimme gehen. Es fällt ihm schwer nach der Mama zu rufen. Denn er weiß, sie hat eh keine Zeit für ihn. Und wenn sie dann schließlich kommt, schiebt er sie wieder weg.

Aha, da wird ein Muster für Mario ersichtlich:
Er ist alleine, sehnt sich nach Nähe und Hilfe. Wenn dann endlich jemand kommt, kann er die Hilfe nicht annehmen. So hat er auch damals nach der Mama gerufen und sie gleichzeitig weggeschoben.

Und die Reise geht weiter für die Gruppenteilnehmer. Nun dürfen sie sich das geben, was sie jetzt brauchten. Und Mario weiß als Kind schon, dass er sich selbst genug sein kann, wenn man ihn nur lässt. Und er schließt sich wieder an diese Energie an. Es hört sich seltsam an. Doch in diesem Moment hat er Kontakt mit der Quelle des Lebens. Mario hat Schwierigkeiten, diese Quelle Gott zu nennen. Zu viele Konzepte sind mit diesem Namen verbunden.
Jedenfalls kommt er langsam, langsam aus der liegenden Rückenposition hoch, kniet sich und legt die Stirn auf den Boden. Dann kommen seine Hände hoch, die die ganze Zeit schon gearbeitet haben. Und Mario kommt ins Stehen. Das ganze dauert eine ganze Weile.
Und Energie kommt durch, sie will in seine Hände. Aber Mario will erst noch Blockaden abstreifen. Die Tage vorher schmerzten die Schultern. Und jetzt will der Schmerz durch die Hände hinaus. Es ist gar nicht so einfach. Die Hände britzeln. Er schüttelt sie aus, zieht an seinen Fingern, streift sie ab. Und jetzt erst kann er Energie tanken. Und jetzt

kommen die Tränen. Denn er spürt die Quelle. Dort könnte er stehen bleiben, für immer und immer. Aber er muss wieder zurück zur Erde, in die Welt - denn - es gibt - Mittagessen....

Die folgenden zwei Tage ist die Gruppe damit beschäftigt, erst einen Anklagebrief, dann eine Verteidigungsrede für die Mutter und für den Vater zu formulieren.
Marios Anklage und Verurteilung der Mutter: Er hat geschrien wie noch nie. Es kommt viel Schmerz aus ihm raus. Danach ist seine Stimme weg.

Am nächsten Tag die Anklage und Verurteilung des Vaters
Mei, Mei. Es ist hart. Er sitzt oben auf der Wiese unter blühenden Obstbäumen. Zum Anklagebrief will gar nix kommen. Doch langsam baut sich die Energie in Mario auf. Er weint, stöhnt, schaukelt mit dem Oberkörper. Will schreien, hat aber gar keine Stimme.
Zum Mittagessen ist er schon ganz leer und ohne Worte. Diese Aktionen nehmen seinen Körper mehr mit, als wären es Marathonläufe. Mario fühlt sich müde, schwach und unwohl.
Am Nachmittag ist die Gerichtsverhandlungssession dran. Mario denkt erst, dass er keinen Ton raus kriegen wird, so heiser wie er ist.
Aber die Energie packt ihn wieder. Nicht nur im Bauch, sondern auch in den Stimmbändern. Und er schreit wieder und er schlägt dem Vater die Fresse ein, diesem ungreifbaren Wicht, der nie da war. Am Ende killt er ihn, um endgültig einen Schlussstrich unter ihre Beziehung zu setzen.

Donnerstagfrüh - Dynamische Medi –
Dem Geist und dem Körper wird alles abverlangt. Alte Stresse werden hochgekitzelt. Marios ganzer Körper ist ein

einziger Schmerz. Doch immer, wenn's drauf ankommt, bekommt er irgendwoher Energie. Schön-Schlimm.

Jetzt also sollen sie sich die Fragen beantworten:
- Wo bin ich wie meine Eltern?

(Verhaltensweisen, Charaktereigenschaften und Schwächen, Ängste Zwänge, Schuldgefühle, Minderwertigkeitsgefühle.)
- Finde einschränkende Glaubenssätze, die du von deinen Eltern übernommen hast.
- Wie haben sich diese von deinen Eltern übernommen Muster in deinem bisherigen Leben ausgewirkt? Auf welche Weise wirken sie sich heute noch aus?
- Erinnere dich an Lebenskrisen, bzw. an kritische Situationen. Wie hat das, was du von deinen Eltern übernommen hast, dein Erleben und Verhalten bestimmt?
- Gibt es Menschen, die dir das Leben schwer machen und so wie deine Eltern sind?

Ein Muster Marios ist: Ich mache gerade das Gegenteil von dem, was eine sogenannte Autorität von mir verlangt oder erwartet. Er erkennt:
- Der Leistungsanspruch, den meine Eltern an mich hatten, lässt mich heute noch nicht los.
- Habe oft genug ein schlechtes Gewissen, wenn ich die Leistung nicht erfüllen kann.
- Mittlerweile gehe ich aber ins andere Extrem und verweigere mich jeder Leistung.

Dann kommen die Verteidigungsrede für Mutter und Vater dran. Die einzelnen Schritte:

- Verstehe deine Mutter/Vater ohne zu verurteilen.
- Entwickle Mitgefühl.
- Vergeben und verzeihen.

- Stelle dir deine Mutter/Vater als kleines Kind vor. Wie war ihre/seine Kindheit? Unter welchen Bedingungen ist sie/er aufgewachsen.
- Spreche sie/ihn frei von jedem Punkt der Anklage. Erkenne, dass sie/er den Umständen entsprechend ihr/sein Bestes gegeben hat.
- Gib ihr/ihm dein volles Mitgefühl. Sprich ihr/ihm deine Anerkennung aus für die Liebe, die sie/er dir trotz allem geben wollte und gegeben hat.
- Erkenne, was du gerade wegen ihrer/seiner Schwächen und Fehler lernen und entwickeln konntest. Drücke ihr/ihm dafür Dank und Respekt aus.
- Freispruch in allen Punkten!

Stelle dir deine Eltern vor, frei, ohne jede Schuld. Jeder sein eigener Herr und Meister. Sieh ein Unendlichkeitszeichen, die liegende Acht auf dem Boden, Neon Blau. Der eine Kreis bist du, der andere deine Mutter, bzw. dein Vater. Jeder hat seinen eigenen Kreis und alles ist gut wie es ist.

Um ganz erwachsen zu werden, beerdigen sie am anderen Tag, in einer berührenden Zeremonie, die Eltern.
Danach sind neue Erwachsene im Raum zu spüren. Sie haben allen Grund am Samstagabend das neue Leben mit Tänzen, Massagen und Berührungen zu feiern.

Ein Brief an Svagat
Das ist nun der zweite Brief, den ich dir schreibe. Denke, den hier bekommst du. Der erste war schon fünf Seiten lang und es war kein Ende abzusehen. Ich habe bemerkt, dass ich ihn besser meinem Tagebuch anvertrauen sollte.
Zuallererst danke ich dir. Ich danke dir, dass du damals für mich da warst. Du hast mir geholfen die Tür aufzustoßen. Die wohl wichtigste Tür, hin zum Vertrauen und zur Liebe. Mittlerweile kann ich sogar das Wort GOTT wieder

benutzen, ohne dass es mir gleich ganz anders wird. Also DANKE - für dies und für vieles mehr!

Bei mir ist seit dem unendlich viel passiert. Es gab sogar schon Tage, da konnte ich sagen: Ich bin Kanal des Lichts! Und es sind kleine Wunder geschehen. Heute ist das Erreichte fast selbstverständlich. Und genau da gibt's bei mir den Hänger. Ich will zu viel, zu schnell.
Glücklicherweise hänge ich aber am Haken. Und der zeigt mir dann sehr schnell, dass ich langsam tun soll. Denn ich falle in ein Loch. Und die Energie zieht sich zurück und ich werde wieder auf meine unaufgeräumten Sachen, meine Schatten gestoßen. Das Tarot hilft mir und zeigt mir, wo ich stehe. Meist weiß ich aber die Antwort, bevor ich die Karte aufdecke.
Neulich habe ich mit einem Irokesen-Schamanen eine Medi gehabt, bei der ich Medium der Kraft war. Eine Frau in unserem Kreis hat sehr heftige Geschichten dabei erlebt. Es war für die Frau eine Art Wiedergeburt.

Und ich habe zu lernen auch mal Nein zu sagen - ohne schlechtes Gewissen. Ich habe zu lernen, bei mir zu bleiben, trotz des Drangs, die Liebe gleich weiter zu geben. Ich habe zu lernen, mir meinen Raum zu nehmen, denn nur aus diesem Raum, der Klarheit, der Gelassenheit kann ich GEBEN. Ich habe zu lernen, auch mal zu nehmen, nicht immer zu geben und einfach sein zu können. Doch nun komme ich zum Schluss.

Ich habe eine Frage an dich Svagat:
Wie kann ich mich verhalten, wenn mich wieder einmal die Energie so stark durchströmt und ich stehen bleiben muss vor einem Baum, vor einem Bild, mitten auf einem öffentlichen Weg, und ich nur noch staunen und weinen kann und mich glücklich wie nie fühle? Bis jetzt habe ich

mich immer schnell zurückgeholt, dachte, dass das doch nicht normal ist. Dass ich jetzt überschnappe.

Beim Formulieren der Frage kommt mir gerade die Antwort: Vertraue! - Oder?

Namaste´ Mario

Blende - Die zweite Traningswoche beginnt.

Das Thema ist: Geburt, Trauma & Ekstase

Der Geburtsprozess ist ein Zeitraffer des Lebens. Literatur gibt es dazu zum Beispiel bei Stanislav Grof: Geburt, Tod und Transzendenz.

Langsam arbeiten sie sich an die Erkenntnisse, der persönlichen Erfahrungen während der Schwangerschaft und der Geburt heran.

Wieder wird mit Hilfe von Energie- und Körperarbeit, Meditationen, Trancereisen, intensiven Atemsessions und Bewusstseinsarbeit, Klarheit erzeugt. Mario hat wieder eine staunenswerte und intensive Zeit. Welch ein Geschenk doch das Training ist!

Er lernt die vier Phasen der Schwangerschaft körperlich zu erinnern. Das hilft ihm, sich selbst mehr zu verstehen. Denn die Prägungen von damals spürt er heute noch.

1. Phase: Die Schwangerschaft

Wer sich als Embryo im Bauch der Mutter wohl gefühlt hat, speichert darüber andere Gefühle als jemand, dessen Mutter während der Schwangerschaft unter Dauerstress gestanden hat. So ergeben sich als „Glaubenssätze" aus einer positiv erlebten Schwangerschaft etwa die folgenden:

- „Ich bin geborgen und geschützt."
- „Ich liebe das Leben, und das Leben liebt mich." „Ich bekomme immer alles, was ich brauche." „Alles, was mir im Leben begegnet, dient zu meinem Besten."
- Eine negativ erlebte Schwangerschaft dagegen bringt „Sätze" hervor wie:

- „Die Welt ist ein bedrohlicher und gefährlicher Ort." „Alles richtet sich gegen mich."
- „Ich habe keine Existenzberechtigung."
- „Wenn ich mich dem Leben (einem Menschen) öffne, werde ich verletzt."

2. Phase: Einsetzen der Wehen

Diese Phase wird vom Embryo ausnahmslos negativ erlebt. Durch die Wehen erfährt das Kind von allen Seiten her Einengung und Druck, die „Gemütlichkeit" ist sozusagen vorbei. Da der Muttermund noch nicht geöffnet ist, gibt es auch noch keinen Ausweg. Die eingespeicherten Gefühle dazu drücken sich in folgenden „Glaubenssätzen" aus.

- „Ich bin schwach, hilflos und ohnmächtig."
- „Ich werde missbraucht, kann mich nicht wehren, bin immer das Opfer."
- „Ich bin meinem Schicksal und bedrohlichen Mächten restlos ausgeliefert."
- „Das Leben ist eine endlose Folge von Mühen und Leiden."
- „Veränderungen im Leben bedrohen meine Existenz."
- „Der Druck ist so groß, ich schaffe es nicht."

3. Phase: Im Geburtskanal

Der Muttermund ist nun geöffnet, und das Kind kann sich seinen Weg nach außen suchen. Im Geburtskanal geht es aber noch einmal sehr eng zu, und es kann Komplikationen geben: z.B. kann sich die Nabelschnur um den Hals des Kindes wickeln, und es kommt zu Erstickungsgefühlen, oder der Kopf des Kindes steckt fest, was die Blutzirkulation erheblich beeinträchtigen kann, so dass sogar die Gefahr irreparabler Gehirnschädigungen besteht. In jedem Fall geht es um einen Überlebenskampf, der wiederum entsprechende „Glaubenssätze" zur Folge hat, die positiv oder negativ ausfallen können, je nachdem, wie dramatisch und beinahe hoffnungslos bzw. erregend und siegreich das Kind diese Phase erlebt hat.

Positive Sätze können sein:
- „Ich schaffe es. Ich erreiche meine Ziele."
- „Ich liebe Herausforderungen und wachse an ihnen."
- „Es ist eine Lust zu leben."
- „Mit allen Aufgaben erhalte ich auch die Kraft, sie zu erfüllen." „Jedes Problem trägt auch seine Lösung in sich."

Negative Sätze:
- „Das Leben ist ein ständiger Kampf."
- „Leben und Entwicklung bedeuten Schmerz und Leid; nur dadurch kann ich wachsen."
- „Es ist mir alles zu viel, ich schaffe es nicht." „Ich kann nicht."
- „Wenn ich Lust erfahren will, muss ich Schmerzen in Kauf nehmen."

4. Phase: Austritt aus dem Geburtskanal
Nun beginnt die Existenz als selbständiges Wesen, die Nabelschnur wird durchtrennt, der erste eigene Atemzug gemacht. Wird ein Kind nach vollendeter Geburt liebevoll in Empfang genommen, z.B. auf den Bauch der Mutter gelegt, wie das heute überwiegend üblich ist, so hat es das Gefühl, dass sich all die Arbeit und Angst gelohnt hat. Da hört es die mütterliche Stimme, die es schon kennt, da gibt es Nahrung und Hautkontakt - es ist schön, auf der Welt zu sein!
Und so entstehen positive Glaubenssätze wie:

- „Ich erreiche schließlich mein Ziel."
- „Es lohnt sich zu leben,"
- „Ich weiß um das Licht, das auf mich wartet."
- „Ich bin willkommen, ich bin richtig."

- „Es wird alles gut."

Früher wurden die Babys allerdings ganz anders empfangen: Damit man gleich wusste, wer hier das Sagen hatte, bekam man erst einmal einen kräftigen Schlag auf den Rücken und brach in jämmerliches Wehgeschrei aus. Das wurde dann beifällig kommentiert, und zur Belohnung wurde man auf eine kalte, metallische Waage gelegt, auf der überprüft wurde, ob man auch „gewichtig" genug war. Und schließlich wurde man so verpackt und eingewickelt, dass es keine Bewegungsmöglichkeit mehr gab, und abgelegt, wo man dann schreien konnte, soviel man wollte; es kam bestimmt niemand, außer zu festgelegten Zeiten. Die Mutter und damit ihre Stimme und Ihre Körperwärme waren erst einmal verschwunden, und man fühlte sich sehr allein. Aus diesen Gefühlen heraus entstehen dann negative „Glaubenssätze" nach folgendem Muster:

- „Ich bekomme nie das, was ich mir wünsche."
- „Meine Anstrengungen waren und sind vergeblich."
- „Ich muss endlos von neuem beginnen."
- „Ich bin hier nicht richtig."
- „Für mich gibt es keine Erlösung."
- „Wo ich nicht bin, da ist das Glück."

Nachdem die Gruppenteilnehmer also mit intensivem Holotropen Atmen und Körperarbeit ihre Systeme immer mehr geöffnet haben, kommt für Mario der Höhepunkt der Woche.
Die Übung wird Mutter-Kind Atmung genannt.
Es finden sich wieder Paare. Es wird verabredet, im Wechsel Mutter und Embryo für einander zu sein. Es werden Matratzen und Bettzeug in den Gruppenraum geschleppt. Viele, viele Decken werden gebraucht.

Und da liegt Mario schließlich, bis auf den Slip nackt, unter einer dicken Lage Decken. Seine „Mutter", die Anne liegt in seinem Rücken und hält ihn mit der einen Hand am Scheitel, mit der anderen am Po.

So beginnen sie gemeinsam im gleichmäßigen, tiefen und intensiven Rhythmus zu atmen. Trotz seiner Befürchtungen bekommt er auch noch nach einer halben Stunde unter den Decken Luft. Durch den gleichmäßigen, synchronen Atemrhythmus ist er mit der „Mutter", wie durch eine Nabelschnur verbunden. Der Schweiß läuft ihnen in Strömen, Marios Schaffellunterlage strömt einen animalischen Geruch aus. Gedämpfte Musik, mit Herztönen darin, dringt an sein Ohr. Eigentlich ist das hier doch ein gemütlicher Ort. Es könnte immer so weitergehen.

Doch von irgendwoher erfasst Mario plötzlich eine seltsame Unruhe. Sein Körper bewegt sich wie von selbst. Oder wird er etwa bewegt. Ein Stöhnen ergreift ihn, von seltsamem Schmerz begleitet. Veränderung ist nahe. Es fühlt sich sehr bedrohlich an. Die Bewegungen seines Körpers dort in der „künstlichen" Gebärmutter werden stärker. Sein Kopf, seine Schultern drängen nach draußen. Dann hört das wieder auf und es ist still. Nur Musik, das Atmen und die Herztöne sind zu hören. Doch der Druck auf seinen Kopf wird wieder stärker. Was ist das? Will seine Mutter ihn etwa festhalten. Und seine Bewegungen setzen wieder ein. Sein Körper will das so. Der weiß. Der Druck wird übermächtig und Mario wehrt sich und drängt nach draußen. Aber etwas hält ihn zurück. Seine rechte Schulter hängt fest. Und sein Kopf wird zurückgedrückt. Vor Erschöpfung könnte er einfach liegen bliebn. Aber da ist wieder der starke Überlebenswille. Und Mario schüttelt alle Fesseln ab. Und er tritt und zappelt, kämpft und schreit. Doch mit jedem Schrei bekommt er Schleim in den Hals. Das ist gar nicht gut. Doch Mario ist zäh. Um leben zu können, muss er Schmerz und Leid ertragen und kämpfen. Und gleichzeitig weiß etwas in ihm, dass er sein Ziel erreicht. Und es stellt sich die Lust am Kampf ein. Jetzt ist es richtig geil. Und er kommt unter dem Deckenwust ins Freie. Frische Luft. Endlich mehr Raum. Dann gibt es nur noch stilles Angenommensein, ekstatischer Frieden, warmer Mutterkörper. Sein Mund suchte unwillkürlich die Brust. Das Licht, der Duft, die Musik, die Berührung. Wunderschön.

In den nächsten Stunden erkennt Mario, dass er zu früh kommen wollte. Seine Mutter hielt ihn zurück. Und Marios Körper hat das Wissen gespeichert.
Tatsächlich, als er Wochen später seiner Mutter von seiner Geburt erzählt, schaut sie ihn ganz verwundert an. „Woher weißt du denn das alles? Ja, wir haben in der Früh kein Taxi bekommen und so bin ich mit Vater ins Krankenhaus gelaufen. Und beinahe wärst du auf dem Marktplatz rausgefallen."
Und da sitzen sie, Mutter und ihr erwachsener Sohn und treffen sich endlich wieder.

Ja, es ist sehr aufschlussreich, zu erkennen, welche Prägungen er von der Geburt mitgebracht hat.
Die ziehen sich wie ein roter Faden durch sein ganzes Leben. Fast fehlt Mario etwas, wenn es zu einfach und ohne Leid geht. Jetzt kann er endlich diese Programmierung umwandeln. Er hat sie erkannt.-
Und das „Umprogrammieren" geschieht am folgenden Tag. In einer geführten Trancereise, unterstützt mit toller, lebendiger, und teilweise ozeanischer Musik, erleben die Gruppenteilnehmer noch einmal die vier Phasen der Schwangerschaft. Sie bekommen die Gelegenheit, jede Phase positiv zu programmieren. Am Ende fühlt sich Mario wirklich willkommen. Der Kampf hat sich gelohnt. Jetzt kann er fließen, er kann strömen. Denn ES durchströmt ihn und er verströmt sich. Alles ist für ihn da und er ist für alles da. Alles geschieht zu seinem Besten. Mario fühlt sich

verbunden, reich, beschenkt, voller Frieden und in unendlicher Stille. Später sagt Bodhi, dass sie dieses Gefühl für den Rest ihres Lebens beibehalten könnten.

Und Mario steht bis auf die Unterhose nackt mit einer weichen Decke über den Schultern im Raum. Bei Bodhis Worten durchströmt ihn wieder tiefe Freude. Tränen des Glücks laufen ihm übers Gesicht.

Als später Bodhi den Raum verlassen will, holt Mario ihn zu sich heran. Sie fassen sich schweigend an den Händen. Und er schaut in Bodhis Augen und sieht darin den gesamten Kosmos, so tief geht das und er schickt all seine Dankbarkeit dort hinein. Dass Mario diese unendliche Liebe spüren, sehen darf! Es ist ein gewaltiges Gefühl.
Die Nacht verbringt er schweigend, glücklich mit sich und der Welt unterm Sternenzelt, in der Hängematte im Obstgarten –.

Die Klarheit wächst.
Und damit auch Marios Kraft. Das Training geht weiter, auch im Alltag. Veränderung ist eine selbstverständliche Energie in seinem Leben. Und er begibt sich vertrauensvoll in ihre Hände. Nicht mein Wille geschehe, sondern Dein Wille. Mario hat sich sehr verändert und er wird sich noch mehr verändern. Er fühlt sich geführt, geleitet, getragen und geschützt.
Gestern –
Mario liegt auf der Wiese seines Kraftplatzes im Spessart, nackt, vom Regen gewaschen, von der Sonne getrocknet, die Vögel pfeifen ihre Lieder. Die weite hügelige Landschaft, erst noch vom Dunst verborgen, liegt plötzlich klar und strahlend vor ihm. Er schaut sich um, wie neugeboren, sieht seinen Körper, den er mittlerweile lieben kann, - und sieht überall Zecken auf sich.

Wut ergreift ihn, ein Gefühl über das er sich neuerdings freuen kann. Das sind die Blutsauger, das sind die Parasiten, die Dämonen, die Klötzer am Bein. Und er schickt sie alle weg. Und er spürt die Kraft und Klarheit in ihm. Mario zerschlägt die Schatten, die Nebel mit dem Schwert der Liebe. Dem Schwert der Liebe zur reinen Existenz.

Ja, man könnte meinen Mario wird jetzt verrückt. Er ist auch ver-rückt. Doch im Gegensatz zu den anderen lacht er darüber. Denn er sieht zunehmend klarer. Und die Energie durchpulst ihn. Er wird von Tag zu Tag wacher. Und er weiß, dass er niemandem Rechenschaft abzulegen hat, nur sich selbst gegenüber. Denn alles ist für ihn gemacht.

Es gibt nicht die Wahrheit
Es gibt keine ewig während, allgemeingültige Wahrheit
Was heute wahr ist, ist morgen unwahr
Alles ist im Fluss der Zeit, so auch die Wahrheit
Alles was vergehen kann - ist noch nicht die Wahrheit

„Mario, warum suchst du schon seit Jahren den Rausch, das etwas andere?"
„Nun, wohl weil ich schon immer vermutete, dass die Wirklichkeit, die ich mit meinen menschlichen Sinnen wahrnehmen kann, nicht die wirkliche Wirklichkeit ist. Die hat mich noch nie befriedigt. Meist nur enttäuscht."
„Und deshalb bist du jetzt zum Meditieren übergegangen?"
„Genau."

Zwei Uhr nachts, Mario ist munter wie ein Fisch im Wasser.
Statt sich im Bett hin und her zu wälzen, notiert er seine Gedanken zum Thema Meditation.
Der Mensch ist ein hochempfindliches, komplexes, elektrisches Gebilde -, und allzu oft von neurotischen Kurzschlüssen geplagt. In der Meditation geht es unter

anderem darum, die chemisch/elektrischen Bahnen so zu verknüpfen, dass die Energie frei und stark fließen kann.

Die Energie stellt Mario sich mittlerweile wie einen Lichtstrahl vor oder einen Fluss. Manchmal fließt er breiter, manchmal schmaler, stürmischer oder in majestätischer Ruhe. Dieser Energiefluss synchronisiert zuerst die verschieden Ebenen seines Body-Mind-Systems, um es schließlich soweit aufzuladen, dass die Freude und das Licht über ihn hinaus, sich in die Welt verströmen kann.

Als Initialzündung und Transmitter für diese Energiearbeit, dient in erster Linie die Aufmerksamkeit. Denn die Energie folgt der Aufmerksamkeit. Der bewusste Atem unterstützt dabei. So können unterschiedlichste chemische und elektrische Reaktionen im System hervorgerufen werden. Diese Selbstheilungsprozesse balancieren, im fein- und grobstofflichen Körper, neurotische Kurzschlüsse.

Der geistige, spirituelle Aspekt, bei dieser Energiearbeit, ist anfänglich zweitrangig. Allerdings bleiben spirituelle Erfahrungen bei regelmäßiger Meditation nicht aus. Fühlendes Visualisieren ist der Schritt, der sich daraus ergibt. Und so führt ein Schritt zum nächsten. Alles bedingt sich gegenseitig. Alles hat seine Ordnung, seinen ihm zustehenden Platz.

Mario hat in der Nacht einen Traum von einem Trainingszentrum.

Er ist so stark und klar, dass er ihn fast für Realität halten könnte. Eine Gruppe von Menschen wird ausgesucht und in ein Trainingslager mitten in der Wüste gebracht. Mario ist dabei. Und wiedermal rebelliert er. Eigentlich soll es nur um irgendwelche Ballspiele gehen. Er hat plötzlich die ganze Gruppe gegen sich. Wieder einmal muss er seinen eigenen Weg gehen. Beim Herumstreunen trifft er im Camp eine Frau am Swimmingpool. Sie erzählt ihm vom Weltenbrand. Das Meer brennt als erstes.

Dann gibt's da den furchteinflößenden Mann, untersetzt, muskulös, mit Hunnenbart. Der will Mario einschüchtern. Belädt einen aus ihrer Gruppe geistig mit Schwere. Als der fast unter dem Druck krepiert, nimmt der Untersetzte das Gewicht, unter lautem Gebrüll, wieder von ihm.

Mario lässt sich nicht einschüchtern. Er stellt sich dem Typ in den Weg. Und der Untersetzte schickt ihm die Schwere. Die Kraft drückt Mario fast zu Boden. Doch das findet er eher interessant, als dass er Angst verspürt. Schließlich besinnt er sich auf seine eigenen Kräfte, von denen er bis dahin nur eine Ahnung hatte. Und er atmet in die Schwere hinein und verbindet sich mit ihr. Dann holt Mario sie Stück für Stück aus seinem Körper und wirft sie auf den Untersetzten zurück. Und der schreit und stöhnt unter der Kraft, der Schwere. Schließlich, nach letztem Zucken, liegt er verkrampft, still, steif wie ein Brett.

Mario geht zu ihm hin. Er will ihn ja nicht töten. Er weiß aber noch nicht, wie mit der Kraft umzugehen ist. Er fasst den Untersetzten an, streicht mit der Hand über ihn. Der springt quicklebendig auf, lacht, bedankt sich, bezeugt seinen Respekt vor mir und löste sich einfach in Luft auf. Nun haben auch die anderen aus der Gruppe Respekt und sie beginnen gemeinsam, den Weltenbrand zu löschen. –

Mario fragt sich, ob er jetzt anfängt durchzudrehen? Was geschieht da mit ihm? Wie tiefgreifend ist die Reinigungsarbeit? Sein ganzes Leben wird auf den Kopf gestellt. Und das schöne, er kann sich's momentan leisten. Zwar nicht unbedingt vom Geld her aber von der Zeit.

Mario trifft Klaus auf einem Straßenfest in der Stadt.
Sein alter Freund und langjähriger Weggefährte ist vom AIDS gezeichnet.

So gab es in der letzten Zeit mehrere Begegnungen mit alten Bekannten, die Mario klarmachen, was er nicht mehr in seinem Leben braucht. Schnitt und Schlussstrich. Sein Verständnis der Zusammenhänge unterscheidet sich mittlerweile gewaltig von dem der Masse. Und er braucht damit nicht hinter dem Berg zu halten. Allerdings braucht Mario seine Erkenntnisse nicht jedem zu auf die Nase zu binden. Die meisten wollen eh nicht in ihrem Schlaf gestört werden.

Heute früh, während der Morgenmedi sang er seinen Abschied an all die Menschen, die nicht mehr in sein neues Leben passen. Mario verabschiedet sich in Liebe von ihnen. Sie sind ihre eigenen Glücksschmiede. Und welche Tarotkarte zieht er für diesen Tag: Tod – wie passend - Das Alte sterben lassen um dem Neuen Raum zu geben.

Zitat aus Bodhis Tarotbuch `Spiegel der Seele´: Stichworte: Skorpion; Tod und Wiedergeburt, Vergehen und Neuwerden; Transformation; Skorpion-Schlange-Adler; Befreiung aus alten Verstrickungen; äußerliche Veränderungen.

Hinweis: Du bist jetzt bereit für die notwendigen Veränderungen in deinem Leben. Akzeptiere den Schmerz, die der Verlust des Alten mit sich bringen mag.
Frage: An welchen überlebten Beziehungen oder Situationen hältst du noch fest?
Anregung: In der Sufi-Tradition gibt eine bekannte Aussage: "Sterbe, bevor du stirbst". Sie ist eine Aufforderung zur Auseinandersetzung mit der Kunst des Sterbens. Solange wir noch irgendeinen Rest von Angst vor dem Tod und dem sich-fallen-lassen in uns haben, können wir nicht richtig leben und frei sein.
Affirmation: Jedes festhalten, jedes Nein, hindert mich, im natürlichen Lebensfluss zu sein.

Sein beeinflusst das Bewusstsein

Bewusstsein beeinflusst das Sein.

Wir sollten in der Tat mehr auf unsere Gedanken achten und auf das, was wir den lieben langen Tag so aus unserem Mund entlassen!

Manchmal denkt Mario, dass der Unterschied zwischen Mensch und Tier nicht all zu groß ist. Beim Mensch gibt es das selbstständige Denken. Aber was ist mit einem Menschen, der das nicht auf die Reihe bekommt? Dessen Sein wird doch zwangsläufig zum Dressurakt. Er wird zur teilnahmslosen Marionette in der Hand der Mächte und Mächtigen. Ziel und teilnahmslos wird er die Stunden, Tage und Jahre an sich vorüberziehen lassen. Ab und zu fühlt er vielleicht ein Unbehagen und am Ende seines Lebens wird er voller Schrecken feststellen, dass er nicht gelebt hat.

Es sollte unser Ziel sein, nach Weisheit zu trachten! Wir Menschen sollten den Vorgang des Geborenwerdens, der keinesfalls mit dem Vorgang der Geburt beendet ist, unterstützen und vorantreiben.

Ach übrigens, das Leben ist nicht mit dem Vorgang des Sterbens beendet!

Marios Erkenntnis

Jede Erscheinung, jede Erfahrung im Außen ist eine Reflexion aus mir selbst heraus. Eine Projektion meines tiefsten Inneren.

Er beginnt, dieses Bewusstsein in seinem Alltag, seinen Beziehungen umzusetzen. Und er bemerkt, wie er vom Opfer zum „Täter" oder auch Schöpfer wird. Er braucht nicht mehr den Partner oder die Welt bekämpfen oder verändern.

Er erkennt, dass das, was er im Anderen bewundert oder verachtet, liebt oder hasst, ein Spiegel seiner eigenen inneren Haltung ist. Er übernimmt Verantwortung für seine Gefühle, Empfindungen und gibt nicht mehr länger Menschen oder Umständen die Verantwortung ab. Gerade die Menschen, die ihm das Leben besonders schwer gemacht haben, waren seine wichtigsten Lehrmeister.

Mario scheint, dass niemand anderes als er selbst sich die „Prüfungen" der Vergangenheit geschickt hat. Wie dieses geschieht und auf welchen Ebenen des Seins sich dies vollzieht -, nun, darüber könnte man wieder einige Bücher füllen, die es im Übrigen schon gibt.

Und wieder ein Gedanke, der ihn inspiriert.

Ob er da etwas Ketzerisches ausheckt? Also die Frage ist: Was ist für ihn die rechte Form der Meditation? Er hat in den letzten Jahren verschiedene Techniken erlebt.

Neulich beobachtete er Menschen bei einem Zen Seminar. Sie waren überwiegend schwarz gekleidet, selbst ihre Sitzkissen waren schwarz. Für einige Tage hatten sie ein Schweigegelübde abgelegt. Sein erster Eindruck war: Wie leblos, wie farblos. Da ist es doch in unserer Gruppe viel lebendiger, abwechslungsreicher, spannender, einfach interessanter.

Doch nach Wochen des Nachdenkens fällt ihm auf, dass dieses Abwechslungsreiche, dieses Spannende, obwohl in löblicher Absicht, nichts anderes ist wie ein Spiel. Ein Spiel, das Ego befriedigt. Arbeitet diese Form nicht mit Zauberkunststückchen? Wir öffnen die Chakren, spüren die Schwingungen, sehen Farben, haben Bestätigung und betätscheln unser Ego, welches sich dann immer weiter aufbläht.

Mario denkt sich: Wenn ich meinem Ego so um den Bart gehe, wie wir es machen, wird es da nicht wachsen, anstatt zu verschwinden? Hafte ich da nicht einem spirituellen Materialismus an? Geht es nicht in der Meditation, in der spirituellen Hingabe darum, über das Ego hinauszuwachsen, um so Raum zu machen für das Numinose, für das hinter den Dingen, hinter den Erscheinungen liegende?

Mario hat den Verdacht, dass ES erst erscheint, wenn er neben sich stehen kann, wenn er von all den Egospielchen gelangweilt ist, wenn er die Selbstbestätigung nicht mehr braucht. Mario ahnt, er hat es erst dann geschafft, wenn er nicht mehr will, nichts zu wollen.

Könnte es sein, dass aus dem Blickwinkel des Reinkarnationskonzeptes,

jeder Mensch vor seiner Geburt genau weiß, auf was er sich einlässt? Er kauft nicht die Katze im Sack. Vielmehr sagt er sich: Ich lasse mich auf diese oder jene Eltern, diesen Körper, diese Erfahrung ein. Dann taucht er in die materielle Ebene ein und der Schleier senkt sich.-

Da sind wir also und können uns nicht mehr an unseren „Plan" erinnern. Wir durchlaufen dieses Leben. Dann ist alles vorbei. Mensch stirbt. Die Seele löst sich vom Körper, wir wachen auf und erinnern uns.

Nach einer Erholungs- und Integrationsphase sagen wir uns: Ok, das hast du erlebt. Mal sehen auf was ich noch Lust habe. Was kenne ich noch nicht, was will ich noch erfahren? Und wir tauchen wieder in das manifeste Leben ein, um neue Erfahrungen zu machen. Dies geschieht solange bis es keine Sehnsucht, keine Anhaftungen und Abneigungen mehr gibt.

Du erinnerst Dich was Du wirklich bist. Ein Zustand des Erwachtseins stellt sich ein. Jetzt kannst du wählen, freiwillig wieder zu kommen, um anderen Menschen beizustehen, auf ihrem Weg zum Erwachen.

Und Mario beginnt an das Konzept der Wiedergeburt zu glauben

Es scheint im Leben so etwas wie Ursache und Wirkung zu geben. Das sieht er in seinem eigenen Leben. Da gab es nicht wirklich Zufälle. Und er sieht immer mehr die

Sinnhaftigkeit der Existenz. Er bekommt das Gefühl, dass jede einzelne Existenz in der Welt und jedes Geschehen seine Berechtigung, Bedeutung, seinen Sinn hat.

Das Leid, die Armut, Krankheit, die seelische Unausgewogenheit dient dem Erkennen, dem Lernen. Von alleine, durch bloße Kopfarbeit oder durch Bewusstheit, können die Menschen die Erkenntnisse scheinbar nicht verwirklichen.

Blende- Ein weiteres Jahr extremer Veränderungen, Herausforderungen und Erinnerungsschritte geht zu Ende.

Und im Rückblick erkennt er, es hat sich gelohnt. Mario merkt, dass die Stille, die ihn begleitet, sich in seinem Leben immer mehr vertieft. Viele seiner Schattenanteile haben sich erlöst. Zum Beispiel seine Drogenvergangenheit. In dieser Zeit haben sich dunkle Kräfte in seinen Energie-, Wunsch- und Emotionalkörper eingenistet. Und die sind in letzter Zeit geheilt.

Doch manchmal überfällt es ihn auch jetzt noch. Meist in einer Zeit, in der es ihm besonders gut geht und er nichts Böses ahnend durch die Welt marschiert. Da läuft ihm ein Junkie mit Stecknadelaugen übern Weg. Oder er trifft auf Menschen aus seinem alten Leben, die ihn in Versuchung führen wollen.

Mario kann Nein sagen. Doch eine Ecke in seinem Kopf sagt noch immer: „Ja, nimm." Und er spürt, dass er noch nicht ganz frei ist. Seine langjährige Drogenkarriere steckt ihm, im wahrsten Sinn, noch in den Knochen und in den Neuronen. Fünf Jahre heroinabhängig, danach 15 Jahre Kokain- und Haschischkonsum. Seit einem Jahr ganz weg von allen Giften.

Ein anderer Schatten ist: Sein Verhältnis oder Nicht-Verhältnis zu den Frauen. Bestimmt spielt das Thema Vertrauen eine große Rolle dabei. Mittlerweile wünscht er sich wieder eine Partnerin. Sie kann ruhig gut gebaut sein, Sex und Pepp haben. Wichtiger ist aber die innere Attraktivität. Vor allen Dingen sollte Verständnis zwischen ihnen sein. Doch den Frauen, denen er die letzte Zeit begegnete, war er eher Therapeut wie Partner. Da darf er noch einiges lernen.

Sein dritter Schatten ist sein Verhältnis zum Geld. Es gab ja mal eine Zeit, in der er sich über Geld keinen Kopf machen brauchte. Es war immer genügend da. Doch es bedeutete ihm nichts. Er sagte damals immer, Besitz macht abhängig, Geld korrumpiert die Seele, Materie ist Maya - Illusion. In ganz frühen Jahren war er Revoluzzer, Kommunist, Sozialist. Also, was soll ihm Geld?!

So hatte er sich ein extrem hinderliches Glaubenssystem auf die innere Festplatte seines Unterbewusstseins gebrannt.
In den letzten Monaten hat er lernen dürfen, dass Geld eben auch eine Art Energie ist. Innerlich reich - äußerlich reich.
Wie schnell und schlagartig sich Marios Einstellungen wandeln dürfen! Ja, eigentlich ist er reich, - an Zeit und innerer Energie.
Und es kristallisiert sich jetzt heraus, dass er beginnt, mit dem was er sich von Herzen wünscht-, nämlich mit Menschen zu arbeiten.
Erst mal klein, just for Fun. Energieheilung wird er die Arbeit nennen. Seine Lernaufgaben für dieses Leben hat er realisiert. Geduld - und Hingabe - und die Liebe für sich und die Menschen.
Sein Mantra: ICH BIN DER MEISTER MEINER WELT.

Raum enthält Form
Form enthält Raum
Doch Raum erhebt keinen Anspruch auf Form
Alles beruht auf Mitgefühl und Offenheit

Mitgefühl und Offenheit ohne Leidenschaft

Schließt wahres Mitgefühl nicht Individualität aus? -
Der Beginn ist Achtsamkeit, Bewusstheit und Einfachheit.
Der Beginn -, - jedoch lange nicht das Ende.

Blende- Mario hat ein Leben.
Denn nur Wochen später läuft er an einem weißen Strand
lang. Hört sich den Sound der Brandung an, in den Haaren
der stete, kühlende Passatwind. Er passt auf, dass ihm keine
Kokosnuss auf die Birne fällt und sieht zu, dass er nicht allzu
sehr von der Sonne verbrannt wird. Ansonsten lässt es sich
sehr gut aushalten auf der Insel.
Er besucht einen Freund, der als Reiseleiter sein Haus in der
Dominikanischen Republik gebaut und eine Familie
gegründet hat. Gerade hat Mario eine gebratene Dorade
am Strand gegessen, als Beilage gab's Kochbananen, die im
gleichen Topf wie der Fisch frittiert wurden. Zum Nachtisch
gab es ne zuckersüße Mango, frisch vom Baum.
Am Tag darauf hat er den Sound des Merengue und die
Brandung der Karibik in den Ohren.
Vor seinen Augen die Windsurfer von Cabarete und nen
Frauenpo, zu dem ihm nix mehr einfällt. Im Bauch ein
Frühstück mit frischer Kokos, Melone, Ananas und Papaya.
Kann das Leben schön sein. Die Kontraste machen es für
Mario interessant. Und grade singt Mike Jagger: Hop you
gets my name. I'm a man of world and taste.........

Vor einer Woche sind sie auf der Karibikinsel gelandet. Die
Natur ist immer wieder umwerfend. Vor ein paar Tagen sah
Mario eine zehn Meter hohe Bananenstaude. Natur
wuchert und gedeiht. Selbst auf den freihängenden
Telefonleitungen wächst Gras. Die Sonne hat ihr Werk noch
lange nicht beendet. Aber Farbe haben sie schon
bekommen. Micha, sein Freund meint, bei der Heidi würde
es mehr ins Schweinsrosa gehen.

Die Sonne ist gerade hinter dem Berg im Westen verschwunden.

Eine Formation weißer Kuhreiher fliegen im schwindenden Tageslicht über die Palmen. Trommel und Schlagzeugsound dringt, vom Wind her geweht, an sein Ohr. Abendlicher Dunst steigt aus den Tälern und mildert die Kontraste. Die Moskitostiche halten sich bei Mario in Grenzen. Das Beste ist, sie jucken ihn nicht. Für andere können sie zur Plage werden.

Der haitianische Nachtwächter nimmt seinen Platz unten am Haus ein. Dort bleibt er die ganze Nacht und passt auf die bösen Buben auf. Zum Glück hat er keine abgesägte Schrotflinte, wie die meisten anderen Nachtwächter hier.
Nun wird es doch recht schnell dunkel. Micha ist gerade gekommen. Er musste sich den halben Tag mit den Touris rumplagen. Nun checkt er die Hetzelpapiere durch. Die Grillen stimmen ihr nächtliches Lied an.
Micha hat Mario vorgestern ins "Bananas" geschleppt. Er hat ihm weißmachen wollen, das wäre eine Disco.
Mario fand, dass das eher ´ne andere Art von Kontakthof ist. Kaum war er durch die Gittertür, hingen auch schon drei Mädels an seinem Hals, eine hübscher als die andere. Noch sehr jung, doch abgebrüht. Micha hatte nur nen belustigten Blick in seine Richtung übrig. Ansonsten kannte er sich gut in der Ecke aus. Mario entdeckt immer wieder verborgene Seiten an seinem Freund. Im heimatlichen Frankfurt hat er die nie so durchblicken lassen.

Am Morgen wacht Mario genüsslich und frohen Mutes auf.
Wie jeden Tag ist der Himmel blau und die Schatten der Palmen scharf geschnitten. Nach seinem allmorgendliches Schwimmtraining in der, vom Korallenriff geschützten Bucht, steht er auf dem Balkon ihres angemieteten Appartements, nimmt ein paar tiefe Atemzüge und schaut

aufs Meer hinaus, während auf dem Gasherd in der Küche das Kaffeewasser heiß wird.

Plötzlich verschiebt sich die Landschaft oder verschiebt Mario sich in der Landschaft? Die Knie werden ihm weich und wanken unter ihm hin und her oder ist es der Balkon? Mario dreht sich um, schaut in das Haus hinein. Und da weiß er was gerade geschieht.

Mario erlebt sein erstes starkes Erdbeben. Die Bilder an der Wand schwanken hin und her. Das Wasser im Glas schlägt Wellen. Der Boden verschiebt sich wie bei einem LSD-Rausch. Die Hunde in der Nachbarschaft, bellen schon einige Zeit, wie wild. Und er hat plötzlich wieder diesen speziellen, coolen Beobachter in sich, der sich immer blicken lässt, wenn er eine außergewöhnliche oder gefährliche Situation erlebt.

Also steht Mario auf dem Balkon und beobachtet das Erdbeben und seine Reaktion darauf. Selbst der Horizont verschiebt sich. Die feste Erde ist nicht wirklich so stabil wie es den Anschein hat.

Und irgendwie findet er´s schade, dass es so bald vorüber ist.

Später erfährt er, dass Costambar nicht im Epizentrum gewesen ist. In manchen Touristengettos muss Panik ausgebrochen sein. Da zersprangen Fensterscheiben und manche Menschen hüpften vom Balkon. Geschrei und Gezeter wären überall zu hören gewesen.

Es ist eine gute Erfahrung wenn der Mensch feststellt, wie hilflos, ja ohnmächtig er doch den Naturkräften ausgesetzt ist. So ein Erlebnis stellt ihn, wenn er einigermaßen bewusst ist, wieder auf den Platz, auf den er gehört. –

Dominikaner sind ein spezielles Völkchen.

Jeder, der eine Uniform trägt, muss sich wichtigmachen. Hin und wieder findest du nen Nachtwächter in einer selbstgenähten Phantasieuniform. Bei den Bullen siehst du die Korruption aus allen Knopflöchern springen. Die sind so unterbezahlt, dass ihnen eigentlich nichts anderes übrigbleibt, als sich mit linken Geschäften über Wasser zu halten. Bei einem monatlichen Gehalt von 700 Pesos, was nicht mal dem Gegenwert von 100 Mark entspricht, muss er schon sehen, wie er die Familie, mit zwei bis drei Frauen und 3 - 8 Kindern über Wasser hält.

Zum Beispiel wird mit Mafiamethoden den Restaurantbesitzern eine Abgabe abgepresst. Da werden die Mopedfahrer auf den Ausfallstraßen angehalten. Bevor der Uniformierte dazu kommt, seinen Spruch vom Stapel zu lassen, gibt der Mopedfahrer ihm freundlich die Hand. So wechselt der Fünfpesoschein unauffällig den Besitzer und das Lächeln muss nicht aus den Gesichtern verschwinden.

Die "Heilige Woche" vor Ostern geht ihrem Höhepunkt entgegen.
Schon die dreizehnjährigen Mädels, im Übrigen mit einer Modelfigur ausgestattet, haben die Rumflasche am Hals. Der Strand, sonst menschenleer, da für die Domis noch Winter ist, ist gestopft mit Menschen aus dem Hinterland.
In der " Heilige Woche " arbeiten nur die, die unbedingt benötigt werden. Alle anderen machen nen Kurzurlaub mit Kind und Kegel. Meist eben am Meer. 80% der Leute haben schon seit Tagen den Rumtörn im Kopf. Man sollte in der Woche möglichst nicht am Straßenverkehr teilnehmen. Jedes Jahr gibt es viele Tote. Manche ertrinken auch ganz einfach, in ihrem Rausch, beim Baden im flachen Wasser.

Gestern, auf der Hinfahrt ihres Zweitagetrips nach Haiti, haben sie mindestens vier Autos überholt, deren Fahrer in Deutschland ihren Führerschein auf Lebenszeit verloren hätten, vorausgesetzt, sie hatten überhaupt einen.

Christian, ihr Reiseleiter und Heidis Urlaubsflirt erzählt, dass sich diese Geschichten hier meistens mit dem nötigen Kleingeld regeln lassen.

Also gestern waren sie auf dem Weg nach Haiti.
Von einer Bananenrepublik in die nächste. Die Grenzaktion war stark. Fünf Unterschriften mussten "erkauft" werden. Sogar der oberste Grenzer des kleinen Kontrollpunkts wurde aus seiner nachmittäglichen Siesta in der Hängematte gescheucht, um seinen Heinrich unter ihre Einreisedokumente zu setzen. Ihr Bus war um einige Flaschen Rum und Christians Portmonee um einige Pesos leichter. Ein Spiel, nichts anderes. Wer sich nicht an die Regeln hält, schneidet sich nur ins eigene Fleisch.
Christian, der alte Abenteurer hat ihnen viele interessante Einzelheiten über Land und Leute aber auch über die Geschichte von Haiti erzählt. Sie fuhren durch trockene, savannenartige Landschaft, durch Wüste. Dann wurde die Gegend etwas grüner. Bananenblättergedeckte Hütten tauchten im Busch auf. Die Lehmwände mit magischen Zeichen verziert. Frauen, mit schweren Wassergefäßen auf dem Kopf, kamen ihnen ruhigen Schrittes entgegen. Nackte Kinder winkten oder hielten ihnen bettelnd die Hände entgegen.

In Hütten ohne Wände, Domino spielende Männer. Der Verlierer bekommt eine Wäscheklammer an die Ohren geklemmt. Afrika live -. Teilweise fühlte Mario sich in die Eisenzeit versetzt. Im Tagebau kratzten die Menschen das Bauxit aus dem Boden und schmolzen in primitiven Lehmöfen das Material, um rohe Barren herzustellen. Die bringen sie dann, in tagelangen Fußmärschen, mit Hilfe von Maultieren, in die nächste Stadt. Von dem Erlös, einige wenige Haitidollars, muss dann eine vielköpfige Familie eine ganze Zeit überleben.

Unterwegs hielten sie in einem der kleinen Dörfer, für eine Pinkelpause an. Hier gab es Satellitenfernsehen. Falls hin und wieder die Stromleitung funktioniert, ist die moderne Welt in der Eisenzeit zu Gast. Für den Abend war Rambo 3 angesagt.

Was muss das für diese Menschen bedeuten, plötzlich solchem Kontrastprogramm ausgesetzt zu sein? Das Wasser kommt aus dem Wasserhahn und die Leute schießen sich mit teuren Raketen tot.
Und hier haben sie nicht mal genug Holz, um sich ihre Suppe richtig warm zu machen. Die Mahagoni- und Teakholzwälder sind vor einiger Zeit in amerikanischen und europäischen Wohnzimmern verschwunden. Als Waschmaschine müssen der halb ausgetrocknete Fluss und die Arme der Frauen herhalten.

Auch die Hafenstadt Cap Haitien hinterlässt einen bleibenden Eindruck bei Mario. In den Außenbezirken spielt sich das Leben auf der Straße ab. Da schläft ein Typ in seinem Schubkarren. Ein Mann kommt, tritt gegen das Blech und der Schubkarrenbesitzer hat einen Job für eine Stunde.
Auf dem Holzkohlenmarkt kommt's ihm vor wie in einem Vorort zur Hölle. Wer weiß, vielleicht gibt's das Fegefeuer doch schon hier auf Erden.
Doch gleichzeitig kannst du überall das Lachen entdecken. Die Menschen haben sich in all ihrer Not ein großes Stück Selbstachtung und Stolz bewahrt.

Mitten in der Stadt platzt mit nem lauten Rums ein Reifen ihres kleinen Reisebusses.
Mario setzt sich an der Straßenkreuzung in den Schatten eines alten Holzhauses im französischen Kolonialstil und schaut sich die Szene an. Nach der improvisierten

Reparaturaktion, mitten im Straßengetümmel, geht es dann weiter zum Hotel Beck, oberhalb von Cap Haitien.

Nachdem Christian der kleinen Reisegruppe einen radikalen Eindruck vom ärmsten Land der Karibik vermittelt hat, führt er sie in dieses Hotel. Das wird geführt vom Herrn Beck, einem über siebzigjährigen, rüstigen und energischen Herren deutscher Abstammung. Seine Eltern sind in den dreißiger Jahren nach Cap Haitien gekommen. Sie hatten dieses große, für hiesige Verhältnisse, sehr komfortable Haus errichtet. Die Einrichtung wurde damals zum großen Teil aus Deutschland hergeschifft.

Ein interessantes Detail dabei ist die Sache mit den Fenstern.

Die Rahmen waren, aufgrund der Handarbeit, alle unterschiedlich groß ausgefallen. So hat Herr Beck Senior die Fenster einzeln ausgemessen und die Maße nach Deutschland geschickt. Und das Haus hat viele Fenster. Man muss nämlich wissen, dass die Glasherstellung damals auf der Insel unbekannt war. Die geschliffenen Scheiben wurden also einzeln hergestellt, fein säuberlich verpackt, aufs Schiff verladen und nach Haiti transportiert. Ein gutes Omen war, dass keine Scheibe beim Transport und beim Einbau entzwei ging. Später bauten die Becks das Anwesen zu einem Hotel aus. Es wurde mit den Jahren Stück um Stück erweitert. Nebengebäude und Ferienbungalows kamen hinzu. Ein großer Swimmingpool wurde angelegt, nachdem Beck Juniors "Bohrungen" nach Wasser Erfolg hatten.

Diese "Bohrung" war ne Sache für sich. Wie in der Steinzeit mussten sie da vorgehen. Nachdem man bei der Grabung auf felsigen Grund gestoßen war, wurden große Steine von oben befeuert und dann mit Wasser übergossen. Durch die plötzliche Abkühlung platzten die Steine explosionsartig auseinander und bohrten sich in den Grund. Nun wurde der

Schutt ausgeräumt und das Verfahren wiederholt. So „bohrte" man sich mühselig Stück für Stück in die Tiefe. Zeit gab's reichlich und billige Arbeitskräfte sowieso. Eines Tages wurde, in etlichen Metern Tiefe, eine Wasserader getroffen die vom Berg kam.

Seit dieser Zeit kann sich die Bevölkerung kostenlos mit sauberem Trinkwasser versorgen, was einem wahren Luxus in dieser Gegend gleichkommt. Und so wurde Herr Beck ein geachteter Mann. Und selbst in politisch schwierigen Zeiten ließ man ihn halbwegs in Ruhe. Und diese unruhigen Zeiten gab und gibt es in Haiti reichlich. Gerade im Herbst 1991 wurde wieder geputscht und die alte korrupte Garde riss das Steuer wieder an sich.

Na jedenfalls kannst du am Brunnen jeden Tag von morgens bis abends eine geduldige Menschenmenge beobachten. Kleine Kinder spielen im Schatten der Bäume. Die etwas größeren Kinder haben schon alle möglichen Gefäße dabei und die Frauen tragen Zehnliterkanister lässig auf dem Kopf. Ihre Haltung ist gerade und stolz.

Wenn Mario bedenkt, was die Schwarzen hier im Lande in den letzten Jahrhunderten ertragen mussten!

Zuerst die menschenverachtende Sklaverei, dann all die Diktatoren. Angefangen mit dem Ex Sklaven, König Henri dem I, geb. 1767, gestorben 1820. In neuerer Zeit der Duvalierclan. Der berühmteste und berüchtigteste von 1957 - 71 "Papa Doc", Francois Duvalier, das Schwein, der die Geheimpolizei, die Tong Tongs dazu benutzte, alle Mulatten umbringen zu lassen. Danach kam sein Sohn "Baby Doc", Jean Claude Duvalier.

Dieser "milderte" zwar das Regime etwas ab, das er von seinem Schweinepriestervater auf Lebenszeit vererbt bekam. Schon alleine um wieder Kredite von den Amis zu bekommen. Aber für seine Hochzeit soll er zwischen einer bis zwei Millionen Dollar ausgegeben haben. Was ein bezeichnendes Schlaglicht auf die ganze Sauerei wirft. Denn gleichzeitig lebte "sein" Volk in schlimmster Armut. Und nachdem Baby Doc im Februar 86 nach Frankreich ins Exil geflohen war, stellte sich heraus, dass er Unsummen ins Ausland verbracht hatte, die eigentlich als Entwicklungshilfe gedacht waren. Man munkelt von bis zu einer Milliarde Dollar.

Es gibt schon gruslige Geister in unserer Welt. Hin und wieder aber gibt es unter diesen Geistern Perverse, die über das normale menschliche Begriffsvermögen hinaus Frechheiten begehen, ohne auch nur mit der Wimper zu zucken und noch seelenruhig schlafen können. Gerade hier in der Karibik gab es einige davon. Vielleicht hat ihnen die karibische Sonne das Hirn verbrannt.

Der erwähnte König Henri I zum Beispiel. Er hatte eine Rebellion gegen die französischen Kolonialisten und Sklavenhalter angezettelt und Haiti in die Unabhängigkeit geführt. An sich keine schlechte Sache.
Doch später fingen wohl bei ihm die Wahnvorstellung und die paranoiden Zustände an. Er stellte sich vor, dass Napoleon Haiti zurückerobern wollte. Der selbsternannte König ließ daher zwischen 1804 und 1817 auf dem 980m hohen Pic la Ferriere die Citadelle la Ferriere erbauen.

Wenn schon kein Voodoo, so doch afrikanischen Tanz.
Besser, reinrassige afrikanische Kultur, reiner, als das, was heutzutage auf dem afrikanischen Kontinent gepflegt wird.
Mario bekommt erzählt, dass der Voodoo Kult mittlerweile von Haiti nach Afrika geschickt wird, weil dort lange die Tradition vernachlässigt wurde.
Manchmal verliert Mario sich auf dieser Karibikinsel. Er weiß zeitweise nicht mehr, wo er hingehört, in welche Kultur und in welche Zeit. War er nicht auch mal ein Schwarzer und hörte tief im Busch die Trommel, die zum

Tanz, zum Gottesdienst am Leben rief, und tanzte sich die Seele gesund und die Sorgen aus dem Leib?

Gestern sagte ein Mädel zu ihm, dass diese Insel dich auf jeden Fall verändert, bist du nur lange genug hier. Er muss ihr Recht geben. Und der doofe Touri, mit dem Mario sich auf der Veranda des Beck'schen Hotels gestritten hat, liegt so falsch, wie ein Dummi nur falsch liegen kann. Und er war ein studierter - Depp.
Mario jedenfalls kann von den Haitianern viel lernen. Wenn er auch nicht alles übernehmen muss, so macht ihm ihre Lebenseinstellung die Seele weit. Für ihn sind das keine Affen, die vom Baum gestiegen sind, wie sich dieser arrogante Ignorant auszudrücken pflegte.

Mario kann lernen: Gefühle und Stärke, Selbstachtung. Leben im Hier und Jetzt. Spiele das Spiel gut, denn es geht um dein Leben. Manchmal bekommst du nicht nur die Wäscheklammer in die Backe geklemmt, wenn du verlierst. Und gleichzeitig erklingt ein Lachen tief aus dem Bauch, dem Herzen, der Kehle, dass die Sonne aufgehen und die Erde sich weiter drehen lässt.

Mittwochabend auf der hölzernen Veranda seines pinkfarbenen Hotels am Strand von Cabarete.
Die Zeiten des Sonnenunter- und -aufgangs sind immer wieder die schönsten. Die Seele ist dann empfänglicher für die Herrlichkeiten der Erde.
Mario sitzt zwanzig Meter vom Meeresufer entfernt im Schaukelstuhl. Er hat ne halbe Ananas und zwei Bananen zum Abendessen. Der Passatwind, der tagsüber kräftig bläst und eine Erfrischung ist, legt sich nun. Das Wasser nimmt wieder seine grünlich schimmernde Perlmutfarbe an, bevor die Farbe übers Dunkelblaue ins Schwarz wechselt. Die glühend rote Sonnenscheibe lässt sich zwischen den Wolken am westlichen Horizont blicken. Die haben sich heute

ausnahmsweise über den sonst klaren Himmel geschoben. Hin und wieder hatte es einen kurzen Regenschauer die letzten Tage. Die waren eine willkommene Abwechslung. Draußen am vorgelagerten Korallenriff brandet die weißgischtende langgezogene Dünung. Vor Mario rollen im ruhigen gleichmäßigen Rhythmus die Wellen den fast weißen Strand hinauf. Von der Strandkneipe nebenan wehen Merengueklänge an sein Ohr.

Am abendlichen Strand joggt ein Pärchen vorüber. Sie hat nen knackigen Hintern, ihr Busen wippt vor dem weißen Wellenschaum. Der junger Begleiter mit muskulösen Oberkörper.
Morgen früh wird Mario sich in Ruhe das Frühstücksbüffet im Hotel du Roy reinziehen. Doch vorher muss er noch seine morgendlichen Yogaübungen machen, um auch nen guten Hunger zu bekommen. Nach dem Frühstück noch ne gemütliche Dusche und ab geht's nach Westen. Heute Abend keine Eskapaden. Früh ins Bett ist die Devise.

Erstens kommt es meistens anders, zweitens als man denkt.
Am Abend muss er doch noch ne Tour unternehmen. Und Mario entdeckt die schöne Atmosphäre in der Ka-O-Ba-Anlage.
Angestrahlte Palmen, beleuchtete Pflanzen, Pink Floydmusik, weiter oben der blinkende Sternenhimmel. Und hier unten und mittendrin ein türkisfarbener Swimmingpool. Im Hintergrund die Appartements nach Art eines haitianischen Hüttendorfes angelegt, das heißt Einzelstehende Häuschen, mit Palmblättern gedeckt. Junge Menschen aller Nationen, Franzosen, Domis, Deutsche, paar Engländer und Amis. Die meisten hängen tagsüber mit ihren Kites am Beach herum.
Einfache Lampen, viereckiges Holzbrett, halbierte Bambusstangen drum herum genagelt, eine nackte

Glühbirne in der Mitte, manchmal noch verkleidet mit einem halbierten Wasserkanister. Genau die richtige Beleuchtung für den Dschungelgarten.

Richtung Sanchez

In Cabarete steigt Mario in den Qua-Qua (Minibus) bis Gaspar Hernandez, Fahrpreis sieben Pesos. Von dort gehts nach Rio San Juan, zehn Pesos. Von dort nach Naguar, zwanzig Pesos. zehn Peso sind knapp zwanzig Cent. Von Naguar ab der Mündung des Rio Boba fahren sie auf einer, durch Palmenhaine führende Straße mit Blick auf die hohe Brandung des Ozeanes.

Im Moment ist er in Nagia. Viel Staub, Gestank und Krach auf der Hauptstraße. Beim Aussteigen des letzten Qua Qua's gibt es eine Diskussion mit dem Fahrer. Mario schaut immer genau hin was die Einheimischen bezahlen. Er ist nicht bereit, die Touristenpreise zu zahlen. Mit seinem mangelhaften Spanisch nicht so einfach. Aber am Ende verstehen sie ihn ganz gut.

Bei Rio San Juan sitzen ein paar Gringos im Bus. Später erkennt er das eine Mädel, als die Freundin von Betti aus Groß-Krotzenburg. Vielmehr erkennt sie ihn, da sie hinter ihm im alte, rostigen Qua-Qua sitzt. Wie klein die Welt doch manchmal ist. Mario, du solltest dich nicht wundern, wenn du selbst in der Hölle noch auf Bekannte triffst.

Es regnet, die Straßen sind nass und das Wasser spritzt durch die Löcher und Risse im Wagenboden. Der Beifahrer und gelenkige Kassierer versucht mit schmutzigen Stofffetzen die größten Gichtfontänen abzublocken. Und auch diesmal ist Santa Maria, die Schutzgöttin der Qua Quas Mario wohlgesonnen und sie kommen heil an.

Las Terenas

Sein Hintern schmerzt. Rambo hats ihm angetan. Heute früh haben sie sich wie verabredet zum Reiten getroffen. Micha und Heidi haben zwei lahme Klepper bekommen. Mario darf auf Michas Empfehlung hin Rambo reiten. Ein echt nervöses Vieh. Er muss ganz, ganz vorsichtig mit ihm umgehen. Aber dafür ist er schnell. Es ist ein schöner Ritt. Allerdings wär er noch schöner, müsste Mario nicht immer wieder zurückreiten, um die beiden zu suchen. Die trotten nämlich mit ihren Viechern gemächlich dahin. Hin und wieder macht einer der Klepper an einem Grasbüschel halt, knabbert daran und ist auch nicht mit guten Worten zum Weitergehen zu bewegen. Erst als der letzte Grashalm zwischen dem gelben Pferdegebiss verschwunden ist können sie weiter.

Da kommt diese hölzerne, rohgezimmerte Brücke über einem Bach, der aus der idyllischen Technicolorlagune ins Meer fließt. Doch vor ihrer Überwindung kommt der Akt mit diesen streunenden Ködern. Die schießen nämlich, wie der Blitz aus dem Unterholz und machen die Pferde an. Die beiden Klepper machen sich daraufhin auf den Heimweg. Rambo will ihnen nach. Doch Mario nicht. Als seine Reitkünste und gutes Zureden nicht helfen, wahrscheinlich versteht Rambo kein Deutsch, steigt er ab. Und gibt dem Gaul mit der Faust ein Schlag auf die Blesse. Rambo ist schnell oben auf dem Berg und Mario stolz auf seine reiterlichen Fähigkeiten, hi, hi, hi.

Dort oben geniest er einen tollen Blick auf zwei grandiose Bilderbuchstrände. Türkisblaues Wasser, fast weißer Sandstrand, ein paar schwarze Vulkanfelsen als Kontrast. Weiter geht sein Blick über Palmenhaine, die in Gesellschaft mit Königspalmen und anderem tropischen Gewächs, runde Hügel bedecken und so das Bild bis zum Küstengebirge im Hintergrund prägen. Mario kommt sich vor wie ein spanischer Konquistador.

Auf dem Rückweg will er noch einen filmreifen Galopp am Strand abliefern. Da bemerkt er, dass Rambo Angst vor den Wellen hat.

Na, dann bindet er eben das Pferd an einer Palme an und stürzt sich jubelnd ins Meer.

Der Stallbesitzer ist ganz platt, als er seinen verschwitzten und erschöpften Rambo wiedersieht, ein lachender Mario noch immer oben auf seinem Rücken.

Einen Tag später

Micha, Heidi und Mario haben einen Robinsonstrand entdeckt. Die Brandung bricht sich weit draußen am Korallenriff das Genick. Sie sehen kilometerlange konkave Sandstrände, viel Wald, steile zerklüftete Felsen. Weiter im Westen wieder die schroffen Berge. Es ist wie aus einem Film, einfach paradiesisch schön. Und nicht mal ein Traum.

Ein ganzes Stück weiter einige einsame Palmwedel gedeckte Hütten. Eine Familie, viele Kinder. Die wollen ihnen gleich schöne, riesige Schneckengehäuse verkaufen. Also auch kein Paradies mehr. Nachdem ihnen Micha eine abgekauft hat, verschwinden die Kinder wieder.

Blende – Zurück in der sogenannten Zivilisation

Mario sitzt auf einer Bank im Schatten der jungen Linde, die ihr Leben gerade noch so zwischen all den grauen Verbundpflastersteinen fristet. Das Hanauer Gebrüder-Grimm-Denkmal steht nicht weit entfernt in der prallen Sommersonne. Der Planet knallt heute mal wieder vom feinsten.

Japanische Touristen kämpfen sich durch das bunte Marktgewimmel, die Kameras gezückt. An sich ist es ein schöner Tag - für deutsche Verhältnisse. Mario weiß noch nicht so recht, ob er weiß oder schwarz ist, nach acht Wochen unter all den Farbigen auf der Insel. Und er denkt: ICH BIN Meister meiner Welt.

Und so sollten es eigentlich auch die Menschen um ihn herum halten. Er schaut sich um und ihm kommen starke Zweifel. Jeder hat so seinen Weg. Ein junges Pärchen, seine Banknachbarn, bricht gerade in Tränen aus. Sie haben die ganze Zeit verzweifelt die Wohnungsinserate der lokalen Tageszeitungen durchsucht. Am Ende muss der junge Mann feststellen, dass es mehr Wohnungssuchanzeigen als Offerten gibt.

Mario nippt an seiner süßen Schokolade und lässt den Blick weiter in die Hammerstraße gleiten. Und es fühlt sich tatsächlich an wie ein Schlag mit dem Hammer. Diese hektischen Schwingungen, die von all diesen kauflüsternen Menschen ausgeht. Das Bild vom Ameisenhaufen kommt ihm in den Kopf, den er gestern während seines Waldspaziergangs entdeckt hat. Doch, wenn er es recht bedenkt, ein unpassender Vergleich. Das Gewimmel auf dem Ameisenhaufen hatte wenigsten eine schöne, natürliche Ordnung in all dem Chaos. Das hier schaut eher aus, wie das blinde Wettrennen der Lemminge. Kaum ein Lachen in den Gesichtern. Der Tanz ums goldene Kalb wird eben verbissen ausgetragen.

Mario denkt: Vielleicht haben diese Menschen eine Information, die mir entgangen ist. Vielleicht gibt's ja morgen nichts mehr zu kaufen. Da schaue ich aber dumm aus der Wäsche.

Da wird er ungeduldig mit sich selbst. Und er weiß, das war jetzt Schwachsinn. Hat er sich fast wieder anstecken lassen von der Massenpsychose.

ICH BIN Meister meiner Welt.

In mir ist Stille und Frieden.

Es ist wie es ist - denkt Mario, während er die Schokolade austrinkt, seinen Rucksack mit dem frischen Obst und Gemüse aufnimmt und den Heimweg antritt. Jeder ist seines Glückes Schmied.

Mario schläft wieder bei seiner Eiche.

Die hat er auf einer seiner Motorradtouren in den Spessart gefunden. Ein uralter, mächtiger, alleinstehender Baum. Wenn Mario unter ihm sitzt kann er weit in die Landschaft hinaus schauen. Die Nacht ist klar und warm. Mario liegt unterm Sternenzelt. Millionen von Brillanten glitzerten in der Schwärze. Alles ist so richtig zum Zurücklehnen und

Fallenlassen. Die Bäume geben Mario viel Kraft. Es fühlt sich still, harmonisch und heilsam bei ihnen an.

Das kann er gut gebrauchen. Denn noch immer entgiftet sein Körper und Geist und balanciert sich wieder aus. Es gibt Tage, da ist er voller Kraft und Freude und dann wieder gibt es Tage von schwerer Müdigkeit.

Das Jahrestraining ist intensiv und tiefgreifend. Die Wochen dazwischen sind wichtig zum Integrieren. Und Mario kann's kaum erwarten, dass es bald weiter geht.

Die zusätzliche Channelausbildung kommt gerade recht.

Marios Intuition findet dabei einen hilfreichen Kanal. Er weiß gleich, dass er kein Volltrancemedium sein wird. Er möchte die Botschaften bei wachem Bewusstsein bekommen. Zurzeit hat er zwei geistige Lehrer. Der eine nennt sich White Eagle. Der andere St. Germain. Ihn empfindet er ähnlich seiner geliebten Bäume: still, fried- und doch kraftvoll.

Marios Brief an eine Freundin

Holla du Weltreisende!

Wie mache ich das, dir von meiner Entwicklung zu berichten, ohne dass daraus gleich ein Roman wird? Ich glaube, ich lasse einfach die Einzelheiten weg und berichte nur, was gerade mit mir los ist.

Das Training ist absolut stimmig für mich. Ich hätte gar nichts anderes tun können in dieser Phase meines Lebens. Die letzte Einheit in Italien ist allerdings mit einigem Missmut belegt. Irgendwie habe ich das Gefühl, das hätte ich mir sparen können, im wahrsten Sinne des Wortes. Das Geld wird langsam zum Problem. Denn immerhin arbeite ich seit letzten Dezember nix. Ansonsten sind bei mir einige Knoten geplatzt, was oft genug mit intensiven körperlichen Reaktionen verbunden war. Es arbeitet mit mir und viel Reinigung ist angesagt. Denn da gibt es etliche Leben in totalem Chaos, voller egoistischem Handeln und Destruktivität aufzuräumen.

Das schöne ist, dass das doch alles recht fix geht. Und ich muss nicht immer alles verstehen und analysieren. Ich brauche oft nur ein Gefühl dafür zu bekommen, eine Andeutung des Potentials der Kardinalpunkte. Dann braucht es, dass ich dazu fühlend JA sagen. Da ist dann ne Kraft, die um mich herum und in mir drin wirkt und die Aufräumarbeit macht. Praktisch, gelle – Und du wirst es nicht glauben, es funktioniert.

So viele Muster und Schwierigkeiten haben sich aus meinem sonst so chaotischen Leben verabschiedet. Selbst zu meinen Eltern habe ich wieder ein besseres Verhältnis. Neulich wünschte sich meine Mutter, dass ich ihr eine energetische Heilsession gebe. Ich war ganz perplex. Wo sie doch vorher ganz abweisend diesen Sachen gegenüber stand.
Meine wichtigste Aufgabe im Moment ist es, endlich meiner Intuition zu vertrauen und danach zu handeln. Wie oft habe ich in der Vergangenheit gegen ihre klaren Botschaften gehandelt und mir fast immer hinterher ärgerlich in den Hintern gebissen.
Keine Angst, das hört sich jetzt so abgehoben an. Doch außer dass ich nicht arbeiten gehe, stehe ich mit beiden Beinen auf der Erde. Im Gegenteil, meine Wurzeln zur Mutter Erde werden immer kräftiger. Ich habe wieder richtig Lust, kräftig auf dem Planet Erde mitzumischen.
In der Nacht hat Mario heftige Träume. Ob's der Vollmond ist?
Da gibt es viele Schwerverletzte, Tote. Und Mario fährt dran vorbei - mit dem Fahrrad. Der eine Typ hat ein tiefes Loch im Schädel und hält einen Finger hinein, damit der Rest des Gehirns nicht herausläuft. Grausame Träume. Was soll das? Darf Mario sich jetzt seine grausamen unterdrückten Fantasien anschauen?

Blende - Mario geht mitten in der Nacht durchs Feuer.

Was es aber auch alles gibt. Ja, tatsächlich der Typ hat sie doch nicht mehr alle. Oder? Immerhin ist die Glut 600 Grad heiß. Doch es scheint ihm Spaß zu machen. Ja wirklich.

Sie haben ein großes Feuer entfacht – irgendwo im tiefsten Taunus. 14 Menschen sind versammelt, um sich ihren Ängsten zu stellen, sie umzuwandeln und dem Feuer Altes, Behinderndes zu übergeben. Der Holzstoß ist hoch, da passt einiges an Ballast rein. Bevor es über die heiße Glut geht, darf sich Mario sich zusammen mit den anderen Teilnehmern anschauen, wo es in seinem Leben noch „Offene Rechnungen", Ärger oder auch Vorwurf gibt.

Stunden später ist von dem großen Holzstapel nur noch ein dicker Teppich glühender Kohle übrig. Da steht er also, mit den anderen, in dunkler Nacht am Glutteppich. Die heiße Holzkohle funkelte wie ein Sternenhimmel unter seinen Füßen. 600 Grad Hitze laden ihn ein.

Er wartet, dass die Energie ihn packte. Dann ist es soweit. Der erste Schritt ist pure Freude. Tatsächlich. Seine Fußsohle schreien nicht auf. Mit dem zweiten Schritt ist es geschafft und er geht ruhigen, gemessenen Schrittes über den Sternenhimmel. Was für eine spannende, befreiende Erfahrung!

Mario geht mit der inneren Ausrichtung:

Ich laufe jetzt unversehrt durch das Feuer, es wird mich erlösen. Ich bin voller Liebe, Neugier und Vertrauen.
Das Feuer nährt die Flamme in meinem Herzen.
ICH GEHE HEIL DURCH JEDES FEUER IN MEINEM LEBEN!

Beim dritten Mal geht er für das Leben auf dem schönen Planeten Erde. Und es ist wie Zähneputzen. Ganz einfach und nichts Besonderes. Mario denkt kurz, er mache irgendwas verkehrt. Er könne mal wieder nichts fühlen. Und dann realisiert er, er braucht keine Sensationen mehr. Er braucht keine Herausforderungen, keinen Schmerz mehr, um sich am Leben zu spüren. Und wieder fiel eine uralte Anspannung von ihm. Er braucht nichts Besonderes mehr zu leisten um „gut" zu sein. Es ist schon lange gut. Es ist gut so wie es ist. Er ist Zuhause. Er braucht sich nur dafür „entscheiden". Er braucht nur seine Aufmerksamkeit dorthin zu lenken. Und Es ist OK. Am Ende tanzen sie auf der Glut – so viel Freude.

So geht das Trainingsjahr langsam auf sein Ende zu.
Sie haben ihre Beziehungen zu den Eltern und zum anderen Geschlecht in einer Frau – Mann Gruppe angeschaut. Das Thema Geld und Selbstausdruck hat ebenfalls eine ganze Woche Raum bekommen. Sie sind weite Wege als Gruppe gegangen, haben viele Grenzen ausgelotet und ausgedehnt. Nun steht die Todesgruppe an. Und es sieht so aus, als hätte sich das Thema Tod schon die ganze Zeit angeschlichen.

"Lernt zu sterben und ihr werdet lernen zu leben. Niemand lernt zu leben, der nicht gelernt hat zu sterben."
Welch weiße Worte! Mario kann ein Lied davon singen. Wie oft ist er dem Tod von der Schippe gesprungen und hat hinterher das Leben umso mehr genossen. Er hat akzeptieren, dass Vergänglichkeit ein wesentlicher Bestandteil des Lebens ist und dass jeder unter dem Gesetzt von Veränderung und Tod steht. Mit dieser Erkenntnis realisiert er frühzeitig die Kunst des Loslassens und Nicht-Anhaftung. In dieser Trainingswoche werden seine Erfahrungen strukturiert und durch gewisse Übungen und Erfahrungen vertieft.

Da gibt es zum Beispiel die Fragen zum Tod:
- Bist du bereit zu sterben, wenn jetzt der Tod käme?
- Was ist noch nicht gelebt?
- Was ist unerledigt?
- Was hält dich davon ab jeden Moment zu leben als sei es dein letzter?

- Wie möchtest du gelebt haben, wenn du stirbst?
- Gibt es etwas was du dir und anderen noch nicht vergeben hast?
- Wie und in welcher inneren Verfassung möchtest du sterben?

Sie schreiben ihre eigene Grabesrede und wohnen in einem Rollenspiel ihrer eigenen Beerdigung bei.

Mario realisiert in seinen Knochen: Nicht der Tod ist seine Herausforderung, das Leben ist es. Und er will sich dieser Herausforderung stellen und aus seinem Leben eine Kunst machen.

Zehn Schlüssel dafür sind für ihn:

- Bereitschaft zur Meditation, zur Versenkung
- Bereitschaft mit Menschen in Kontakt zu sein.
- Ehrlichkeit und Verletzlichkeit
- Bereitschaft dazu in Unsicherheit, sozusagen „gefährlich" zu leben.
- Bereitschaft Allein sein zu können.
- Bereitschaft im Moment zu leben
- Bereitschaft Sexualität und intime Nähe zu erforschen.
- Bereitschaft für seine Emotionen und Projektionen Verantwortung zu übernehmen.
- Bereitschaft entspannt und gleichzeitig wach und achtsam zu sein.
- Bereitschaft alle Angelegenheiten mit anderen gleich zu klären.
- Bereitschaft jede Möglichkeit zum feiern wahrzunehmen.

Ja, wie oft hat Mario gesehen, dass es jeden Moment vorbei sein kann, das Leben. Wie bedauerlich ist es, wenn du im Moment des Sterbens bemerkst, dass du gar nicht gelebt hast. Es wird gesagt, damit hast du schon den Beginn deiner nächsten Existenz programmiert. Denn alles will erfahren werden. Du kannst dem Leben so wenig entrinnen wie dem Tod. Welch kosmischer Witz!

Ein Teil der Sterbewoche besteht in einem Isolationsritual. Jeder Teilnehmer bekommt im großen Gruppenraum seinen Platz auf seiner Matratze zugewiesen, die Augen verbunden und die Ohren verstopft. Und hier soll er 24 Stunden bleiben. Es soll nicht geredet werden. Wenn er zur Toilette muss hebt er den Arm. Ein Assistent führt ihn zum Örtchen. Zu essen gibt es Obst, das ihm gebracht wird, ebenso Tee und Wasser.

Und Mario genießt es. Die meiste Zeit sitzt er auf seinem Meditationskissen und taucht in die Tiefe seines Innersten. Ab und zu macht er leichte Dehnungsübungen. Schlafen will er kaum.

Am Ende findet er es schade, dass es schon vorbei war. Nur die Knie schmerzen ihm vom langen Sitzen.

Er hat sein wahres Wesen getroffen. Das was nie begann und nie endet. Es zeigte sich als grün-goldener Buddha, schmalgliedrig, mit geschlossenen Augen, nackt, ohne Geschlecht, den Haar Zopf als Knoten auf dem Scheitel. Er ist durch Lichtstrahlen mit dem Himmel und der Erde verbunden und wandert am Ende des Isolationsrituals in Marios Körper hinein.

In Mario taucht eine große Stille auf. Er fühlt, dass er frei ist, zu tun was immer er will. Er kann Überzeugungen, Meinungen und Identitäten kreieren und diskreieren. Er kann wach sein und frei bleiben. Er kann aber auch tief eintauchen in die Welt der Schöpfung, der Materie und Dreidimensionalität. Es blieb sich gleich.

ICH BIN der Schöpfer
ICH BIN die Leere, das Nichts
Dies sind alles meine Kreationen

Die Vergangenheit existiert nicht – es sei denn, ich entscheide mich dafür, in der Gegenwart eine Erinnerung davon zu erschaffen. ICH BIN eine Blase, schwebend im unbeschreiblichen Meer des Gewahrseins. Und ICH BIN gleichzeitig das unbeschreibliche Meer des Gewahrseins.

Der Buddha sagte:

> "Begehe nicht eine unheilsame Handlung,
> Sammle einen Schatz an Heilsamen,
> Übe, diesen deinen Geist -
> Das ist die Lehre des Buddhas."

Er sagte ebenfalls:

> "Wir sind, was wir denken.
> Alles, was wir sind entsteht mit unseren Gedanken.
> Mit unserem Denken erschaffen wir die Welt
> Rede und handle mit einem reinen Geist-
> Und Glück wird dir allzeit folgen."

Mario erkennt immer tiefer, dass der Geist sowohl die Quelle des Glücks ist, als auch die Wurzel des Leidens. Es wohnt ihm eine ebenso außerordentliche Heilkraft inne, als auch die Fähigkeit, den jeweiligen „Besitzer" krank zu machen.

Jahre später hört Mario die Gedanken eines Freundes, die seine Einsichten bestätigten.

Paul Lowe: `Obwohl der Tod unausweichlich ist, spielt er keine Rolle in unserem alltäglichen Leben. Unsere Gesellschaft blendet zwei Themen absichtlich aus: Sex und Tod. Da wir uns nie wirklich mit ihnen befassen, verfolgen sie uns unser Leben lang. Der Tod wird als ein Feind empfunden. Irgendwie glauben die meisten Menschen, sie würden nicht sterben. Und wenn, dann möchten sie friedlich und schmerzlos einschlafen.

Tatsache ist, dass die meisten Menschen weder in Frieden noch ohne Schmerzen sterben. Wir leben nicht gesund, wir bereiten uns nicht auf das Sterben vor, wir leben so, als gäbe es den Tod nicht. Und doch leben wir in ständiger Angst vor dem Sterben.

Wenn wir eine Prüfung oder einen Wettkampf zu bestehen haben, lernen und trainieren wir dafür. Wir studieren, bilden uns oder werden für praktisch alles ausgebildet, außer für die wichtigsten Dinge: Sex, Kinder haben, Sterben. Es gibt viele Hinweise darauf, dass das Leben nach dem Tod weitergeht und selbst führende Naturwissenschaftler ziehen diese Möglichkeit mittlerweile in Betracht. Viele Menschen haben die Erfahrung gemacht, für kurze Zeit gestorben und dann zurückgekehrt zu sein, – man nennt es "Nahtod- Erfahrungen".
Ihre Berichte ähneln einander sehr: Das Leben geht weiter, es verändert lediglich seine Form, und es macht mehr Spaß auf der anderen Seite. Es heißt, dass im Augenblick des Todes unser Leben an uns vorüberzieht. Alle unsere Erfahrungen werden uns vergegenwärtigt. Unabgeschlossenes, Unerledigtes verwandelt sich in Bedauern. Unser unbewusstes Verhalten, unsere selbstsüchtigen Entscheidungen werden uns gezeigt, damit wir sie betrachten können. Dabei geht es nicht darum, uns zu verurteilen, denn es gibt keinen Richter. Uns werden Tatsachen präsentiert, Dinge, die wir in unserem Leben getan oder nicht getan haben und die wir rückblickend wohl anders tun würden. Das Ungleichgewicht zwischen dem, was wir gern tun würden und dem, was wir tatsächlich tun, erschafft unsere Schmerzen, unser Bedauern, unser Glück und unseren Frieden, ja sogar unseren Tod.´

Das Highlight der Woche,
vielleicht sogar des ganzen Trainings, ist für Mario die geführte Meditation in den Sterbeprozess.

Wenn man das Glück hat sein Sterben bewusst zu erleben, kann man die Erfahrung machen, dass sich der Körper und dessen Sinne Schritt für Schritt abschalten. Hilfreich beim Sterben ist eine harmonische Umgebung und Begleiter, die selbst keine Angst vorm Tod haben. Am besten Menschen, die eine profunde spirituelle Praxis haben. Denn beim Sterben geht es darum, dass der Geist, der Spirit sich wieder vom Körper löst. Den nutzte „ES", um Erfahrungen in der Dualität zu machen.

So liegt Mario also unter einem weißen Lagen. Er ist bereit fürs Sterben. In seiner Nähe liegen ein paar persönliche „Kraftgegenstände" die ihn auf der Reise begleiten sollen. Das ist eine kleine Pyramide aus Bergkristall und ein knorriges Wurzelholz, das für ihn Bedeutung hat.
Entspannende Meditationsmusik kommt aus den Boxen. Bodhi führt die Gruppe in eine tiefe Trance.
Dann ist es soweit, Marios Körper kann sich nicht mehr richtig bewegen. Die Muskeln schalten sich ab. Jetzt kommen die Sinne dran. Das Sehen, Riechen, Schmecken, der Tastsinn verabschieden sich. Die energetische Wahrnehmung bleibt bis zum Schluss. Das Denken schaltet sich relativ spät ab, ist aber nur noch bedingt möglich.
Und jetzt ist der letzte Atemzug getan. Die Energie löst sich über subtile Energiekanäle vom Körper. Über die sogenannte Silberschnur tritt die „Seele" aus Marios Körper heraus. Er nimmt kurze Zeit einen Torbogen war, durch den helles Licht strahlt. Diesen Weg nimmt er. Auf der anderen Seite empfängt ihn eine Qualität von Formlosigkeit, Zeitlosigkeit, Leichtigkeit, Weisheit, Offenheit und Liebe.

Mario erkennt in diesem Raum, um was es in seinem aufregenden Leben geht. In einer hochenergetischen Pyramide bildet sich unter hohem Druck ein Diamant von strahlendem Aussehen. Von diesem Diamant geht ein

183

kreisförmiger Strahlenkranz aus silbrig, golden, schimmerndem Licht aus.

Und die Reise geht weiter. Jenseits dieser Bilder und Empfindungen gibt es ein Seinsgefühl des Absoluten-Nichts. In dem wiederum alles enthalten ist. All-Eins. Trennung ist nicht existent. In diesem Bereich verweilt das Gewahrsein. Doch schließlich, nach einer wohltuenden Ewigkeit, wird seine Aufmerksamkeit von einem Bereich innerhalb dieses All-Eins angezogen. Er kann wieder die Silberschnur und schließlich seinen Körper wahrnehmen. Noch schwebt er über ihm. Der Körper da fühlt sich von außen tiefenentspannt an. Große Dankbarkeit entsteht für diesen Körper, der all die Eskapaden Marios bis hier her mitgemacht hat.

Und dann mit einem sanften Ruck landet die Energie wieder im Körper. Es braucht eine Zeit, um sich wieder an die engen Verhältnisse zu gewöhnen. Mario öffnet die Augen. Er fühlt sich ausgeruht, sehr sensitiv und dankbar.

Für den Abend ist eine „Auferstehungsparty" geplant. Welch ein Luxus, welch ein Geschenk sich doch Mario mit dem Trainingsjahr geleistet hat. Juchuu.

Lernen ist zu ergründen, was du eh schon weißt.
Mario erinnert sich und er möchte beginnen das Erinnerte in die Tat umzusetzen. Er weiß zwar noch nicht so recht wo und wie er seine Talente einsetzen darf. Fürs Erste wird er ab November eine wöchentliche Meditationsgruppe ins Leben rufen, mit Körperarbeit und viel Spaß und Entspannung. Sein Wohnzimmer ist groß genug für eine kleine Gruppe.

Mit einem Ruck erwacht einige Wochen später Mario am Morgen.

Es ist ein Gefühl, als rausche sein Körper- und Bewusstheitsgefühl mit Macht in seinen Körper zurück. Er spürt, wie sein Geist wie durch eine riesige Welle, in seinen Körper hineingeströmt wird, der auf der Matratze seines Bettes liegt. Da hat Marios Geist wohl in der Nacht seinen Körper verlassen und kommt nun zurück.

Die Reise zu seinem wahren Wesen, seinem wahren Selbst, ist spannender und wirklicher, als er es sich nie hätte vorstellen können. Für ihn ist es ein größeres persönliches Abenteuer, als die Mondlandung oder ein Trip auf dem Amazonas.

Geh, wohin du willst

Tu, was du willst
Tritt, wen du willst
Liebe, wen du willst
Aber vergiss niemals dein Selbst

Denke nie
dass es etwas anderes gibt
Als dein Selbst
Es gibt nichts, außer Dir
Nichts, was verschieden ist von Dir
Nichts, zu erlangen außer Dir
Nichts, was dir genommen werden kann

Suche alles in dir Selbst
Alles ist in Dir
Vertiefe die Erkenntnis
Und lasse sie in Dir wachsen

Lerne Dich an Deinem Inneren zu berauschen
Du bist das, was Du suchst
Du bist Der, Den Du finden willst

Das ist alles, was Du verstehen musst
Es gibt nichts anderes zu erkennen.
Zitat MUKTANANDA

Mario sitzt auf seinem Kraftplatz,
einer Wiese an einem Hang im Spessart, mit weitem Blick ins heute dunstige hügelige Rund.

Hinter ihm erzählt der Wind in den Waldbäumen. Die Vögel antworten. Manche von ihnen reden auch zu Mario. Er kann sie aber noch nicht verstehen. Jetzt ist Donnergrollen ringsum ihn herum. Vereinzelte Regentropfen treffen seine Haut.

Langsam wird er ruhiger. Er kann bis in den Bauch hinein atmen. Die Natur gibt ihm immer wieder den nötigen Rückhalt und die Kraft, seinen Weg, den Weg der Selbstentfaltung - den Weg der Selbsterkenntnis weiterzugehen.

Die Pygmäen, die verbunden sind mit ihrer Umwelt, der Natur, dem Wald, sagen zu einem der Heimatlos ist und ohne Wurzel: Dir ist wohl dein Wald verbrannt. Marios Wald wächst langsam wieder heran.

Mario gehört zu der Sorte Menschen, die den Bogen bis zum Zerreißen spannen müssen. Erst wenn er spürt, jetzt geht's nicht mehr, ich geb´s gleich auf -, hat ja doch keinen Sinn -, erst dann tut sich die Tür auf und etwas entspannt sich in ihm. So geht es ihm mit den Tiefen. Bei den Höhen ist es nicht ganz so tödlich, aber ähnlich extrem.

Ausgleichung - Nun ja, er arbeitet dran. Die Phasen, in denen er in ruhigeren Bahnen fließt, werden länger. Doch dann kommt wieder der Moment, wo es ihm scheinbar zu langweilig wird. Er kann dann zwar Energie abgeben, Freude verbreiten, entspannen und heilen. Doch er hat das Gefühl, dass er mitten in der meditativsten Phase einen Lottoschein ausfüllen könnte. Hoffentlich finde er bald den Ausgleich!! Die Extreme gehen an seine Substanz. Schockartige Wellen der Müdigkeit durchfluten hin und wieder seinen Körper.

Und Mario hat die Selbstverantwortlichkeit realisiert! Um in seiner alten Sprache zu sprechen: Seinen Arsch muss er selbst bewegen – von der Geburt bis zum Tod!

Das Gewitter hat sich verkrümelt. Relative Stille ist eingekehrt. Mario legt sich auf den Rücken und versucht, den Rest des Tages zu genießen. Und die Vögel, die Bäume, die ganze Natur erzählen ihm ihre Geschichten.

Und so siehst du Mario in der weiten Landschaft liegen,
alle Viere von sich gestreckt und in den Himmel atmen. Mario der mit dem Tod und dem Leben tanzt. In diesem Tanz sind viele Gestalten, Figuren, Geschichten und Gesichter.

Die Natur, die Erde ist so sexy. Das Leben selbst ist erotisch. Und es gibt Momente, da könnte er Sex mit allem machen -. Mario, der mit dem Tod tanzt. - Tod winkt ihm zu. Das Skelett ist sehr lebendig und verführerisch. Und Mario bemerkt, dass er noch nicht fertig ist – mit dem Leben. Er fängt doch gerade erst an damit. Und das Leben ist brillant – auf allen Ebenen. Mario bemerkt, dass seine Dankbarkeit wächst. Dankbarkeit, für die Schönheit aber auch für das Schlimme in seinem Leben. Für die Einsamkeit und die vielen Begegnungen, für die bunten aber auch die düsteren Tage. Danke –

Wie oft hat er sich in der Vergangenheit schon tot gefühlt. Heute tanzt er mit dem Tod und der winkt ihm einladend zu. Und Mario verliert die Kontrolle. Endlich loslassen. Einfach nur sein. Weinen, lachen, atmen, fühlen, riechen. Ja, er erinnert sich.

Er erinnert, wer er wirklich ist
Er ist Eins mit allem was ist
Er ist Liebe
Er ist kraftvoll

Er ist
Ein Sommertag
Die Gräser leuchten im vielfarbigem, funkelnden Licht
Der Wind, kühl, seinen Hals liebkosend

Einfach, - brillant -
Danke Körper, - ohne ihn dürfte er das nicht fühlen
Toll ihn zu berühren
Toll, dass du dich berühren lässt

Und immer wieder waren sie da -, all die Frauen in Marios Leben. Frau – Geliebte – Schwester – Herausforderung, Geborgenheit, er selbst – ein Teil davon und gleichzeitig all das. Mario gestattet sich so zu fühlen. Er hat jetzt genug dagegen angekämpft.
Es ist keine Projektion. Es ist einfach die Wahrheit. Alles ist EINS. Liebe. Und die wird niemals verschwinden oder weniger. Liebe und Freude sind die Grundschwingungen, die Natur des gesamten Lebens. Auch wenn er noch so oft mit dem Tod und dem Leben, dem Himmel und der Hölle tanzt. Brillant und ausgedehnt und liebend und wach.

Was geschieht mit Mario?
Manchmal ist es ihm, als würden sich die Grenzen seiner Welt, seines Körpers auflösen und flüssiger werden. Er fühlt sich in einem Wachstumsprozess, der etwas von einem freien Fall hat. Er hat losgelassen, soweit das ein Mann des Westens tun kann. Er kümmert sich um das alltäglich notwendige. Er meditiert und praktiziert seine Körper- und Atemübungen. Er hält den Kontakt zu seinen Mitmenschen. Jedoch wird das alles auf eine Art immer unpersönlicher. Es fühlt sich fremd und doch gut an. Das ist so unbekannt und doch ist es wie nachhause kommen.
Er weiß, er hat Miete zu zahlen und all die anderen finanziellen Verpflichtungen zu befriedigen. Jedoch spürt er eine wachsende Unberührtheit diesem Spiel gegenüber.

Mario wird auf irgendeine Art zu diesem "Eifer" geführt. Er ist ohne Anhaltspunkt und doch voller Möglichkeiten. Es gibt Momente, da durchströmt ihn pure Liebe und Energie. Sie ist beinahe greifbar.

Es ist wie ein Fahrstuhl, der zu ganz unterschiedlichen Zeiten und Längen in den verschiedenen Ebenen des SEINS stehen bleibt. Die Stockwerke heißen:

- Selbstbehauptung - Geld verdienen.
- Liebe, innerer Friede, kraftvolle Stille, teilen, Dankbarkeit.
- Tiefe Dankbarkeit, auch Demut dieser unendlichen Vielfalt der Welt und ihrer Möglichkeiten gegenüber.
- Wachsende Klarheit der Lebensaufgabe – gleichzeitig jedoch noch nicht das rechte Wissen um die praktikable Umsetzung.
- Und dann gibt es die Momente der geistigen Ekstase von tiefem wortlosem Verstehen, vom Wissen um die geistigen Kräfte, die dem Mensch zur Verfügung stehen.

Marios neue „Arbeit"
An den Dienstagabenden im großen Wohnzimmer seiner Altbauwohnung finden sich regelmäßig einige Menschen ein, die Entspannung und Heilung suchen. Seine Werkzeuge sind Meditation, Energie und Körperarbeit. Manchmal kommt auch eine Massage dazu. Oft fühlt er sich wie ein Kanal für Energie, manchmal auch für Worte, die aus einem Raum kommen, jenseits des persönlichen Bewusstseins.
Das Jahrestraining hat bei Mario viele Kanäle geöffnet. Jetzt vertieft er die Fähigkeiten.

Es ist im Frühjahr 1995 als es abends an der Tür klingelt.
Mario ist freudig gespannt und gleichzeitig ganz locker. Der Hanauer Anzeiger, ein Journalist mit Fotograf haben sich

angemeldet. Das Thema der ganzheitlichen Heilung und Meditation scheint immer mehr Menschen in der breiteren Öffentlichkeit anzusprechen. Mario nimmt dem Fotografen das Versprechen ab, die Gruppenteilnehmer nicht zu fotografieren. Denn deren Privatsphäre soll gewahrt sein. Dafür machen sie ein Foto von ihm.

Tage später, auf der Autobahn, Richtung Heidelberg, klappt er die Samstagsausgabe der Hanauer auf. Ein ganzseitiger Artikel mit einem riesigen Bild von ihm springt Mario an. Er feuert ganz erschrocken die Zeitung auf die Rückbank und fährt erst mal auf die nächste Raststätte, um sich den Artikel in Ruhe durchzulesen.
Na, Mario hat Glück gehabt. Kein Verriss. Das Fazit des Journalisten: Ich weiß nicht ob es Zufall oder Einbildung ist, doch ich fühlte mich nach dem Abend noch Tage später auffallend locker und gut gelaunt. Im Artikel sprach er vom Sonnengruß, den sie geübt haben und einigen meditativen Visualisierungen, die ihm als Anfänger nicht so gelungen sind. Doch der Abend scheint ihm einigen Spaß gebracht zu haben. Schön.
Jetzt versteht Mario auch, warum heute früh das Telefon zweimal geklingelt hat und Menschen eine Heilsession bei ihm gebucht haben.

Mario ist froh, er hat einen Durchbruch geschafft. Er hat sich bewiesen dass es gelingt. In den folgenden Wochen bekommt er mehr zu tun. Die Sitzungen sind berührend und effektiv. Z. B. kommt eine Klientin, die mit ihrer Bulimie schon Jahre zu tun hat und kaum noch Heilung erwartet. Nach der ersten Sitzung berichtet sie Mario freudestrahlend, hat sie schon keine Anfälle mehr.
Für sie war es erst der Anfang. Gemeinsam räumen sie einige Ängste und offene emotionale Rechnungen auf.

Doch wie immer - Mario gibt sich mit diesem Durchbruch nicht zufrieden. Er gibt sich auch nicht zufrieden mit den Begegnungen, mit den irischen und russischen Energieheilern.

Durch das Avatartraining lernt er seine Aufmerksamkeit zu lenken, bewusst und selbstverantwortlich. Doch er kann sich nicht als Schöpfer des ganzen Universums sehen. Da gibt es ja immer noch Mitschöpfer. Er bekommt schnell heraus, dass es schon mal gut ist, zu erkennen, dass jeder Mensch, jeder Mind die Welt durch seine persönlichen Bewusstseinsfilter sieht.

Und jeder Mensch, Mind kann bewusst neue Blickwinkel annehmen. So verändert sich ständig die subjektive Erfahrung. Ein weiterer Einblick in die Macht des Geistes.

Doch die Suche ist noch nicht zu Ende.

Aus seinen Channelings: Vom Karma und Dharma

Karma meine lieben Freunde, ist nichts anderes als das Überbleibsel zertrennter und unausgeglichener Energien, die durch die niederen astralen Ebenen wirken und sich hier und jetzt auswirken, ausdrücken und für die ihr einen Energiekanal schafft.

Wie oft habt ihr, während ihr eure karmischen und dharmischen Verbindungen in diesem Leben auslebtet, das Medium, die Stimme, sagen hören, dass es die Verantwortung eines jeden einzelnen ist, einen Energiekanal aus GLAUBE UND VERTRAUEN zu schaffen, so dass ihr tatsächlich in die höheren Ebenen, die atmosphärischen und ätheri¬schen eintreten könnt?!

Dort könnt ihr die Erkenntnis eines erfüllten Lebens finden, wie ihr es tatsächlich in dieser Zeit und in diesem Raum leben solltet. Wie oft habt ihr die Stimme sagen hören, dass ihr der große Alchemist seid?! Aber um der Alchemist zu werden, um die Situation zu ver-ändern und auszuwechseln, die ihr in eurer dichten Form erfahrt – egal, ob das auf der mentalen, emotionalen oder physischen Ausdrucksebene ist

- müsst ihr ein gegenwärtiges, visualisiertes Bild davon haben, wo, wie und was ihr ausdrücken wollt, während ihr euch die Leiter der Evolution hinaufbewegt.

Wie oft habt ihr die Stimme sagen hören, dass es an jedem Einzelnen von euch liegt, mit Hilfe der euch zur Verfügung stehenden Mittel/Werkzeuge, die notwendigen Instrumente zu beschaffen, welche die Stricke durchtrennen können, die euch an euer ERD-EBENEN-KARMA binden, so dass ihr euch durch die zyklischen Dimensionen bewegen könnt?!
Wir haben euren vielen Bitten, Affirmationen und Gebeten genau zugehört und wir saßen da und wir fühlten uns hilflos bezüglich unserer Fähigkeiten, in dieser physischen, dichten Atmosphäre, die ihr Leben nennt, das notwendige Verstehen zur Blüte zu bringen, damit ihr die problematischen, destruktiven und karmischen Konzepte eurer Identität ablegen könnt.

Legt eure Persönlichkeit ab und ihr könnt in größerer Vollständigkeit das Verständnis eurer Universalität, euer Dharma erkennen, erleben, einbeziehen und ausdrücken.
Dharma ist nichts anderes, als die Lebensaufgabe und die Kräfte zur Verwirklichung dieser. Jeder Einzelne ist in voller Kontrolle seiner karmischen und dharmischen Möglichkeiten, die zum Ausdruck seines Lebens werden.
Solange du damit fortfährst, mit deinem begrenzten menschlichen Bewusstsein, etwas von dir zu verlangen, limitierst du deine Fähigkeiten, das dharmische Bewusstsein deines Wesens auszudrücken. Lasse zu, dass du über deine Grenzen gehst!

Manchmal ist es sehr schwierig für uns. Wir hören euch sagen, während ihr durch diese evolutiven Lebensabschnitte geht:

"Nimm dies von mir fort Vater, es ist viel zu schwer zu tragen."

Und wir sagen zu uns selbst:

"Wenn sie nur wüssten, dass sie tatsächlich das dharmische Bewusstsein aller Leben der Vergangenheit, der Zukunft und der Gegenwart haben!"

Wir hören eure Bitte um den Reichtum dieses großen Universums, aber dann sehen wir, wie jeder von euch die Karmas aufrechterhält, stärkt und natürlich weiterverbreitet, die Illusion stärkt, bindet und das innere Licht zerstreut.

Jeder von euch ist ein Sucher der geistigen Einheit. Jeder von euch hat sich mühselig durch Bücher, Lehren und Verstehensweisen gearbeitet, im Versuch, die Entscheidung zu intellektualisieren und zu rechtfertigen, an sein Karma gebunden zu bleiben, statt sein Dharma zu benutzen, um das unausgeglichene Karma seines Seins auszugleichen.

Wie oft hat jeder einzelne von euch gesagt:

"Ich tue es, wenn ich dazu bereit bin. Stör mich jetzt nicht. Mir ist zu viel daran gelegen, mir selbst nachzugeben."

Wie viele von euch haben gesagt:

"Gewissen - schweig still - Nicht jetzt, ich brauch dies um meine Individualität zu bewahren!"

Wie viele haben gesagt:

"Oh ja, ich möchte meine Hände ausstrecken und den vielen helfen, aber lass mich zuerst dies erreichen und wenn ich es erreicht habe werde ich mich umwenden und all meine Fähigkeiten einsetzen, so dass ich ich selbst sein kann."

Wie viele haben gesagt:

"Lass mich dies in meinem Leben sicherstellen. Wenn ich es erst einmal sichergestellt habe, entsprechend meinem Verstehen, Verständnis und Bewusstsein, werde ich mich in der Tat dem Ausdruck meines dharmischen Wesens widmen."

Es gibt da eine Stelle im Evangelium von Matthäus, die von dem Steuereintreiber handelt, einem weltlichen Mann.

Wenn wir weltlich sagen, setzt gleich eure Imagination und eure Beurteilung ein und ihr glaubt, weltlich bedeutet:

Ein Mensch der mit der Verderbtheit des Lebens verbunden ist. Das ist unwahr! Weltlich bedeutet einfach ein Mensch, der in seiner Persönlichkeitsidentität und all seinen Erwartungen, sowohl selbst-, als auch von außen auferlegt, verfangen ist. Verfangen in einem solchen Grade, dass er es schwierig findet, die Ketten zu zerbrechen, die ihn an seine Identität binden.

Dieser weltliche Steuereintreiber nun traf Jesus, den Christus und sagte zu ihm: " Ich will dir dienen."

Jesus erwiderte ihm in Dankbarkeit und Verständnis: "Das würde mir gefallen aber wenn du mir dienen willst, musst du deine Familie verlassen." Und wie wir wissen, ist die Familie eine visuelle Bezeichnung unserer Identität - stimmt das nicht?

Und ihr müsst all das verstehen und die Begrenzungen der Vergangenheit zurücklassen und mir folgen. Und dieser Steuereintreiber, der beschlossen hatte Karma zu wählen, es zu vermehren und auszudehnen, sagte: "Aber Herr, wie kann ich all das zurücklassen, was ich erworben habe?!"

Und der Herr sagte: "Was du erworben hast, wirst du sowieso zurücklassen, - komm folge mir!"

Eine Begegnung mit Michael Barnett einem „Energiemeister"

erschüttert Mario in seinen Grundfesten.

Da ist etwas, das er unbedingt tiefer erfahren will. Es ist der selbstverständliche Umgang Michaels mit den feinstofflichen Energiefeldern und die machtvolle „Stille", die ihn oft umgibt.

Und so gibt Mario sehr spontan seine Wohnung an eine Freundin ab und geht auf unbestimmte Zeit in eine große

Lebensgemeinschaft Namens Wildgooses. Der Begriff Wildgänse steht in Beziehung zur Freiheit und gleichzeitig der Kraft zur Schwarmfähigkeit. Die Lebensgemeinschaft ist im Herz von Frankreich in der Nähe von Limoges zuhause.

Und Mario packt seine sieben Sachen in seinen buntbemalten Toyota und trifft auf eine angenehm lockere und bunte Gemeinschaft, die zu der Zeit aus ca. 120 Erwachsenen und 30 Kindern besteht. Es gibt sogar eine zugelassene deutsche Schule für die ersten vier Klassen. Im Sommer kommen noch mal, im Schnitt hundertfünfzig Seminargäste dazu. Und so füllt sich das Anwesen, Energy World genannt. Menschen aus vielen Ländern kommen und verbringen kurze und auch längere Aufenthalte, um die Welt der spirituellen Energien zu erkunden. Sie erforschen das Leben in einer Gemeinschaft, die eine gemeinsame spirituelle Ausrichtung hat.

Energy World besteht aus einem kleinen Chateau mitsamt Park, einigen Häusern, Ställen, ein großes Stück Wald, großen Wiesen und einem Flüsschen. Es gibt eine eigene biologische Kläranlage. Später kommt, nach einer Tiefenbohrung, ein eigener Trinkwasserbrunnen dazu. Und es werden eine ganze Reihe kleiner wärmeisolierter Holzhütten als Wohneinheiten aufgebaut.
An Arbeit mangelt es nie. Zur Schönheit der Natur und der Weite des Grundstücks kommt in der Nacht eine unermessliche Stille. Manchmal hält Mario die Luft an, um sie nicht mit seinem Atemgeräusch zu stören.

Neben all der Arbeit die Mario erwartet, gibt es eine allabendliche Meditation mit Michael Barnett, "Tuning in" genannt. Alle Teilnehmer sollen dafür weiße saubere Kleidung tragen und frisch geduscht sein. Es soll weder gehustet, noch genießt werden. Eine interessante Achtsamkeitsübung.

Was Mario zu Beginn verwundert, war die Tatsache, dass in Energy World Fleisch gegessen wird. Als er am ersten Abend in einer langen Schlange zum Essen ansteht, bemerkte er in einer anderen Ecke des Raumes ein kleines Tischchen mit einem Schild "Vegetarian" und einer mittelgroßen Schüssel darauf.

An diesem Tisch steht niemand an, alles drängelt sich in der einen langen Schlange. Mario überlegt nicht lange – er war eh nie ein Schlangesteher – und bedient sich vom leckeren Vegetarischen. Und so lernt er diese Eigenart des Fleischkonsums der "Wildgänse" kennen, ebenso wie das verbreitete Beedierauchen (kleine indische Zigaretten, aus ganzen Tabakblättern gedreht). Doch es ist genau diese Lockerheit und das Fehlen von Dogmen, die zu diesem Platz passte. Mario darf also schnell einige seiner Ideen, in Bezug auf „erleuchtetes Leben", über Bord werfen.
Ihm wird vor Augen geführt, wie unterschiedlich die spirituellen Wege sein können. Der eine stößt rauchend und Fleisch essend auf Gott und der andere tut es in yogischer Askese.
Es gibt keine festen Regeln, keine Gesetze und keine vorgeschriebenen Wege hin zur „Wahrheit". Es gibt ein paar Trampelpfade aber daneben gibt es so viele Wege, wie es Menschen auf der Suche nach sich selbst gibt.

Ein Kernstück der Energiearbeit von Michael ist der Diamant Yoga.
Der Yoga baut die Brücke zwischen Körper und den kosmischen Kräften. Ein umfangreiches System von Bewegungen verbindet den Menschen, den Körper zu tieferen und subtilen Dimensionen des Bewusstseins. Dieser Körper lügt nicht, er denkt nicht, er träumt nicht. Er ist. Der Herzschlag braucht keine Bedeutung, der Atem braucht keine Interpretation. Auch wenn der Körper eine grobstoffliche Struktur ist, umgeben ihn doch feine,

kosmische Kräfte. Diese Kräfte werden durch die Energiearbeit des Diamant Yoga angesprochen und belebt. So kann man die eigene Verbindung mit der kosmischen Schwingung erfahren, wird still, flüssiger, ganz.

Diese Energiearbeit kann recht spektakulär sein - Katharsis, Trancezustände und starke Emotionen können auftauchen, doch die Intention geht sehr viel tiefer, ist auf die Wiederentdeckung der essentiellen Natur des Menschen gerichtet. Die Methode arbeitet zwar am Körper, wirkt aber in Dimensionen, die jenseits des Körpers liegen. Die vorgegebenen Bewegungen sind nicht anstrengend und setzen keinerlei Kenntnisse voraus. Es handelt sich um eher spielerische Körperübungen, die von Aufmerksamkeitslenkung begleitet werden.

Der Diamant ist das Symbol größtmöglicher Verdichtung und Veredelung. In großer Tiefe, unter hohem Druck und über lange Zeit wird gewöhnlicher Kohlenstoff zu Diamant transformiert. Deshalb ist der Diamant ein spirituelles Symbol der Transformation des Menschen. Aus gewöhnlichem Stoff gemacht, wird auch er unter dem Druck des Leidens, durch Eintauchen in die Tiefe des Lebens und über einen langen Lebensweg zum Diamanten geformt - und dieser Diamant heißt Einssein – manche nenne es auch Erleuchtung.

Das will Mario kennenlernen – all sein Suchen, all seine Drogenexperimente, die Ekstasen, waren Versuche dorthin zu gelangen, zur Essenz der Dinge – der sogenannten Wahrheit. Doch die Wirklichkeit in Energy World sieht für Mario erst mal ganz anders aus. Nämlich in viel Arbeit. Oft hat er einen Vierzehnstundentag, mit mehreren Jobs, die akkurat zu erledigen sind. Es hat etwas von einem modernen Zen Kloster. Mario erkennt im Laufe der nächsten Wochen seine Widerstände und darf sie diskreieren.

Da gibt es zum Beispiel seinen Job im Kindergarten. Die Mütter dürfen ihre Kinder dort abgeben, wenn sie bei Michael einen Workshop besuchen. Altersspanne 0-6 Jahre. Gleich in der ersten Stunde darf Mario Windeln wechseln lernen.

Und nach der Mittagspause darf er mit einer Schubkarre viel Erde bewegen. Ebene Stellplätze an einem Hanggelände werden gebraucht, um kleinere Holzhäuser drauf zu bauen. Es gibt zu wenige Schlafplätze für all die Menschen, die auf den Platz strömen. Er selbst wohnt zu der Zeit im Zelt. Es ist Sommer und er hat einen wildromatischen Blick in die grandiose Natur.

Pünktlich um 19 Uhr im „Tuning In" sitzen 150 weißgekleidete Menschen wie jeden Abend zusammen und Michael hält Talks oder es gibt stille Mediationen oder Energiearbeit. Mario landet glücklicher Weise in der letzten Reihe. So kann er sich hinlegen und seinem strapaziertem Rücken eine Pause gönnen. Die Energie im Raum ist stark: Er erinnert sich, warum er all das auf sich nimmt.

Und so verstreichen die arbeitsreichen Tage.

Fast jeden Tag gibt es eine neue Aufgabe für Mario. In jeder Pause darf er auf den Arbeitsplan schauen, um zu sehen wohin er beordert wird. Es gibt keine Gewohnheit, keine Rituale der Sicherheit, nur ständige Veränderung, Flexibilität. Die Ausrichtung ist Hingabe und Präsenz bei der Arbeit.

Das Essen ist gut – viel frisches Obst, Gemüse, Salate. Und einmal in der Woche gibt es einen freien Tag.

Den geniest Mario in vollen Zügen. Nachdem er ausgeschlafen hat und ein ausgiebiges spätes Frühstück auf der sonnigen Terrasse des Haupthauses genossen hat, geht er meist runter zum Fluss. Dort liegt er in der Sonne und genießt das einfache Dasein.

Und immer wieder gibt es stille Begegnungen, einen spontanen Blickkontakt, Umarmungen oder auch fast greifbare Stille – mitten in all der Bewegung. Selbst bei der Arbeit, beim Zwiebelschneiden – plötzlich ist ES spürbar – und so kannst du erleben, dass zwei Menschen im Gang miteinander versunken gegenüber stehen und alle anderen sich an ihnen vorbeiquetschen müssen. Die Energielinien, die das Leben durchziehen, sind hier beinahe sicht- und greifbar.

Energy World – eine Welt in der Welt.
Hier findest du alles, was es in der äußeren Welt auch gibt, nur etwas komprimierter. Und dazu das Bewusstsein, dass alles Energie, Schwingung und Aufmerksamkeit ist.
Mario lebt sich schnell ein. Er kann viel mit all dem anfangen. Es ist als hätte er schon mal in so einer Welt gelebt. Nur mit dem vielen Englisch sprechen hat er am Anfang Probleme – bis er beginnt in Englisch zu träumen.

In den ersten Augustwochen gibt es 280 Menschen auf dem Platz. Mario ist nun für den Kindergarten verantwortlich. Mit vier, fünf Erwachsenen organisiert er die Kinderbetreuung der fünfundzwanzig - dreißig Kinder. Sie haben auf einem etwas abgelegenen Platz ein kleines Tippidorf aufgebaut. Je präsenter und wacher Mario bei der Sache ist, desto mehr ist die ganze Gruppe im Fluss.

Es gibt viele Wespen und die Kinder müssen angehalten werden, beim Essen nicht aus dem Essenszelt zu gehen. Es soll die süßen Marmeladenmündchen durch sein großes Moskitonetz schützen.
Und manchmal muss Mario den Kindern sagen, dass, wenn sie nicht auf ihn hören, er sie draußen an die Bäume hängen

würde, mit dem Kopf nach unten. Dort könnten sie dann schön in der Sonne schaukeln. Und die Kids bekommen große Augen, glauben ihm zwar nicht so recht, doch sie legen es auch nicht drauf an.

Jedenfalls gibt es in Marios Schicht keine Wespenstiche.

Ab und zu haben die erwachsen Helfer heftige Prozesse.
Das sind meist Seminarteilnehmer, die einen Teil des Workshops hier verbringen. Dann darf Mario die auch noch im Auge behalten und den einen oder anderen in seinem Weinen dran erinnern, dass es Kleinkinder zu versorgen gibt.

Und immer wieder, in all der Betriebsamkeit gibt es Momente der Berührung, des Berührtseins, der Stille und Liebe. Arbeit wird zur Lehre, Lehre zur Meditation, Meditation zur Bewegung, Bewegung zur Energie oder auch umgedreht.

Da halten sich zwei Menschen vor einem Steinhaufen in den Armen, Zeit und Raum vergessend. Schauen sich stumm an, mit Tränen der Berührtheit in den Augen, um dann wenig später mit den Steinen die Wege zwischen den Holzhäusern auszulegen. Dies ist Energy World. Alles ist Schwingung und Energie.

Und zwischendurch kommt Mario mit seinen eigenen Mustern in Kontakt. Zum Beispiel seiner Überzeugung, dass er alles selbst machen muss. Wenn er nichts unternimmt, dann geschieht nichts. Und er kann dieses anstrengende Überzeugungsmuster wandeln.

Ein Teil seiner Lebensaufgabe ist es Veränderung, Transformation und Klarheit zu bringen. Mario braucht nicht mehr warten, dass ein anderer die Sache übernimmt. Er entscheidet. Er ist der Schöpfer. Darüber hinaus braucht er nicht schwach werden, um geliebt zu werden. Es gibt Menschen, die ihn so lieben wie er ist.

Mario wird sich bewusst, dass er es, an einem Platz wie Energy World, bis vor einigen Jahren nie ausgehalten hätte. Seine Jobs sind körperlich anstrengend, nervlich und seelisch an die Grenzen gehend. Seine Geduld wird oft strapaziert. Er hat viele Pflichten, kaum Rechte.

Früher wäre Mario schon längst der Kragen geplatzt. Doch er weiß, dass er hier nur gewinnen kann. Etwas ist hier, dass ihn bei all den Strapazen, Einschränkungen und Herausforderungen mit einem Lächeln versorgt.

Da gibt es zum Beispiel das Erlebnis im Wald. Mario ist schon Stunden damit beschäftigt, mit der Motorsäge Bäume zu fällen und klein zu machen. Er ist nur noch die Säge, das Holz, seine Muskeln, die Füße auf dem Waldboden und sein Atem. Plötzlich spürt er eine starke Ruhe, eine Stille über sich kommen. Er schaltet die Säge aus und bleibt wie angewurzelt stehen. Er spürt Michaels Energie. – Später sagen ihm seine Freunde, dass genau zu diesem Zeitpunkt Michael wieder auf den Platz gekommen ist. Der war in Deutschland bei einem Seminarwochenende. Zwischen dem Wald und Michaels Haus sind zwei Kilometer Luftlinie.

Und Mario merkt wie er immer durchlässiger wird.

Er stellt sich auf die Energie ein und schon strömt sie greifbar durch seinen Körper. Manchmal steht er vor einem Menschen. Seine Stirn beginnt zu pochen und die äußere Welt, die Welt der Formen versinkt. Jetzt gibt es nur noch Wellen der Energie. Fühlen ohne die Dinge zu benennen und zu bewerten, Form und Grenzen lösen sich auf, Stille ist. Und in diese Stille hinein fließt Liebe oder besser: Stille ist Liebe - Liebe ist Stille.

Mario trainiert, diese Energie über immer längere Zeit zu halten. Oder soll er sagen: Für sie verfügbar zu sein? Denn er hat ES auch früher schon gespürt, doch er hatte Angst davor, sich aufzulösen. - Oder er dachte, dass das nicht in den Alltag gehört.

In Kontakt mit der Energie fühlt Mario, wie seine Körperzellen immer mehr vibrieren. Sie beginnen zu tanzen. Die Farben der Welt werden kristallklar. Oder verändert sich seine Wahrnehmung? Selbst die Zeit fühlt sich anders an.

Und dann wird er wieder geerdet durch ganz triviale Angelegenheiten. Mario verschluckt seine provisorisch angeklebte Krone und darf vier Tage auf einen Porzellanteller scheißen, bis er sie wieder findet.

Und das innere Lächeln wächst.

Langsam wird es kühler

Mitte September. Mario will solange wie möglich im Zelt schlafen, dort draußen unter den alten Eichenbäumen. Sie nähren ihn, geben ihm Kraft. Mario braucht die Momente in denen er ganz für sich sein kann.

Tatsächlich, es ist wirklich so einfach – lebe jeden Moment - ohne Bedauern, ohne an Vergangenheit oder Zukunft zu denken. Was ist, ist JETZT und JETZT und JETZT ist.

Wie die Zeit vergeht

Das Leben in Energy World im Winter ist noch spartanischer als im Sommer. Die Gäste sind gegangen, die Community ist unter sich. Viel Arbeit, viel Regen, wenig Schlaf und noch weniger Zeit für sich selbst. Mario wird jeden Tag immer wieder an seine Grenzen gebracht. Doch – er geht einfach mit. Und er erlebt, wie er immer offener, durchlässiger, kraftvoller wird. Seine inneren und äußeren Widerstände nehmen mehr und mehr ab. Daher die vermehrte Energie, die er bei sich wahrnimmt. Gleichzeitig wird es in ihm ausgeglichener und stiller.

Aufmerksamkeit kreiert

Widerstand ist Aufmerksamkeit
Integration ist Liebe
Liebe ist Heilung

Heilung ist Frieden

Die letzten Wochen gibt es auf dem Platz eine Grippewelle. Die wenigen, die noch gesund sind, halten den Platz am Laufen. Die anderen liegen hustend, schniefend und vor sich hin stöhnend in ihren Betten, teilweise mit einem Eimer zum Kotzen neben sich. Selbst Michael B. hat es erwischt. Wie entspannend, denkt Mario – Bei ihm selbst hat es glücklicherweise nur zwei Tage gedauert. Mario hat sich ein Bündel getrockneten Salbei organisiert. Damit ist er durch das ganze Haus gelaufen, um nach indianischer Art die Räume zu räuchern. Salbei reinigt die Luft von negativen Energien und von Krankheitserregern.

Weihnachten und Sylvester wird groß gefeiert. Der Geflügelhof ist danach fast leer. Ein tolles Bild, 100 gefüllte Champagnergläser aufgereiht zu sehen. Um 12 Uhr gibt's Feuerwerk. Danach eine Discoparty.

Nun ist es klar, Mario wird wenigstens noch ein Jahr hier bleiben.

Er hat sich einen Campingbus mit Standheizung besorgt. Sein kleines Reich. Mario löst sich langsam auf. Seine Persönlichkeit, seine Körpergrenzen, seine Vorstellungen von der Welt lösen sich auf – und sein Ich – sein Ego wehrt sich immer noch. Es hat Angst vor der Kraft, der Weite, die ihn scheinbar übernehmen will. Mario lädt diesen Prozess ein und gleichzeitig wehrt sich etwas in ihm noch. Das alles ist für ihn ein Wagnis ohne Garantie – doch er will sich dem ganz hingeben.

Und so macht er eine Tarotsession mit Busho

Die erste Frage: Was macht Mario wirklich Angst?
Königin der Kelche = Macht
Ist es Machtmissbrauch? = Yes
Hat Mario Macht missbraucht? = Yes
Wird er den gleichen Fehler wiederholen? = No

Wie sieht die Macht aus, die sich durch Mario ausdrücken will? = Gerechtigkeit.

Mittlerweile sitzt Mario beim Tuning In immer öfters in der ersten Reihe.
Und eines Abends schaut Michael ihn an und sagt: Ab morgen kocht Supatra für uns. (Supatra ist Marios spiritueller Name in der Community. Seine Bedeutung ist „Gottes Gnade") Und Mario ist überrascht und lächelt dann. „Michael, wenn du meinst ich kann kochen, dann werde ich kochen."
Und es durchläuft Mario heiß – denn immerhin, er bekommt hier eine Menge Verantwortung übertragen und eine Menge Arbeit. Immerhin, das Frühstück, die Pausensnacks und zwei warme Malzeiten wollen organisiert und gekocht werden. Und Mario muss lachen. Denn er ist Vegetarier. Die Community wird auf Fleisch verzichten müssen.
Ein paar Tage begleitet ihn noch der Vorgänger und weist ihn in die Infrastruktur der Küche und der Versorgung ein. Dann wird es ernst. Riesige Mengen an Lebensmitteln dürfen in großen Töpfen zubereitet werden. Zurzeit leben 150 Menschen auf dem Platz. Die kleine Küche ist glücklicherweise mit ausreichend Herden und einem großen Ofen bestückt.
Jeden Tag bekommt er sechs neue Menschen zugewiesen, die ihm beim Gemüseschneiden und Salatputzen helfen sollen. Die Kartoffelschälmaschine ist riesig und hilfreich. Doch wenn er einen Sack Kartoffeln einfüllt und die Maschine nicht rechtzeitig ausschaltet, sind die Kartoffeln nur noch Tischtennisball groß.

Aus seiner Rezepte Sammlung: Quiche mit Wirsing und Linsen
Am Abend vorher 6 Liter Linsen in ca. 10 Liter Wasser kochen. Salz nicht vergessen.

6 kg Vollkornmehl
2 kg Butter
4 Teelöffel Backpulver
½ L Öl
1,5 Liter Wasser
1 Tasse braunen Zucker , Curry, Salz
Daraus in der Teigknetmaschine einen soften Teig kneten.
7 große Wirsing und 4 kg Zwiebel klein schneiden. Zwiebel anbraten, den Wirsing dazu. Später die vorbereiteten Linsen mit 5 Esslöffeln Koriander, 2 Esslöffel Kreuzkümmel, Salz, Pfeffer und 3 dl Zitronensaft abschmecken. Den Teig ausrollen und in 10 eingeölte Backbleche geben. Ofen auf 170 Grad vorheizen. Ca. 20 min im Ofen lassen. Dann die Gemüsemischung drauf und bei 180 Grad eine halbe Stunde im Ofen lassen. –

Ja, das sind Mengen. Wenn es Spaghetti gibt, stehen zwei riesige Töpfe mit kochendem Wasser auf den Flammen. Händeweise gibt Mario das Salz zu. Die zwei großen Schüsseln mit frisch geriebenem Käse sind im Nu leer. Also lernt Mario, das Essen in Etappen auf den Tisch zu bringen, damit die Nachzügler auch noch etwas abbekommen. Der Einkauf muss organisiert werden. Zum Glück braucht er nicht zu sparen. So kann er sich gute Ware kommen lassen.
Und Mario lernt mit seiner Autorität umzugehen, im Trubel die Nerven zu behalten und klar und deutlich zu kommunizieren. Es kommt kein einziges Mal vor, dass die Mahlzeiten nicht pünktlich auf dem Tisch stehen. Und den meisten schmeckt es sogar.
Nach einem viertel Jahr war er dennoch seinen Job wieder los. Die Community wollte Fleisch in den Töpfen.

Danach darf er sich seine Jobs selbst kreieren.
Mario will den Maschinenpark auf Vordermann bringen und die vielen kaputten Fahrräder fahrbereit machen, die in der Maschinenhalle vor sich hin rosten. Und so siehst du Mario

Wochen später mit einer riesigen Grasmähmaschine, Lärmschutz auf den Ohren, sich im tiefen Gras neben dem Tennisplatz durch das Dickicht kämpfen. Keiner hat ihm geglaubt, dass er das alte Ding wieder zum Laufen bringt. Mitten in der schweißtreibenden Arbeit tippt ihm jemand auf die Schultern.

Aus seiner Meditation aufgeschreckt, muss er erst mal das laute Gefährt abschalten, um zu verstehen, was die Störung, in Gestalt einer süßen Frau, will.

Turiya (das Erleben reinen Bewusstseins, dass den Hintergrund für die drei gewöhnlichen Bewusstseinszustände Wachen, Träumen und traumlosen Schlaf bildet und diese transzendiert) will ihn heiraten. Heute noch. Auf Energy World Art.

Und sie haben noch keine Ringe. Also die Gerätschaft zurück in die Maschinenhalle, ne schnelle Dusche und in den nächsten Supermarkt, ein paar Ringe kaufen. Der ist zwanzig Minuten entfernt. Die nächste Stadt ist eine Stunde entfernt. Es klappt alles.

Und am Abend, im letzten Tuning In vor Michaels Urlaub, gibt es eine Energyhochzeit. Was bedeutet: Turiya und Supatra verpflichten sich mindestens drei Jahre zusammenzubleiben; egal was passieren wird. Und Mario (alias Supatra) setzt in dem Ritual noch dazu: Und du bist frei.

Was in den beiden während dieser halben Stunde des Rituals passiert?

Hmm, wie soll das beschrieben werden. Sie sind in Energy World, also gibt es eine Menge Energie. Du kannst Supatra Turiya gegenübersitzen sehen, manchmal schwankt sein Körper hin und her und er atmete tief ein und aus.

Währenddessen macht Michael seine Witze über die beiden. A blind Couple nennt er sie. Sie meinen, sich aus einem anderen Leben zu kennen. Doch er könne sehen, dass da eine Verwechslung vorliege. Doch er stehe immer gerne zur Verfügung, um intensive Wachmachprozesse anzustoßen. Und eine Energyhochzeit sei ein gutes Mittel, Menschen an ihre Grenzen und darüber hinaus zu bringen.

Die Community kommt aus dem Lachen gar nicht mehr raus. Und die Energy steigt.

Dann spricht Michael von einem wissenschaftlichen Versuch, von zwei Teilchen die in einer Energiestruktur dicht beieinander sind und dann getrennt werden. Wenn man nach dieser Trennung das eine Elektron manipuliert, reagiert das weit entfernte Teilchen synchron.

Turiya lebt in Berlin und Supatra in Frankreich. Und tatsächlich macht Supatra später immer wieder die Erfahrung, dass er Turiyas Stimmungsschwankungen über weite Entfernung erahnt.

Und wieder taucht eine spezielle Energie auf in Mario.

Sie hat ihn sein Leben lang begleitet. Es ist die Energie des Abschiednehmens. In allem was er erlebt, was mit ihm geschieht, liegt die Botschaft des Abschiedes - auch das ist gleich vorbei. Auch dies ist ein Teil des Sterbens. Erfahre es jetzt noch einmal und sage dann Adieu. Wie ein roter Faden auf seinem Pfad. Risiko, Ankommen, Abschied nehmen. Der Sinn ist, alles zu erfahren, was entsteht und wieder verschwindet und darüber hinaus zu gehen.

Ein Jahr später - Berlin

Welch ein Kontrast. Vom stillen meditativen Communityleben in die Mitte einer pulsierenden Weltstadt. Die Mauer ist noch nicht lange gefallen. Vor allen Dingen die Mauern in den Köpfen poltern hin und wieder arg. Mario lebt mit Turiya und deren sechsjährigem Sohn Julius in der Ackerstraße - Berlin Mitte. In den Hauswänden ihres Altbaus gibt es noch immer Einschusslöcher vom zweiten Weltkrieg. Wenn der kalte Ostwind bläst, zieht es durch die Wände.

Doch der schöne alte Kachelofen verströmt eine wohlige Wärme in der Kälte des Ostens.

Sie haben sich in Energy World getroffen und gleich geliebt. Doch nun hat der radikale Großstadtalltag von den beiden Besitz genommen. Auch wenn sie eine spirituelle Wachstumsbeziehung führen - an den zwischenmenschlichen Themen kommen sie nicht vorbei.

Mario tickt noch ruhig und meditativ. Turiya ist mitten im Stress. Und Mario lässt sich langsam anstecken.

Marios Brief an seinen Lehrer

Geliebter Michael

Ich hoffe, Du hattest eine gute Zeit in Bali und Australien. Nur gut, dass ich nicht mehr neidisch sein kann. Hi, Hi, Hi. - Wir haben beschlossen Dich an Ostern im Seminar in Karlsruhe zu sehen. Seitdem hat die Gruppe für uns schon angefangen. Dein Energiefeld ist noch immer ein sehr Provokantes. Damit meine ich, dass es immer wieder ungeklärte Teile in mir, in uns hochbringt. Hast Du eigentlich auch etwas für Rosa-rotes und Heilsames übrig? Aber na klar, ich erinnere mich, Frieden und Harmonie sind nicht unbedingt in deinem Interesse - oder?

Na, wie auch immer. - Sag mal, in wie viel Ebenen der Wirklichkeit kann der Mensch sich eigentlich eintunen? In welche Ebenen sollte er sich besser nicht eintunen? Ist es nicht so, dass ich in einem Zustand von Offenheit an einem Platz wie diesem (Berlin) und in einer Zeit wie der jetzigen, auch negativen Realitäten die Tür öffne?

Wahrscheinlich kommen sie ja in mein Gewahrsein, um in irgendeiner Weise von mir transformiert zu werden. Wie schützt Du dich vor Energiesucking und anderen unliebsamen Beeinflussungen?

Momentan übe ich mich im Unterscheiden. Z.B.: Darauf habe ich Lust, das möchte ich tiefer erforschen. Und das da ist nicht so interessant für mich. Das hier gibt es zwar, aber ich bin momentan nicht so scharf darauf, es länger anzuschauen und ihm damit Energie zu geben.

Manchmal habe ich das Gefühl, dass im Universum millionenfach Energiepakete durch den Raum switchen. Alle haben sie ein gewisses Maß an Eigenbewegung und -energie. Diese Pakete werden von meiner Aufmerksamkeit angezogen und gefüttert. Oder eben auch nicht.

Die Art, wie wir als dreidimensionale Wesen unsere Kommunikation gestalten, hat doch viel Holpriges an sich. Die Botschaften zwischen den Zeilen bekommen wir in den seltensten Fällen mit. Noch ineffizienter ist der Empfang aus höher dimensionierten Wirklichkeiten. Der nächste Schritt ist dann, adäquat mit ihnen umgehen zu können.

Zum Beispiel dachte ich bis vor kurzem, dass die ungeweinten Tränen, die ich in den Gesichtern der Menschen sehe, meine Tränen sein müssten. Heute sehe ich's unpersönlicher und mein Mitgefühl wächst.

Vor einiger Zeit wurde mir in einem Zustand der bedingungslosen Liebe wie durch einen Akt der Gnade erlaubt, mehr und tiefere Informationen zu der von mir beobachteten Realität zu erhalten.

Dies ist wieder ein verspielter und gleichzeitig achtsamkeitsfordernder Akt von Bewusstheit. Wahrnehmen ohne zu bewerten, Unterscheiden ohne Urteil, liebevoll und wissend.

Ist es wirklich so, dass man die Dinge in ihrer Paradoxie erfahren muss, wenn man der Wahrheit näher kommt? Jedes Ding hat mindestens zwei Seiten. Dies zu verstehen, ohne im Kopf hängen zu bleiben, auch damit bin ich beschäftigt. Wenn ich mich auf die höhere Ebene des Seins einklinke, bin ich schon still. Jetzt geht es jedoch immer mehr darum, meine Vision zu leben und den Himmel auf die Erde zu bringen.

Es sind viele Worte, die ich Dir hier schreibe. Was ist die Essenz, die ich Dir dabei übermitteln will? Vielleicht einfach – Hilf mir bitte, bei meiner individuellen Erforschung der Realitäten, still und harmonisch bleiben zu können und meine Erfahrungen in Erkenntnis und liebevolle Weisheit umzusetzen.

Die Antwort:
Lieber Supatra, ich weiß auch nicht, wie wir uns in einer Stadt wie Berlin meditativ und frei bewegen können. Um das herauszufinden, habe ich dich doch dahin geschickt. Love Michael

Tja, für Mario ist die Zeit in Berlin nicht die einfachste – mal wieder
Auch nach dem Seminarwochenende in Karlsruhe wird es nicht einfacher in einer friedlichen Beziehung mit Turiya zu sein. Sie hat sich zwar in der Gruppe mit ihren Depressionen und Selbstmordgedanken geoutet. Michael meinte daraufhin, sie würde sich das Leben zur Hölle machen. Doch scheinbar ist der Erfahrungskelch noch nicht bis zur Neige getrunken.
Der Beziehungsstress geht weiter.

Frühjahr 98
Also, er soll mehr lieben. Schon die ganzen letzten Tage geht es um das Thema Herzöffnung. Marios Affirmation ist „Ich bin offen und unabhängig."
Dies impliziert für ihn die Heilung seiner Angst vor Verletzung, wenn er sich öffnet. Nach dem letzten Drama mit Turiya, beschließt Mario sich ihr gegenüber zu verschließen. Auch zu Julius, ihrem Sohn kappt er alle emotionalen Verbindungen. Zu der Stadt Berlin sowieso. Die Menschen hier gehen ihm ebenfalls am Arsch vorbei. Sein Rettersyndrom, seine Idee, er hätte hier eine große Mission zu erledigen. Alles für den Arsch! Und dann?! Plötzlich fehlt

ihm jeglicher Energiefluss. Er fühlt sich an wie abgeschnitten.

Was ist zu tun?
Er soll mehr lieben! Doch wie soll das gehen, ohne sich erneut verletzen zu lassen?
Die Bilder seiner Vergangenheit, von der er weiß, dass auch sie Teil seiner Illusion sind, darf er jetzt anschauen. Sie werden ihm gezeigt als Metapher für die Programmierungen seines Bewusstseins. Auf dieser neuen Ebene seiner Entwicklung gibt es wieder einiges aufzuräumen.
Wenn er sich auf die höhere Ebene seines Seins einklinkt, ist er schon still. Jetzt geht es jedoch darum, seine Vision zu leben.
Doch hier ist er noch nicht im Fluss. Die Probleme und Kompliziertheit des Alltags zeigen ihm seinen Status. Auch die Berliner mit all ihrer Härte und Aggressivität sind ein leuchtender Spiegel für ihn.

Nun, mittlerweile ist ein halbes Jahr vergangen.
Mario lebt nicht mehr in Berlin und nicht mehr mit Turiya zusammen. Und wie es so geschieht, ist die Beziehung zu ihr durch die Trennung, jenseits von Sexualität und partnerschaftlichen Machtspielchen, in eine intensive ehrliche Freundschaft gemündet.
Durch die Trennung darf jeder für sich in seine eigene Kraft kommen. Symbiotische Handlungen haben keine Chancen mehr. Mario sieht, dass er sich mehr um sich kümmern muss. All die Energie, die er in seinem alten Rettersyndrom auf andere projiziert hat, darf er jetzt auf sich selbst richten.
Zurzeit kümmert er sich um sein materielles Wohlergehen. Seit 1995, dem Jahr in dem er Michael B. kennenlernte und nach Energyworld ging, ging es ihm auf der finanziellen

Ebene immer schlechter. Er vernachlässigte diese Seite, um zuerst den Himmel zu erreichen.

Tja, das ist die Seite an Michaels Lehre, die Mario immer wieder beanstandete. Die Formlosigkeit, die universelle Energie, all das hat er kennengelernt. Auch einen inneren Frieden, von dem er sich nicht hat träumen lassen, dass er den jemals erfahren würde.
Doch die Diskrepanz zwischen der äußeren und inneren Welt ist manchmal recht stark.
Innerer Reichtum = äußerer Reichtum. Das ist das, was Mario noch vermisst.
Seine Energie, seine Aufmerksamkeit ist sehr oft auf die finanziellen Aspekte der Existenz gerichtet. Nicht sehr balanciert oder?
Nun, natürlich weiß er, dass dies von ihm kreiert wird. Als größter Forscher im Universum will er erfahren, wie sich das anfühlt. Und als größter doppelter Zwilling auf diesem Planeten zerreißt ihn diese Erfahrung manchmal in unglückliche kleine Stücke.
Dann setzt er sich hin und erinnert sich an die Resonanz mit dem EINEN, der universellen Energie oder Gott (wie auch immer dies zu benennen ist). Und er wünscht sich, dass dies seine Arbeit sein dürfte.
Die Menschen kommen einfach zu ihm. Setzen sich zu ihm in diesen Raum der Stille und Präsenz, erfahren was es für sie in diesem Moment zu erfahren gibt und geben ihm einen Energieausgleich.

Er will sich nicht um all die verwaltungstechnischen Fragen und ums Marketing kümmern müssen. Und hier muss er lachen. Denn genau das wurde der Wild Goose Company zum „Verhängnis". Genau deshalb mussten sie letztlich Energyworld aufgeben. Und genau deshalb muss Michael auf seine „alten Tage" noch immer durch die Lande ziehen und an solchen schrägen Plätzen wie in Nürnberg neulich arbeiten. Dies ist genau der Lernschritt, den sie tun dürfen. Himmel und Erde zusammen zu bringen und die wirtschaftliche, materielle Situation mit der Energieebene verbinden.

Und deshalb hat Mario vor kurzem für viel Geld endlich seinen Avatar Master gemacht. Hier wird er aufgefordert immer wieder neu zu fühlen, welche Begrenzungen ich noch lebe und welche ich bereit bin aufzugeben. Hier werde ich immer wieder aufgefordert in Kontakt zu treten mit der Außenwelt, um Vorträge zu machen und eine geordnete Struktur in das Konzept von Erleuchtung zu bringen, um dies dann in klar ersichtlichen Schritten meinen Mitmenschen mitzuteilen.
Es ist eine wunderbare Ergänzung zu Michaels Arbeit.
Es tun sich erstaunliche Dinge in seinem Leben. Frieden kehrt in Bereiche seines Lebens ein, denen er in dieser Weise kaum bewusste Aufmerksamkeit geschenkt hat. Und Liebe kommt noch dazu.
Sein Verhältnis zu seinen Eltern entspannt sich von Tag zu Tag mehr.
Vertrauen tritt an die Stelle von Skepsis. Akzeptanz ersetzt den Zwang zum Verändern. Freundlichkeit erscheint wo früher Gereiztheit war.

Was es doch ausmacht sich gegenseitig Raum zu geben!
Seine Beziehung zu Turiya ist in eine tiefe Freundschaft und Unterstützung hineingewachsen.
Zweimal haben sie sich getroffen, seit seinem Weggang aus Berlin. Und die Tiefe des Erlebens und Fühlens in das er jedes Mal mehr eintreten konnte, erfüllt ihn mit Dankbarkeit.
Turiya beginnt gerade damit, eine Ausbildungsreihe in Cranio- und Energiearbeit anzubieten. Die Symbiose hat sich in mehr Unabhängigkeit, das Energiesaugen in

213

Energieaufbau gewandelt. Mario ist dankbar für all das, was in den letzten Monaten geschehen ist.

Nach all dem Drama hat er sich diese gegenseitige Unterstützung nicht vorstellen können.

Nach einigen Anlaufschwierigkeiten hat Mario letzte Woche seinen ersten offiziellen Avatarvortragsabend abgehalten. Die Zuhörer waren durchgehend alte Bekannte, Freunde oder Klienten. Eine große Herausforderung für ihn.

Was seine Arbeit angeht, so glaubt er jetzt, dass er Energiearbeit, seine ganze Erfahrung was Meditation betrifft und die Avatartechniken wunderbar zusammen bringen kann.

Er wird gerade eingeladen in einer Heilpraktikerschule einige Termine zu abzuhalten. Es tut sich was. Er ist reich an Talenten und Geschenken.

Mario hat ein praktisches, preiswertes Auto gefunden. Jetzt ist er auch wieder flexibler.

Diese Woche wird sich herausstellen, ob er eine schöne Altbau-Vierzimmerwohnung bekommt. Da ist Abstand zu zahlen und Kaution.

Über Beziehung - bei Eckhart Tolle gefunden

Der größte Katalysator für Veränderung in einer Beziehung, ist das totale Annehmen deines Partners oder deiner Partnerin, so wie sie sind, ohne das Bedürfnis, sie wie auch immer zu verurteilen oder zu verändern. Das bringt dich sofort in einen Raum jenseits des Egos. Dann sind alle Kopfspiele und abhängigen Klammereien vorbei. Es gibt keine Opfer und Täter mehr, keine Ankläger und Angeklagte. Auch alle Abhängigkeit findet hier ihr Ende, alle Verwicklungen in die unbewussten Muster des anderen, die dadurch unterstützt werden. Ihr werdet euch dann entweder in Liebe trennen oder miteinander noch tiefer in das Jetzt, in das Sein eintauchen. Kann das so einfach sein? Ja. So einfach ist es. Liebe ist ein Seinszustand. Deine Liebe lebt nicht außen, sie lebt tief in deinem Inneren. Du kannst sie nie verlieren und sie kann dich nie verlassen. Sie ist nicht abhängig von einem anderen Körper, von einer äußeren Form. In der Stille deiner Gegenwärtigkeit kannst du deine eigene formlose und zeitlose Wahrheit fühlen und sie als das unmanifeste Leben erkennen, dass deine körperliche Form beseelt. Dasselbe Leben kannst du dann tief in jedem menschlichen Wesen, in jedem Geschöpf fühlen.

Du durchschaust den Schleier von Form und Trennung. Das ist die Einsicht und Verwirklichung von Einheit. Das ist Liebe.

Was ist Gott? Das ewige eine Leben hinter allen Formen, die das Leben annimmt.
Was ist Liebe? Die Gegenwart dieses Lebens tief in dir und in allen Geschöpfen zu spüren. Es zu sein.
Aus diesem Grunde ist alle Liebe die Liebe Gottes. - Zitat Ende

Eine tägliche Frage, eine Art Mantra, die Mario sich selbst stellt:
Was will durch ihn geschehen, gerade jetzt, gerade hier?
Sein Gefühl ist: Es ist nicht mehr angemessen im Kreis zu laufen und immer wieder die alten Themen aufzuwärmen. Man kann sich ganz gut hinter seinen alten Gewohnheiten verstecken und Zeit verschwenden.
Eine Inspiration die er dabei erhält:
In der Welt „Gottes" gibt es kein "du solltest" oder "du solltest nicht".
Tu, was du tun willst. Tu, was dich in deiner großartigeren Version deines Selbst widerspiegelt, sie repräsentiert.

Er spürt eine Dringlichkeit in der Luft. Er erlaubt sich, jetzt Ergebnisse zu erzielen und effizient zu sein. Er hat kein Bedürfnis mehr danach, immer wieder um seinen eigenen Bauchnabel herum zu drösen.

Daher die Einladung:

- Was ist dein Potenzial?
- Wo und wie will sich deine individuelle Qualität in diesem Leben ausdrücken?
- Was ist Deine höchste Version deines Selbstes?

Ein Feedback an eine Freundin:

Hallo Monika

Keine Angst, du bekommst hier keinen Kettenbrief von mir. Allerdings könnte es sein, dass der Brief eine Kette von Energyhappenings bei dir auslöst. Wie ich hoffe „positive".

Ich trage eine Weile den Gedanken mit mir herum, dir ein paar ungefilterte Eindrücke mitzuteilen. Diese Eindrücke von Dir kommen immer wieder. Und immer schaue ich hin, ob ich da ne Geschichte mit dir am Laufen habe, ob das meine Projektionen sind oder meine Überzeugungen, die mich dich so wahrnehmen lassen. Ganz gewiss habe ich eine Geschichte bzgl. Suchtthematik zu laufen. Soviel ist schon mal klar! - Und wenn ich zu dir hinfühle, sehe ich mich selbst mit meiner Verneblungstaktik, meine Versuche zu kompensieren, was auf andere Weise nicht zu mir kommen will. Ich sehe mich selbst, wie ich jahrelang entweder durch Drogen oder durch Kontakte mit Licht- Wesenheiten und „heiliger" Energiearbeit meinen Schatten verleugnet habe. Ich war statt Heroinjunki ein Energyjunki geworden.

Bis ich begriffen habe, dass in meinem Schatten unermessliche Energie schlummert. Da konnte ich beginnen, ehrlich mit mir zu sein. Schritt für Schritt konnte ich den unterschiedlichsten Schichten ins Gesicht schauen. Ein Muster nach dem anderen konnte ich so erlösen.

Z.B. mein ewiges Harmoniebedürfnis. Eines Tages entdeckte ich wie geil es ist, mal richtig wütend zu sein und diese Wut, diesen Zorn auch zu leben. Nicht nur zu fühlen und wahrzunehmen, sondern ganz konkret in die Situation zu gehen und mit dem Menschen, den es betraf zu konfrontieren. Das ging so weit, dass ich mich sogar mit dem Menschen schlug, mit dem ich diese Geschichte am Laufen hatte. Und es war für beide Seiten eine Heilung. Sicher, dies geschah in einem geschützten Raum eines Gruppenprozesses. Sicher, diese Ausdrucksform muss nicht die Deine sein. Für mich war es wichtig zu sehen, dass ich die moralische Seite vollkommen herausnehmen konnte.

Und in diesem Moment war es einfach nur ein mächtiger Strom von Energy, der sich nach allen Seiten hin ausdehnte. Mein Partner konnte fühlen, dass meine Power auch auf dieser „unheiligen" Ebene stark und heilend war. Ich lernte mich abzugrenzen, mich nicht mehr benutzen zu lassen. Der andere wurde dadurch mit seinem Glauben an persönlichem und universellem Leid und Destruktivität konfrontiert. Und er nahm seine Schatten zu sich zurück und lebte sie aus. Musste sie nicht mehr auf andere projizieren.

Projektionen, davon lebt unser Ego, davon lebt diese Welt. Monika, ich vermute, es wird dir nicht gefallen, was ich jetzt sage, doch durch den Nebel, den Du um Dich herum geschaffen hast, kannst Du kaum noch erkennen, wie Du in Deinen Projektionen gefangen bist. - Womöglich glaubst Du noch felsenfest, dass Du keine hast! - Mein Gefühl ist, was Dich ein gutes Stück nach vorne bringen würde, wäre die direkte Konfrontation mit all Deiner Wut, deinem aufgestauten Ärger und Hass. Du hast dafür viele Projektionsflächen, gibst denen die Schuld. Deinem Vater, deiner Mutter, deinen Männern, deinen Mitarbeitern, deinem Körper und vielem mehr.

Erlaube Dir die Wut. Nicht nur für Dich alleine in deinem stillen Kämmerlein. Sondern im Austausch mit anderen. Am besten Du suchst Dir einen guten Therapeut, der Primärarbeit macht. Wenn Du's clever anfängst, bekommst Du das von der Krankenkasse bezahlt.

217

Ich fand es jedenfalls am Samstag gut, Dich wütend gesehen zu haben. Da war endlich mal aus der toten Hose ein buntes Kleid geworden. Wenigstens für einige Momente.

Alles Liebe – Mario

Das Alte funktioniert nicht mehr und das Neue ist noch nicht richtig da.

Das Dumme ist, dass das ein Zustand ist, den Mario schon länger kennt. So ähnlich fühlt es sich an, wenn man weiß, dass das eigentlich nicht dein Körper und nicht dein Planet und schon gar nicht deine Lebensweise ist. Und doch hat Mario das sichere Gefühl, dass das Neue ganz dicht vor seiner Tür steht.

Da gab´s letzte Woche diese Session. Eine aufgelöste und kopfige Frau kam. Mario fing mit einem einfachen Energiebalancieren an. Er legte seine Hände an verschiedenen Plätzen auf. Nach einer Viertelstunde war die Frau entspannt und eingeschlafen. Mario freute sich über die Einfachheit.

Eigentlich hätte er da die Session beenden können. Denn in dieser Entspannung ist ja schon ganz viel für sie geschehen. Doch dann dachte er, für 100 € hat sie mehr verdient. Und so ist er mit ihr noch einen Schritt in Ihre Denk- und Fühlmuster gegangen. Das war Ok. Doch eigentlich hätte der erste Schritt erst mal genügt.

Am 11. September 2001 geschieht ein radikaler Paradigmawechsel.

Der amerikanische Traum, „The Way of Life" stürzt mit den beiden fast gleichen Hochhaustürme in sich zusammen.

Beim Einsturz begraben die Trümmer des World Trade Center nicht nur 2602 Menschen. Nein, es werden auch höchst persönliche und kollektive Freiheiten begraben. Eine gewaltige Lawine der Regression, Repression, Überwachungstechnologie in ungeahntem Umfang und eine mächtige Kriegsmaschinerie setzen sich in Bewegung.

Ein unbenannter dritter Weltkrieg beginnt. Damit einsetzend eine Welle der Angst und Verfolgung, Not und Flucht, die sich Jahrzehnte später noch immer auf dem gesamten Planeten aufschaukelt.

Mario sieht die Türme sozusagen live im Fernsehen einstürzen. Ihm wird schwindlig und übel von den Energien, die sich über den Planeten bewegen. Vorahnungen machen Ihm eine Gänsehaut. Tagelang läuft er wie betäubt durch die sommerlichen Wiesen und versucht, wieder zu sich zu kommen.

Etwas hindert Mario am
    Sprung!
      Absprung!
        Loslassen!
Symbolisch beim Weitsprung
    Beim Hochsprung
      Beim Absprung
Von einer Lebensphilosophie
    Von einer Einstellung
      Von einer Beziehung
        Zur Anderen

Lasse doch einfach los!
    Lasse los!!
      Dann kommt schon das Neue!!

Silvester 2001/2 auf Malta
Noch ist das Wasser kristallklar – doch Petflaschen und Plastiktüten überall. Dazu durchsichtige Quallen. Im Sommer sollen Speedboote und laute Motorschlitten dazu kommen. Die Malteser sind sehr offen und freundlich. Die Frauen haben große dunkle Augen, arabisch angehaucht. Oder sie haben einen Engländer drin. Doch auch hier sind die meisten Menschen, wie mittlerweile fast überall im Westen, übergewichtig und einheitlich. Konsum, freie

Marktwirtschaft, Wirtschaftskartelle, alles sieht bald überall gleich aus. Sieht so die Freiheit aus? Dazu bläst die BBC in das Horn der Vorkriegsberichterstattung. Keinen kümmert's, dass wir dicht vor einem neuen Ölkrieg stehen. Hauptsache der Sprit wird nicht teurer.

Henry Miller ist jetzt 23 Jahre tot. Aber auch er hat sich schon vor dieser Gleichförmigkeit geekelt, in deren Namen die größten Verbrechen gegen die Seele, die Natur, die Gesundheit und das Leben begangen werden können.

Und am anderen Tag geht man zur Tagungsordnung über -, die heißt - The Show must go on. Schwarze lange Mäntel sind jetzt Trend.

Mario läuft in der Silvesternacht durch die gefüllten Straßen der partygestimmten Malteserfamilien und ist froh, für sich zu sein. Er nimmt gerne am Leben teil. Doch bitte nicht in dieser unlebendigen Uniformität. Genormt Freude, genormte Party, genormte Kultur, Karaoke- und Frank Sinatra Imitate.

Wo ist die alternative Szene geblieben? Aber natürlich, Malta scheint da nicht der rechte Platz zu sein, um danach zu fragen. 95% Katholen – 350 prächtig eingerichtete Kirchen auf dieser kleinen Insel. Ja, stille Plätze gibt es immer noch, wenn nicht gerade auf Singvögel geschossen wird. Familienstrukturen wie vom Papst gewollt. Junge Leute dürfen erst verheiratet zusammenleben. Und dazu noch der a-sexuelle Einfluss der Araber und Engländer.

Jetzt im Winter ist die Insel ein englisches Altersheim. - Nein, nicht dass Mario es den Herrschaften nicht gönnt. Es hat was - es hat was von einem Panoptikum. Gestern war er an einem abgelegenen Strand langgelaufen und was findet er - eine verlorene Zahnprothese.

Am 13.02.2003 hält die Welt wieder den Atem an.

Viele machen es sich auf ihren Plätzen bequem und warten vorm TV auf das Jüngste Gericht. Die apokalyptischen Reiter können jeden Moment am Horizont erscheinen. Und die

Lunte am Pulverfass Erde brennt immer schneller ab. Wir von der westlichen Welt haben jedenfalls fast ausnahmslos ein gemeinsames Feindbild. Saddam Hussein, den Diktator vom Golf.

Doch die Völker der dritten Welt sehen diesen Konflikt mit andern Augen. Und auch Mario hat seine eigenen Gedanken dazu. So Unrecht haben die Irakis nämlich nicht. Sie kämpfen unter anderem auch gegen die, ihnen von Kolonialmächten oktroyierten, Macht- und Grenzverhältnisse. Werden sie nicht seit langer Zeit von ihnen ausgebeutet und für dumm verkauft? Nun melden sie ihre Ansprüche an und die Imperialisten wundern sich. Und natürlich ist die arabische Art nicht vergleichbar mit der feinen Englischen.

Ein anderer Aspekt: Mario persönlich tun die Potentaten nicht gerade Leid. Korrupt und menschenverachtend wie sie sind, wird es höchste Zeit, dass sie eine Lektion bekommen. Doch ist es nicht aufschlussreich, dass die westliche Welt diese Typen jahrzehntelang hofierten und ihnen alle Sünden durchgehen ließen.

Blöderweise sind die wahren Notleidenden wieder die Menschen der Straße, das einfache Volk. Marios dritter Gesichtspunkt: Wird nicht der Irak als Konfliktherd geradezu aufgebaut? Ist es nicht so, dass die Amis und damit die westliche Welt die sogenannte moralische Verpflichtung lanciert haben? So lässt sich gut intervenieren, das Land besetzen und die Grapschhändchen auf den Ölhahn legen.

Wie kommt man am besten an das, was einem anderen gehört? Indem man den Gegner mobbt und ihn in eine Situation bringt, die ihn zuschlagen lässt. Und schon ist vor aller Welt das Zurückschlagen gerechtfertigt. Der Ami in seiner Rolle als Weltpolizist, der seine Truppen eh aus Europa abziehen muss und nicht weiß, wohin mit all den Arbeits- und Obdachlosen, schickt seine Jungens daraufhin in die Wüste. Natürlich ist das ein Gedankenspiel das skrupellose Geister voraussetzt. Und wie es sich herausstellt, gibt es genügend davon.

März 2003 - Der Krieg ist vorbei!

Doch die Problematik am Golf, der Konflikt zwischen Islam und Christentum, zwischen Ost und West, der Krieg in unseren Köpfen ist noch lange nicht vorbei.

Ein ETHISCH geschärftes Gewissen

- weiß nach Tschernobyl, dass atomares "Restrisiko" jenes Risiko ist, das uns jeden Tag den Rest geben kann - und handelt dementsprechend.

- findet es unerträglich, dass Milliarden Mark für Waffen verpulvert werden, während Millionen Menschen verhungern - und handelt entsprechend.

- spürt, dass eine glaubwürdige Position zur politischen Gewalt immer auch ein Verzicht auf persönliche Gewalt miteinschließt und handelt in Ehe, Familie, Freizeit, Partnerschaft und Beruf danach.

- fragt, ob der Grundsatz aller Religionen: "Du sollst nicht töten" nicht auch gegenüber Tieren gilt.

- fühlt, dass es auch den Menschen zum Unheil gereicht, wenn aus schierer Profitgier täglich Tier- und Pflanzenarten brutal ausgerottet werden.

- will wissen, ob es zu verantworten ist, noch Fleisch zu essen, wenn zur Produktion von Fleisch Tiere gequält und siebenmal so viel Kalorien aufgewendet werden müssen, wie zur Herstellung von pflanzlicher Nahrung. Und diese darüber hinaus auch noch schmackhafter und gesünder ist.

Ein ethisch geschärftes Gewissen kann Ethik nicht länger in eine private, eine berufliche und eine politische Ethik aufspalten.

Ethik ist ganzheitlich oder gar nicht.

Und dann wieder gibt es Phasen,

in denen Mario sich fühlt, als hätte er nichts begriffen, in all den Jahren seiner „Spirituellen Reise".

Dann fühlt er sich dumm, vernebelt und ohne Heimat. Oft ist dann die Tendenz da, sich einfach mit einem Bier vor den Fernseher zu setzen. Er beklagt sein Alleinsein und die Trägheit der Masse. Und einfach still sitzen kann er dann auch nicht mehr. Und das fühlt sich ziemlich verrückt an. Welch toller Spiegel wird ihm da vorgehalten? Ja, die „dummen und faulen" Anteile gibt's auch in ihm!

Und es gibt die Tage, da strahlt ihn das Leben an, sein Verstand ist ruhig und es ist, als wäre er schon zuhause.

Und in diesem Reflektieren bemerkt Mario, dass er lieber das „Strahlende" hat, statt das „Dumme, Faule". Durch dieses Wollen scheint ihm Kontrolle und Distanz entgegen. Und gerade durch das „Wollen" schickt er das „Strahlende" weg.

Also was ist wirklich notwendig?! Wiedermal das bedingungslose Ja zum Jetzt! Juchuu, die Waschmaschine der Transformation ist an. Danke an alle, die Mario helfen, die Waschmaschine laufen zu lassen.

Lernen - ist herauszufinden, was ich bereits weiß

Handeln - ist zeigen, dass ich weiß

Lehren - ist andere wissen lassen, dass sie es genauso wissen,

wie ich selbst

   Zitat Richard Bach

Wir leben in einer Zeit in der Wirklichkeit neu definiert wird

Und wir Menschen sind es, die das tun. Wenn jeder Mensch seine Wirklichkeit, seine Erfahrung nach seinen persönlichen Glaubensmustern erschafft, wäre es sehr hilfreich diese Erkenntnis bewusst zu nutzen.

223

Es wird bald eine Zeit geben, in der der Mensch in klarer Absicht und Intention, mit fühlendem Herzen und Energie, Dinge oder auch Umstände erschafft, die dem Ganzen und dem Leben dienen.

Mario stellt fest, dass die meisten Menschen in einem tiefen Schlaf verfangen sind.
Sie sind Träumer, und projizieren die Bilder ihrer Träume auf die äußere Welt, die sie für die Realität halten. Und so geschieht es, dass es so viel "Realitäten" wie Menschen gibt. Und es geschieht, dass kaum der eine den anderen versteht. Denn wie kann ein Träumer den Traum eines anderen verstehen.
Es ist ein spannendes Unterfangen, hinter den Schleier der Illusion oder der "Maya" wie die Buddhisten es nennen, zu blicken. Denn hinter diesem Vorhang wird das Leben von sehr klaren und einfachen Spielregeln geprägt. Ganz im Gegensatz zu den vielen Dogmen der Welt.

Wir Mensch haben um uns herum eine Schicht aus Projektionen, Ideen, Vorstellungen, Theorien und Interpretationen gelegt. Das gibt uns die Gelegenheit die Welt zu filtern und nur das zu sehen, was wir sehen wollen. Unser geistiges System ist ein Projektor, der fortlaufend Dinge, die es nicht wirklich gibt, auf die Leinwand des Lebens projiziert. Es sind Schöpfungen seiner eigenen Fantasie und die ganze Welt wird zu seiner Kinoleinwand. Und doch meint er zu wissen, dass das die Wirklichkeit ist. Wie soll er da jemals wach werden?

Wenn alle schlafen, merkt man nicht, dass man selbst schläft. Es geschieht jedoch zwei, dreimal im Leben, dass der Schlaf nicht ganz so tief ist. Der Schleier wird dünner und man kann das Licht der „Wahrheit" durchscheinen sehen. Der Mensch erkennt, dass er träumt. Wenn er mutig ist, nimmt er die Gelegenheit beim Schopf und lässt sich ganz wachrütteln. Er kann sich jedoch auch herumdrehen und wieder in den Tiefschlaf verfallen.

Dazu passt diese Parabel:
Es gab einmal einen Sufi Heiligen, Hijira mit Namen. Eines Nachts erschien ein Engel und riet ihm, soviel Wasser wie möglich aus dem Brunnen zu schöpfen und aufzubewahren, weil am nächsten Morgen alles Wasser der Welt vom Teufel vergiftet und alle, die davon tränken, verrückt werden würden. Hijira schöpfte deshalb die ganze Nacht über so viel Wasser, wie er nur konnte. Und es kam wirklich so!
Am nächsten Morgen wurde jeder wahnsinnig. Es fiel aber niemandem auf, dass die ganze Stadt verrückt geworden war. Nur der Sufi war nicht verrückt. Doch die ganze Stadt sprach plötzlich davon, dass er verrückt geworden sei. Er wusste, was geschehen war, aber niemand schenkte ihm Glauben und so trank er sein Wasser und blieb für sich. Aber man ließ ihn nicht in Frieden. Die ganze Stadt lebte in einer völlig anderen Welt. Keiner hörte auf ihn und schließlich sprach man davon, ihn ins Gefängnis zu stec¬ken - weil er wahnsinnig geworden sei!
Eines Morgens kamen sie, um ihn festzunehmen. Entweder müsse er als Kranker behandelt oder ins Gefängnis gesteckt werden, aber frei herumlaufen dürfe er nicht mehr länger. Er sei vollkommen verrückt geworden. Niemand könne ihn mehr verstehen; er spräche eine andere Sprache.
Der Sufi konnte es nicht fassen. Er versuchte die anderen an ihre Vergangenheit zu erinnern, aber sie hatten alles vergessen. Sie verstanden nicht was er sagte. Er sprach eine fremde Sprache. Sie umstellten sein Haus. Da sagte der Sufi: "Gebt mir einen Moment Zeit. Ich werde mich selbst kurieren."
Er rannte zum öffentlichen Brunnen, trank das Wasser und wurde auch verrückt. Jetzt waren alle zufrieden: Der Sufi war jetzt endlich wieder zurechnungsfähig und nicht mehr

verrückt. Zwar war er jetzt erst wirklich wahnsinnig, aber damit war er wieder Mitglied der "normalen" Welt.

Für den Fall, dass es Dir gelingt wach zu werden: ‚Binde es nicht gleich jedem auf die Nase!' Wir leben zwar nicht mehr in der Zeit der Kreuzigungen und Hexenverbrennungen, es gibt jedoch andere Methoden Erwachte ins Abseits zu stellen. Die Wahrheit macht leider auch heute noch den meisten Menschen Angst.
Später, wenn Du Dir den Schlaf ganz aus den Augen gewischt hast, gerade stehst und bei Kräften bist, kannst du langsam anfangen mit einigen wenigen über Dein neues freies Lebensgefühl zu reden. –

Und Mario schreibt: Es war einmal eine Generation von hoffnungsvollen Optimisten.
Ihr Zeichen war die Blume im langen Haar. Sie begrüßten sich als Bruder und Schwester und zum Zeichen ihres Friedenwillens zeigten sie die offene Handfläche oder sie markierten mit Zeige- und Mittelfinger das Viktoryzeichen. Der Planet Neptun stand im Zeichen Waage. Neptun unterstützt weibliche, einfühlsame, sensible Wesenszüge und bewirkt die Entfaltung musischer, kreativer und mystischer Fähigkeiten.
Die Waage brachte Ausgleichung, Harmonie und das Gefühl für Ästhetik ins Spiel. Die Generation, in dieser günstigen Konstellation geboren, nannte man die „Generation der Liebe".
Zu jener Zeit als Neptun im Zeichen der Waage regierte, wurde der zweite Weltkrieg beendet. Fast überall auf der Erde sah man die Bemühung um Frieden und Aussöhnung. In Westdeutschland gab es einen dicken Mann namens Strauß. Dieser Strauß, ein Politiker, behauptete damals von sich, dass er nicht den Kopf in den Sand stecke. Großspurig, wie es nun Mal seine Art war, sagte er, dass jedem

Deutschen die Hand abfaulen solle, der noch mal eine Waffe anfasse.

Es war eine Zeit, in der es in West-Deutschland keine Wehrpflicht gab und keine Milliarden für die Rüstungsspirale. Widerstand war damals gewaltfrei. Es gab „Sit-ins", „Love-ins" und lebendige, offene Diskussionen. Mache Liebe – keinen Krieg, war ihre Parole und die Blumenkinder bekamen auf der ganzen Welt Beifall und Beistand.

Die offene und menschliche Art dieser Generation glättete die Wellen des Fremdenhasses und der Aggressionen zwischen den Menschen. Es gab Zeiten, da konnten tausende von menschlichen Existenzen friedfertig und liebevoll auf engem Raum zusammen sein. Die Luft war angefüllt mit positiven Vibrationen und Musik. Überall konntest du lächelnde Gesichter und strahlende offene Augen bemerken.

Kunst, Liebe, Schönheit und Gerechtigkeit sollten überall Einzug halten. Neue Kindererziehungsmethoden wurden erprobt, Reformen erdacht. Stück für Stück machte die Generation der Blumenkinder den vorher so neurotischen, aggressiven, schizoiden und zur Selbstvernichtung treibenden Planeten Erde zu einer Welt ohne Geld, ohne Dogma und Verbot, ohne Hierarchie, ohne Einsamkeit und ohne erschreckend hohe Selbstmordrate. Überall sollte Gleichheit, Brüderlichkeit und daraus resultierend Freiheit herrschen.

Die äußerlich so unterschiedlichen Völker der Erde begannen sich ohne Scheu und Misstrauen dem Anderen anzunähern. In den Montagehallen der Rüstungsindustrie wurden die Bänder umgestellt. Statt Panzer wurden Traktoren und andere landwirtschaftliche Geräte gebaut. Die Blumenkinder verschenkten sie an die hungernden

Völker. Sie hatten erkannt, dass das billiger kam, als Bomben zu werfen.

Wo früher Armut, Unterdrückung, Ausbeutung, Krieg und Hunger herrschte, förderten sie Kultur, Schönheit und Weisheit. Und die Völker dieser Erde nahmen wieder Teil an der großen Tafel der Menschlichkeit, der Fülle und Liebe. Kunst und Schönheit gediehen.

Das Chaos, in das die Menschen durch ihr übergroßes materielles Denken und Handeln geraten waren, lies bis dahin logischerweise nur eine Konsequenz zu. Die Apokalypse, der Weltuntergang war in greifbarer Nähe. Wie eine riesige auf die Erde zurasende Super Nova, überschattete die Angst vor der großen Bombe alle menschlichen Gefühle.

Doch die Bombe war damals nicht die einzige düstere Bedrohung. Es gab die gefährlichen Probleme der Umweltbelastung. Das Wasser der Flüsse und Meere war vergiftet. Selbst der Regen wurde sauer. Die Menschen waren degeneriert zu handlungsunfähigen, verunsicherten Neurotikern.

Die abendländischen Kirchen waren zu entgeistigt, versteinert und kraftlos, um den Menschen einen Weg hin zum sinnvollen, erfüllten Dasein zu vermitteln. Die Blumenkinder hatten echtes Mitgefühl mit diesen nach unsinnigen Idealen strebenden Homo sapiens. Große Schritte zu einem kollektiven friedvollen Menschheitsbewusstein wurden getan.

Der Wunsch des Einzelnen nach Selbstverwirklichung und Freiheit wurde respektiert. Die scheinheiligen Ideale, die allenfalls für den Tanz ums goldene Kalb taugten, wurden abgeschafft. Energiekrisen, Terror und Leid sind vergessene Attribute der Vergangenheit.

Heute lachen die Menschen, wenn sie alte Dokumente oder Filme betrachten. Sie amüsieren sich über die Nichtigkeit,

Dummheit und Ignoranz der Damaligen. Niemand kann diese Blindheit nachvollziehen. Den heutigen Menschen fehlt der Makel des Egoismus, der vorher wie ein Kainszeichen dem Geschlecht der Menschen auf die Stirn gezeichnet war und alle Bestrebungen verhinderte, kollektiv den Stein der Weisen zu finden. Es war der Egoismus, der jeden Versuch vereitelte, den Zustand des Erwachtseins, des inneren und äußeren Friedens mit sich, seinem Körper, dem Geist und der Welt zu erlangen.

Das menschliche Leben ist nicht mehr geprägt von Angst und Sorgen. Sondern von der Freude an der Mitmenschlichkeit, der spielerischen Suche nach wahrer Erkenntnis.

Nachdem der Mensch erkannt hatte, dass der Weg zu Weisheit, Glück und Gesundheit nur über den Respekt zur Natur, ihrer sichtbaren und unsichtbaren Realität und des Geistes führt, konnte er erwachsen und wahrhaft lebendig werden. Denn die Geburt des Menschen ist mit dem Vorgang der Geburt nicht beendet.

Und wenn sie nicht gestorben sind, leben sie immer noch.

Der Weg

Mario kennt einen Weg
Es gibt nur diesen einen
Er führt zu einem uralten Haus, ganz aus Stein.
Das steht in einem wilden, einsamen Tal in Südfrankreich.

Viele Generationen haben darin gearbeitet,
Gelebt, geliebt und sind darin gestorben.
Manche dieser Menschen sind darin begraben.
Seidenraupen gaben ihnen ihr tägliches Brot.
Das vielfarbige Schiefergestein des Berges ihr Baumaterial.

Auf dem steinigen Weg,
Den seine Beine gerade gehen,
Leuchtet der Schiefer in der Sonne.

Und der Weg bringt ihn durch
Das gewundene Tal zum alten Haus.

Steine, von den Jahrhunderten ausgewaschen,
Geben seinen Füßen festen Halt.
Manchmal glitzern sie silbern –
Mit goldenen Splittern darin.
Dann wieder gibt es Blau-, Grau- und Grüntöne,
Die seine Augen verwöhnen.

Wurzeln von alten Steineichen und Esskastanien
Queren den Weg.
Plötzlich gibt er Mario den Blick frei
Auf Häuser weit unten im nächsten Tal,
Dann wieder auf die runden, hohen Hügel der wilden
Umgebung.

Doch meist ist sein Blick auf den Weg gerichtet.
Seine Füße streicheln die Felsen
Oder stemmen sich in die natürlichen Stufen des Pfades,
Der ihn immer näher an sein Ziel führt.

Zikaden zirpen im Gebüsch,
Ginster und uralte Kiefern duften.
Die Luft ist weich und rein nach dem langersehnten Regen.
Die Blätter der Bäume wiegen sich silbrig im warmen Wind,
Der von der Sonne getrieben, durch das Tal streicht.

Rufe einer Habichtfamilie wehen heran vom Hang
gegenüber.
Fette Hummeln taumeln brummend
Scheinbar ziellos im grünen Urwald,
Durch den ihn der Weg führt.
Farne und Brombeerranken fordern seine Achtsamkeit.

Wieder glänzt der Schiefer vielfarbig und geschichtet,

Wie ein lebendes Kunstwerk unter seinen Füßen.
Die Sonne steht im Zenit.
Schweiß auf seiner Stirn.

Der Weg führt ihn fort
Von den Irrungen und Wirrungen der Menschen,
In die Einsamkeit und Stille dieser Berge.
Eine Stille, die ihm manchmal den Atem nimmt
Und ihn klein erscheinen lässt
Im unermesslichen Raum, der ihn umgibt.

Weiße Wolken im blauen Himmel
Grüne Berge
Rauschen der Blätter im Wind
Sprudelnder Klang des Baches im Tal.
Wieder der Schrei des Habichts.
Und Mario in der Mitte.

Da erscheint das zweigeschossige alte Haus in der Wildnis.
Ganz aus Stein.
Kundige Hände haben daraus dicke Mauern aufgetürmt.
Sie bieten Schutz vor der Hitze des Sommers
Und dem kalten Wehen des Winters.

Mario sieht gestapeltes Holz
Für den großen gemauerten, offenen Kamin.
Ein alter Holztisch auf der Veranda.
Hölzerne Fensterläden,
Glänzende Scheiben reflektieren die Sonne.

Dankbar setzt er sich in einen Stuhl,
Trinkt klares Wasser
Und freut sich noch immer
Über den gewundenen Weg,
Der ihn durchs Tal

Zur Stille des alten Hauses brachte.

Ein strahlender Herbstmorgen.
Mario fühlt sich gerade wie ein moderner Zen Mönch. Er lebt im „Westen" doch seine innere Haltung ist vom „Osten". Seine Priorität ist, mit dem zu sein, was jetzt ist. Sein Mantra: Vertrauen. Seine Version von seinem Leben: Für das Leben, für sich und für die Menschen da zu sein. Die Reihenfolge ist austauschbar. Er macht keine Kompromisse mehr. Er fühlt sich beschenkt. Sein Herz ist offen. Sein Verstand wird immer stiller.

Er lädt Menschen zu wöchentlichen Meditationsabenden ein. Es geschehen inspirierende Momente. Hin und wieder eine „Energiesession". Klärung von Mustern. Noch zu wenig, um davon leben zu können. Doch das Leben beschenkt ihn reich. Mario fühlt den Luxus in dem er die Einfachheit lebt. Er lebt im Moment ohne Krankenversicherungen. Das lädt ihn ein zu noch mehr Präsenz. Es ist eine Gradwanderung.

Sein Mantra: Vertrauen - Und keine Kompromisse mehr. Heute früh beim „Meditieren" kam wieder das „Nichts", das seinen Körper berührte und ihn verneigen ließ. Stark, strömend, unbekannt und doch so vertraut. Es ist immer da. Das „Ich" braucht nur aus dem Weg zu gehen.

Nicht-Wissen, Vertrauen und Offenheit.
Ist es wirklich möglich, so zu leben?
Mario tut es gerade. Da ist tief in ihm ein Wissen: Es funktioniert.
Und doch sehnt sich sein Body-Mind-System nach finanzieller Sicherheit. Irgendwo hat er gehört, dass wir dieses Bedürfnis aus der Steinzeit mitgebracht haben.

Die Vision

Eines Tages in einer tiefen Meditation erkennt Mario wo er wirklich herstammt. Das Bild seines Heimatsternes zeigt sich. Hier ist er zuhause, dass spürt er genau. Ein Gefühl der Geborgenheit, des Glücks und des Friedens, wie er es bis dahin noch nicht erfahren hatte, durchströmt ihn.

Dort ist er eine farbige, durchscheinende schillernde Kugel ohne feste Größe, ohne Grenzen. Die Farben sind die des Regenbogens. Sie strömen durch ihn und um ihn herum. Seine Sternengeschwister sind dem ähnlich. Sie pulsieren im Licht, als Licht und sind eine Einheit mit dem Heimatplaneten, der eine schillernde farbige Kugel von unvorstellbaren Ausmaßen sein kann und gleichzeitig auch winzig klein.

Sie alle bilden eine unermessliche Kugel aus Licht, Liebe, Glück und Freude. Alles ist darin enthalten. Und wenn sie möchten, kann jede sich vereinzeln. Dann fließen unzählige Kugeln aus dem Vater/Mutter-Stern hervor. Die Teile sind grenzenlos, genau wie ihr Ursprung. Sie können klein wie Stecknadelköpfe werden und noch kleiner und sie können sich ausdehnen, so dass sie den ganzen unermesslichen Raum einnehmen. Sie sind ohne Grenzen und sie sind eins. Und so treiben sie ihre himmlischen Spiele.

Ihr Meister und ihr Mittelpunkt ist die „Quelle", das alles durchströmende Licht. Eines Tages nun drang die Kunde von dem dunklen Planeten, Erde genannt zu diesem flirrenden, lebendigen Etwas. Und Mario hatte damals für sich bestimmt, dass er dorthin geht, um der Erde das Licht, ihr Licht, ihre Farben und die Liebe zu bringen. Das Wissen um die Einheit aller Dinge wollte er dort verankern.
Die „Quelle", fragte ihn, was er dabei lerne wolle.
Er sagte. "Hingabe und Geduld."
Und so wurde er zur Erde gesandt.

Viele seiner Sternengeschwister taten es ihm gleich. Am Anfang schien ihre Aufgabe leicht. Sie wussten noch um ihren Auftrag, sie erinnerten sich ihrer Herkunft. Sie hatten direkten Kontakt zur Quelle. Doch nach einiger Zeit, es können Hunderte von Jahrtausenden vergangen sein, hatte sich die schwere Frequenz der dreidimensionalen Materie in ihr Lichtkleid gegraben. Und die Nebel der Zeit, die sie als Sternenkinder nicht gekannt hatten, verdeckten die Quelle in ihnen. Auch in Mario. Er vergaß, dass er doch Träger des Lichtes und der Liebe ist. Das Wissen um die Einheit aller Dinge ging ihm verloren. –

Und es gab da das Leben als Mönch.
Damals war Mario ein sich selbstkasteiender, an einen strafenden Gott glaubender hochmoralischer Mensch. Das ganze fühlte sich sehr neurotisch an. Für jede sexuelle Regung, für jede Sehnsucht nach menschlichen Bedürfnissen musste er sich selbst bestrafen. Alle seine Emotionen musste er unter einem Drucktopfdeckel verstecken. Es gab nur die Hingabe an einen idealisierten Gott, der nur hehren, übermenschlichen Wesen gegenüber offen war. Der Himmel, dem er sich damals öffnen konnte, hatte nichts gemein mit einem freudevollen Sein. Und diesen Himmel konnte er nur erringen, indem Mario sich alles verbot, was freudevolles, menschliches Leben ausmachte.

Mario sah sich in diesem Leben. Er hatte eine Tonsur. Seine Zelle öffnete sich zum Kreuzgang hin. Der Innenhof war begrünt. Es herrschte Stille, die nur hin und wieder unterbrochen wurde durch eintönige Gebetslitaneien, ihre Klostergesänge, die mit ihren Obertönen noch das freudevollste Ereignis im Alltag waren. Die Stille wurde aber auch gebrochen durch das Klatschen der Lederriemen auf nackter Haut und dem leisem Stöhnen, wenn einmal wieder einer seiner Mitbrüder für seine Sünden bezahlte. Dies war ein kurzes strenges Leben. Mario starb in einer dieser eiskalten, einsamen Nächte, zwischen den feuchten modrigen Steinwänden seiner winterlichen Klosterzelle. Und den Himmel und den Gott seiner Vorstellungen hatte Mario trotz dieses erfolgreich neurotischen Lebens nicht gefunden.

So nahm er sobald als möglich einen neuen Körper an. Mit dem wollte er die sinnliche Komponente des Lebens nach zu holen. Doch auch hier hatte Mario auf seine Weise etwas übertrieben. Denn es war ein Leben der überdimensionierten Wunscherfüllung. Voller neuer Neurosen und Süchte.

Denn jegliche Kompensation, jede Unterdrückung führt zu einem neuen Umweg, der jedoch, wenn er reflektiert, verstanden und integriert wird, ein Teil des Heimweges sein kann.

Leben folgte auf Leben. Es gab viel Leid, viel Zeit, viele Erfahrungen die Mario erinnerte. All das hat es gebraucht, damit das Wissen in ihm wieder zum Vorschein kommen konnte. Und nun sieht er es wieder. Seine Lektion der Geduld und Hingabe hat er gelernt, dass weiß Gott!

Mario erinnerte sich. Und doch, selbst diese Vision wäre fast der Macht der Illusion, seinem Unglauben und Zweifeln zum Opfer gefallen. Es kamen jedoch immer mehr Puzzlestücke zum Erinnerungsbild hinzu. Er traf auf andere erwachte Wesen. Und sie bemerken gemeinsam, dass ihre „Arbeit" langsam Früchte trägt.

Nichts war umsonst. Sie haben keine Fehler gemacht. Alles ist genau richtig wie es ist. Die Wahrheit steht machtvoll in der Tür. Ihre Strahlen dringen kraftvoll in diese Welt und erwecken alte Erinnerungen.

Er weiß, jeden Tag werden mehr und mehr Menschen wach und erinnern sich, weshalb sie hier sind. Sie brauchen nur ihre inneren Augen zu öffnen, dann sehen sie. Und Mario sieht, wie der Kreis sich schließt. Alle kommen sie wieder zusammen. Und das Licht ist noch strahlender geworden.

Samstagnachmittag

Der Mai gebärdet sich wie ein April. Die Vogeleltern über Marios Balkon holen die Würmer im Team zum Nest. Mario lebt zurückgezogen. Seit Tagen stürmt es in ihm und dort draußen. Sind es Winde der Klärung? Er hofft es. Er wünscht es sich und er ist auch bereit, die Dinge neu zu sehen.

Endlich, endlich, endlich.

Mario scheint es, dass der selbstgeschaffene Druck nun den Durchbruch gebracht hat. Die Frage, die ihn seit Monaten, eigentlich seit Jahren, umtreibt war: Warum erfahre ich fortwährend diese spezielle und so subtile Form von Selbstsabotage?

Gott weiß, was er schon alles versucht hatte, um an dieses Muster zu kommen. Und heute früh sieht er dann wieder Gordana vor sich stehen. Sie gehen Hand in Hand. Sie lacht unter Ihrer großen Brille ihr verschmitztes slawisches Lächeln. Ihre Augen blitzen ihn an. Und sie sagt ihm: `Es ist alles in Ordnung. Du bist nicht schuld an meinem Tod.´
Ja, tatsächlich, Mario fühlt sich seit 19 Jahren schuldig an ihrem Tod. Damals, in der Zeit des Schockes und der betäubten Trauer, muss er bewusst und unbewusst viele begrenzenden Kreationen gesetzt haben. Zum Beispiel sagte er sich:
`Ich werde niemals mehr arbeiten gehen. Denn Gordana ist auf dem Weg zur Arbeit umgekommen. Ich werde niemals mehr lieben und fühlen. Denn der Schmerz, der danach kommt, ist zu groß. Ich bin schuld am Tod meiner großen Liebe. Ich habe versagt. Ich bin schuldig!´

Ja, das alles erinnert und fühlt Mario, Jahrzehnte später, an diesem Montagmorgen schlagartig. Er fühlt diese Energien endlich wieder. Ihm wird bewusst, was er damals kreiert hatte. Sicherlich, Mario hat schon früher damit gearbeitet. Doch er hat die Stärke der Energie gefürchtet und so nur die Oberfläche angekratzt. Man bekommt immer so viel von seinem Unterbewusstsein mitgeteilt, wie man auch verarbeiten kann. Und heute war er endlich dazu bereit genauer hinzufühlen.

Intellektuell weiß Mario, dass dies keine Frage von Schuld und Sühne ist. Doch gefühlsmäßig, intuitiv möchte er noch mehr Klarheit finden.

Und dann werden die Kreationen greifen:
- Ich bin frei und ohne Schuld.
- Ich gehe liebevoll mit mir um.
- Selbstverantwortliche Arbeit begeistert mich.
- Fühlen und Lieben ist mein Leben.

In den Wochen nach diesem Erkennen merkt Mario, wie er immer empathischer wird. Er hat seine Prioritäten gefestigt. Er hat Spaß und genießt sich als Mensch und Mann. Und er sieht, dass es jetzt drauf ankommt, mit seinen Talenten mehr an die Öffentlichkeit zu gehen. Nichts mehr zurückhalten und kontrollieren. Auch nicht die Angst vor dem Verschwinden in die Unpersönlichkeit.

War es Traum oder Wirklichkeit?

In einem Land vor unserer Zeit. Die Menschen waren glücklich, denn sie lebten in Einheit mit dem Sein. Sie lebten und drückten in all ihren Aktionen die großartigste Version ihrer höchsten Vision dessen aus, wer und was sie wirklich sind.

Sie lebten in der tiefen Erkenntnis, dass der Sinn und Zweck der Menschwerdung und des Lebens ist,
zu entscheiden und zu erklären-,
zu erschaffen und auszudrücken-,

zu erfahren und zu erfüllen-,
wer sie wirklich sind.

Ihr Land war wie Ihr Leben,
ein Land der Fülle,
des Wachstums,
der Schönheit
des Friedens.

Großartige Städte, architektonische Meisterleistungen lagen inmitten unberührter Natur. Herrliche Parkanlagen umgaben die Tempel des Wissens und der Innenschau. Die Kinder lebten frei und ungezwungen, inmitten einer Gemeinschaft von reifen, liebevollen Menschen, deren Aufgabe es war, ihnen einen Raum der Geborgenheit zu kreieren, indem die Kinder, ihrer Natur entsprechend Erfahrungen, machen und sich erinnern konnten, wer sie sind.
Die Gemeinschaft der dort lebenden Menschen war ausgerichtet auf gegenseitige Unterstützung und des Gebens. Gesetze waren überflüssig. Institutionen wie Ehe, Verpflichtungen und Verträge waren unbekannt. Denn alle lebten Ihrer wahren Natur entsprechend und drückten in jedem Moment angstfrei ihre höchste Wahrheit aus. Darin eingefügt war die Erkenntnis: Was ich dem anderen gebe, gebe ich dem Selbst.

Sich selbst ermächtigende Menschen erforschten in den Schulen die Zusammenhänge der Energie des Geistes, der Natur, der Elemente und der Transzendenz. Ihr Wissen war hochentwickelt. Für uns unvorstellbare Entwicklungen und Ereignisse gehörten zu ihrem Alltag. Es gab kaum noch Geheimnisse in den letztendlich Gesetzmäßigkeiten und Wahrheiten des Lebens. Dinge wurden mit reiner Gedankenkraft bewegt, verändert und erschaffen. Zeit- und Raumreisen benötigten keine technischen Hilfsmittel.

Gebündelte Gedankenkraft kreierten Quellen der physischen Energie, die sich selbst erneuerten. Materie wurde verwandelt, die großartigsten Gebäude und Kunstwerke entstanden durch die reine Vorstellungskraft von dafür ausgebildeten Menschen.

Doch eines Tages geschah das Unvermeidliche. Durch die Spezialisierung Einzelner und einzelner Gruppen entstand Trennung. Einige Mitglieder des Hohen Rates fühlten sich stärker und weiser als die anderen. Sie vergaßen, ohne es zu bemerken, das Grundgesetz der Einheit und Gleichwertigkeit allen Lebens.

Eine Gruppe der mächtigsten und erkenntnisreichsten Männer und Frauen erschufen sich selbst eine neue Stadt und neue Tempel in einem unberührten Land des Kontinentes, den wir heute mit dem Namen Atlantis bezeichnen. Inmitten dieser herrlichen Stadt gab es vier Tempel. In jedem loderte eine andere Flamme der Kraft.
Das violett der Umwandlung, der Alchimie.
Das Rosa Gold der Liebe.
Das Blau der Klarheit und Macht.
Der vierte Tempel war gerade im Bau.
Mit ihm hatten die Magier, wie wir sie heute nennen würden, etwas ganz besonderes vor. Sie wollten eine Energie, des Vergessens, der Verwirrung, der Identitäts- und Sprachlosigkeit erschaffen.
Sie wollten erforschen, wie es sich anfühlt, völlig verwirrt und leer und hilflos den äußeren Umständen ausgeliefert zu sein. Sie wollten ausprobieren, ob es durch geistige Beeinflussung und Sprachgewalt möglich ist, andere Menschen zu manipulieren. Das alles war gedacht als Experiment, als Spiel.

In diesem vierten Tempel wurde die silbergraue Flamme des Vergessens und der Verwirrung installiert. Sie war ein transformierter Aspekt der Flamme der Liebe und der Klarheit.

Denn noch erhielten diese Magier ihre Kraft aus dem Wissen heraus, dass alles Liebe ist und Liebe alles zusammenhält. Das Experiment war gedacht als wahre Zurschaustellung der göttlichen Kraft des Menschen.

Die Menschen im Ursprungsland erfuhren durch ihre telepathischen Fähigkeiten vom Experiment der Magier. Und in Ihrem Bewusstsein regte sich Neid und Angst. Es wurde eine Gruppe aus ihren Reihen gewählt, die Schutz und Gegenmaßnahmen entwickeln sollten. Denn sie hatten den Verdacht, dass sie das Opfer des kindlich verspielten Experimentes der Verwirrung sein sollten.

Dies war der nächste Schritt in die Trennung und des Vergessens. Über all dem vergingen Jahrhunderte. Denn die Menschen in dieser Episode der irdischen Evolution lebten in der Regel 1600 Jahre.

Doch eines Tages war es soweit. Während die Magier noch beratschlagten, ob sie das ausgereifte Experiment nun starten wollten, wurden ihre Stadt und Ihre vier Tempel unvermittelt angegriffen. Daraufhin trafen sich schnell die dreizehn obersten Magier in Ihrem Allerheiligsten. Ihr oberster Repräsentant hatte Ihnen gezeigt, wie sie mit Hilfe des Dritten Auges die grausilberne Flamme des Vergessens und der Verwirrung lenken konnten.

Zuerst wehrten sie damit den Angriff ab. Die Angreifer stürzten in heilloser Verzweiflung davon. Dann griffen die Magier systematisch die Ursprungsbevölkerung an. Dies sollte als Warnung dienen. Das Experiment war gelungen.

Doch über die Jahrhunderte wuchs die Angst und Verwirrung. Beides war ansteckend. Kommunikation wurde nicht mehr gelebt. Auch die Magier waren von dieser Krankheit betroffen.

Schließlich kam es zum großen Krieg. Ganze Städte und Landstriche wurden durch Gedankenkraft, mit Hilfe der grausilbernen Flamme zerstört. Denn die Kräfte wirkten auch innerhalb der materiellen Atomstrukturen, die plötzlich ihre Konstruktionen vergaßen und in sich zusammenfielen.

Großes Leid kam über Atlantis. Der Prozess war nicht mehr aufzuhalten.
Doch der oberste Repräsentant der Magier, inzwischen bereit, seinen Körper zu verlassen, erinnerte sich noch. Er erinnerte sich an den Frieden und die Schönheit, die sie einmal erschaffen und inzwischen wieder zerstört hatten. Und er fühlte sich schuldig. Unermesslich schuldig, denn schließlich ging dieser Prozess von ihm aus. Und er erinnerte sich an seine Lebensgefährtin, die ihn gewarnt hatte und ihn kurz vor der Katastrophe verlassen hatte, um wieder in die alte Heimat zu gehen. Auch sie hatte er missbraucht und damit einen Krieg zwischen Ihren unsterblichen Seelen entfacht.

Und so beschloss er, dass er nie wieder solche Macht leben wollte. Und er installierte in seinem Geistkörper mehrere ineinander verschachtelte Programme der Kontrolle und des Versagens, die sich gegenseitig überprüften.
Jedes Mal wenn er in Zukunft in einer seiner weiteren Inkarnationen die Ebene von Macht, Glück und Freude erreichte, lösten die von ihm installierten Programme Notbremsen aus, die ihn verunsicherten und ihn wieder in das Land des Vergessens führten. So hielt er sich selbst machtlos. Er hatte sich in seine Energiekörper die silbergraue Flamme installiert. Nun folgte Leben über Leben der Sühne, des Erinnerns und des Vergessens, der Selbstsabotage und des Überdrusses.
Verzweiflung ließ seine Seele gefrieren. Manche Leben waren der reinen Zerstörung gewidmet. Andere der

Einsamkeit und Depression. Einigen Leben setzte er ein gewaltsames Ende, da er das Leid nicht mehr ertragen konnte.

Und nun, nach Jahrtausenden der Verwirrung, beginnt er sich wieder zu erinnern. Er erinnert sich wieder, wer er ist. Er taucht auf aus dem Vergessen und der Verwirrung. Er erinnert sich Schritt für Schritt an die von Ihm selbsterschaffenen Programme. Und er trifft Menschen mit denen er damals zusammen war. Sie helfen Ihm, sich noch weiter zu erinnern und das dazu Gelernte zu integrieren. Sie helfen ihm, die Vergebung, die Gnade und die Liebe zu erinnern. Und sie helfen ihm bei der Begleichung noch offener Rechnungen.
Jetzt kommt er an den Punkt in den Äonen der Zeit, indem ihm nur eines übrig bleibt. Nämlich zu vergeben.

Vorsichtig öffnet sich sein Herz voller Demut und Hingabe. Seiner Aufgabe in diesem Leben, die bedingungslose Liebe zu allem was ist zu leben, kommt er Stufe für Stufe näher.
Manchmal umwehen ihn wieder Nebel des Vergessens, er stürzt und verzweifelt. Doch er steht wieder auf, getrieben von einem unbändigen Willen nach Erlösung. Er steht wieder auf in der tiefen Erkenntnis, dass er Schöpfer all dessen ist und dem sicheren Wissen, dass dieses Leben das Leben der Befreiung für ihn und seine Mitschöpfer bedeutet.

Das Retreat
Mario fährt mit Freunden für drei Wochen an die Mecklenburgische Seenplatte.
Dort, in der Begegnung mit Paul Lowe geschieht für Mario wieder viel "Heilung". Paul ist ein spiritueller Lehrer. Die Zeit in der Gruppe von 90 Menschen aus aller Herren Länder, die Tage der Meditation und des direkten, sehr ehrlichen

Austauschs, Sharing genannt, nutzt Mario als Integrationszeit. Das ist jetzt seine Form des Urlaubs.

In ihrem Zusammensein gibt es nur das Hier und Jetzt und die Wahrnehmung von jedem Teilnehmer. Im Grunde geht es darum, jeden Moment zu erfahren. Es gibt nur diesen Augenblick. Vergangenheit und Zukunft sind Ideen und Interpretationen des Verstandes, also ohne wirklich Substanz.
Mario bemerkt, die konzentrierte Ausrichtung auf den Moment, öffnet ganz neue Bereiche der Wahrnehmung, der Selbsterfahrung.

Interpretationen und Erklärungen des Verstandes sind unwichtig. Was zählt, sind die direkten Empfindungen und das Mitteilen eben dieser. Das erfordert viel Mut, Offenheit und Ehrlichkeit. Mit der Zeit bildet sich in der Gruppe ein Energiefeld der Intensität und der direkten Anbindung an eine übergeordnete Weisheit. Die Erfahrung, dass die Menschen keine getrennten Wesen sind, sondern, dass alle Teil eines riesigen Netzes, eines einzigen Bewusstseinsstroms sind, ist aufregend. Jeder spielt in seiner Individualität dabei eine wichtige Rolle.
Und doch, solange festgehalten wird an dieser Individualität, geht die Größe und das Potential des Gewahrseins verloren.
Mario erlebt wieder einmal, wie wohltuend es ist, die Persönlichkeit nicht so ernst zu nehmen, Abstand von ihr zu gewinnen und tief zu entspannen.

Meditationen, Partnerübungen, Sharings, Frage – Antwort – Sessions bilden ein Energiefeld, das alle trägt. In diesen höheren Schwingungsebenen können leicht und humorvoll Alltagskontraktionen erkannt und in dieser erweiterten Bewusstheit erlöst werden.

Als Teilnehmer reagieren die Menschen nicht aufeinander, sondern sie nehmen das, was sie wahrnehmen, in sich auf, um zu spüren, was es mit ihnen macht. Macht das „gehörte" Sinn, macht es Resonanz? Was sind die intuitiven Eindrücke bei all dem, wie fühle ich mich mit dem, was ich höre und wahrnehme?

Die Bewusstseinsfilter schmelzen, die wir alle in unserer Wahrnehmung haben. Jetzt können Feedbacks oder Antworten aus einem wertfreien Bereich des Bewusstseins kommen, jenseits der konditionierten Reaktionsmuster. Und so unterstützend wie möglich, teilen die Gruppenteilnehmer ihre Wahrnehmungen mit. Nähe, Liebe und Verständnis untereinander wächst. Viel Heilung geschieht.

Mario hat einiges an klärendem Feedback bekommen.
Dazu ganz viel Liebe, Annahme, Bestätigung und Bestärkung in seine Fähigkeiten des „Sehens, Wahrnehmens und Mitteilens". Er wird direkter, ohne in seinen therapeutischen Habitus fallen zu müssen. Und er hat wieder richtig Lust bekommen, für Menschen da zu sein. Die letzten Monate war er von der „Arbeit" etwas erschöpft. Und er hat seinen Frieden mit Michael Barnett gemacht. Mario hat gemerkt, dass Menschen, die erwacht sind, auch noch alte Konditionierungen im System sitzen haben können. Seiner Meinung nach hat Barnett versäumt, einige dieser Programme zu klären. Das hat Mario damals in Frankreich schon gespürt. Er hat sich damals nur nicht so getraut es mitzuteilen, wie er es jetzt tut.

Es war die intensivste Gruppe, die Mario bis dato erlebt hat.
Am zweiten Tag meldete er sich. Mario geht es nicht gut damit, dass in der gleichen Zeit, in der sie ihre "Reise" machen, im Libanon Krieg ist und Menschen sterben.

Nachdem er das geshart hat, kann er ganz im Moment ankommen.

Aus diesem Sharing ergibt sich, dass sie in den folgenden Tagen auch viele kollektive Themen angeschaut werden.

Bei dieser intensiven Friedensarbeit, die sie hier machen, sollten die „Vereinten Nationen" eigentlich die Teilnehmergebühren sponsern, denkt Mario bei sich.

Was ihm unter vielem anderen geblieben ist:

Wenn du dich jetzt in „Problemzonen" des Lebens einfühlst und dein System reagiert heftig darauf, dann fühle das einfach nur. Schau dir alles genau an, ohne Bewertung, ohne Konzepte von Befriedung oder Veränderung zu haben. Dabei wird es meistens bald viel ruhiger in ihm. Und da alles mit allem vernetzt ist, da alles EINS ist – wirkt das auf ALLES. Und mit dieser Erkenntnis ist Mario glücklich.

Und gleichzeitig ist es ihm wichtig, auch auf der sozialen Ebene die Stimme zu erheben und konstruktive Beiträge zum Neuen einzubringen.

Zum „Neuen" fällt ihm ein:

Nach der weiteren „Klärung" in diesen Wochen kristallisiert sich für ihn heraus, dass es eine ganz neue Möglichkeit gibt auf dem Planeten zu leben. Wir brauchen die alten Gewohnheiten des Überlebenskampfes nicht mehr zu unterstützen. Stattdessen kriecht dem kollektiven Bewusstsein Wahrhaftigkeit und Mitmenschlichkeit unter die Haut.

Noch eine Erkenntnis erleichtert Mario

Er bemerkte, dass er Angst vor Menschen hat! Diese Angst war sehr subtil, doch nun endlich hat er sie erkannt. Sein cleveres ICH konnte das geschickt kompensieren. Mario war oft der Netzwerker und Gruppenanführer. Er geht auf Menschen zu, macht Kontakt. So lebte er seit langem ein richtig fettes Helfersyndrom. Wie geschickt von der Angst, sich hinter all diesen Masken zu verstecken!

Seit einiger Zeit enttarnt sich diese Maskerade. Menschen, die seine Energie einfordern, weist er höflich aber bestimmt auf ihre eigene Kraft hin. Manchen in seinem Umfeld sagt er auch ganz Tschüs. – Er darf noch lernen, doch es fühlt sich gut an, was da passiert.

Nach den drei Wochen kommt Mario aus diesem Raum der Stille, Lebendigkeit und Freiheit nach Hause.
Da liegt ein Brief in seinem Briefkasten. Eine Unterlassungsklage, Streitwert 200 000 €. Upps, und Mario lächelt. Der Rebell und Kämpfer in ihm winkt nur noch von weitem. Er kann Hinweise annehmen. Ist voller Vertrauen, dass es eine gute Lösung gibt. Und er kann überprüfen, dass die Erkenntnis des Vertrauens in die Quelle, ins Tao, jetzt tief in ihm verankert ist.
Er unternimmt das, was nötig ist. Die Rechtsanwälte jedoch haben keinen Schimmer. Es handelt sich um ein sogenanntes Nahrungsergänzungsmittel, dass hoch wirksam ist. Es ist noch nicht ganz geklärt, ob es frei verkäuflich ist oder als Medizin unter gewisse Regeln fällt.

Mario kann durch diese „Ablenkung" seine gewohnte Arbeitsstruktur nicht einhalten. Das Geld wird wieder einmal knapp und er ist amüsiert. Fühlt er nichts mehr oder ist da wirklich keine Existenzangst mehr? Doch sie ist da, und er kann sie fühlen. Und gleichzeitig ist er in Verbindung mit dem Raum der Stille und Vertrauens, der Mario schon immer begleitet hat und nun mit Pauls Unterstützung noch kraftvoller aufscheint.
Traum: Der Tanz mit Jesus.
Sie befanden sich in einer weiten schattenlosen Landschaft. Es war die Zeit nach seiner Auferstehung, in der Jesus sich von seinen Schülern verabschiedete. Er stand links vor Mario, circa vier bis fünf Meter entfernt. Plötzlich war da nur noch Schwingungsraum. Mario hing darin schräg nach

hinten. Ihre Herzen strömten zueinander. Viel Kraft und Licht. Es war ein Tanz der Energien. Marios Hände öffneten sich für diese Energie. So konnte er sich im Energieraum bewegen.

Jesus sagte eindringlich zu ihm: Du heilst mit deinen Händen, mit dem Licht der Wahrheit und Liebe. Lass es endlich zu.

Ein sehr intensiver Traum. Eine klare Botschaft. Alles was Mario noch abhält ist seine eigene Skepsis. Auf der Skala von eins - zehn ist das JA bei sieben und das Nein bei eins. Der Rest ist leerer Raum.

Wochen später wurde die Unterlassungsklage zurückgezogen.

Ein Sommertag
Die Wärme kriecht in die Mauern,
Als wäre es die Winterkälte – unaufhaltsam.
Der feine Unterschied,
Die Wärme entspannt Körper und Geist.
Atmen, entspannen, durch den Tag träumen,
Die Fenster geschlossen halten,
Um die Kühle der Nacht aufzuheben.

Das Top etwas hochgerutscht.
Schlanke Hüften, glatter Bauch.
Haut auf Haut.
Energiewellen durchströmen den Raum.

Im TV Peacefahnen
Und in Jerusalem explodiert wieder eine Bombe.
Reisebusse verunglücken wie auf Verabredung.
Es gibt keine Sicherheit.
Es hat noch nie Sicherheit gegeben.
Illusion dies zu glauben.

Ein Sommerabend, der Himmel wie ein Gemälde.
Lauer Wind streichelt seinen nackten Körper.
Ein Leben, eine Liebe - alles ist eins.
Schwester, Bruder - alles ist eins.
Ein Leben, eine Liebe - alles ist eins.
Liebe für sich, Liebe für dich, alles ist eins.

Was gibt es zu tun?
Atmen, Seele wachsen lassen
Energie strömen, einfach – Sein
Wo kommst Du her?
Wo gehst Du hin?
Ist das relevant?
Sei hier, Sei jetzt!

Erinnere wer Du bist, und alles andere wird sich finden.
Ist es wirklich so?
Gerade in unserer Welt, in unserer Zeit?
Langsam hat er das Gefühl – JA!
Sicherlich, das Bankkonto ist etwas strapaziert.
Aber es gibt keine Existenzangst.
Sorge dich zuerst um das Reich Gottes
Und der Rest kommt von alleine.
War der Spruch so?
Na – jedenfalls so ähnlich.
Soziale Kompetenz, Herzöffnung, Mitgefühl, Präsenz.

Ausstrahlen:
Stille und Freude
Vertrauen und Geborgenheit
Klarheit und Entscheidungsfreude

Der Himmel wie ein majestätisches Segelschiff.
Die Sonne ist untergegangen und die Dämmerung hält an.

Schleierwolken und leuchtende Kondensstreifen.
Freude, Alleinsein, Fühlen und Liebe für das Leben.

Was braucht das Leben?
Hingabe und Stille im Verstand.
Ok, Ziele sind wichtig.
Aufmerksamkeit ausrichten.
Doch Loslassen ist genauso richtig.

Auf dem Boden rumkugeln wie ein Kind,
Ein Leben wie ein Energietanz.
Wo führt das Hin?
Der Sommer hat noch gar nicht richtig angefangen.

Er hatte Geburtstag, Sonntag war´s und Pfingsten
Eine Meditation im Kurpark.
St. Germain, Freund aus alten Tagen, warst du da?
Kommt jetzt der Himmel auf Erden?
Hört jetzt die Zeit auf?

Fragen, die sein Verstand als Spiel empfindet
Und die Stille nicht stören.
Schön - keine Unruhe mehr.
Alles findet im Kopf statt.
Buddhas Lächeln, ---- er hat´s auch schon gewusst.
Alles findet im Kopf statt.

Phönix aus der Asche.
Doch aus einer ganz anderen Richtung, als erwartet.
Er liebt und lebt.
Was ist morgen, wen kümmert es!
Der Tag wird für sich selbst sorgen.

Mario trifft die richtigen Menschen
Und die richtigen Entscheidungen im rechten Moment.
Ein Sommerabend, der Himmel wie ein Gemälde.

Lauer Wind streichelt seinen nackten Körper.
Ein Leben, eine Liebe - alles Eins.
Schwester, Bruder, alles Eins.

Ausdehnung wohin das Auge, die Aufmerksamkeit reicht.
Und das Schöne – keine Angst mehr vor der Auflösung.
Dankbarkeit durchströmt ihn wie ein warmer Sommerwind.
Vogelsingen, Hummelbrummen.

Die Erde pulsiert und das Body-Mind-Gefährt macht Erfahrungen.
Nicht mehr und nicht weniger.

Stille ist
Frieden ist
Jetzt ist
ES ist

Wo immer Mario seine Wahrnehmung hinrichtet,
Es beginnt zu Sein
Das Leben ist ein Spiel
Und er hat sich das Spiel so unendlich schwer gemacht
Das Denken stand im Weg
Und die alten Gewohnheiten -

Stille ist
Frieden ist
Jetzt ist
ES ist

Das Buddhafeld steht
Wir fühlen
Wir lieben
Wir leben
ICH BIN

Ist es nicht verrückt!?
Der Sucher geht einen weiten, weiten Weg
Erfährt extremste Situationen:
Ekstase und Leid
Nichts und Alles

Konfusion und Klarheit
Enthaltsamkeit und Wollust
Reinheit und Dunkelheit
Tod und Wiedergeburt
Freiheit und Chaos
Meditation und Tatkraft

All das und vieles mehr lag auf Marios Weg.
Manchmal war er so mit dem Suchen beschäftigt,
Dass er das Finden vergaß.

Und jetzt, unfassbar einfach liegt es vor ihm
Oder auch in ihm
Es ist einfach, viel zu einfach
Ja, ein Verstand kommt da nicht drauf
ES IST jenseits der Box!
Jenseits des ICH!

Sei hier und Jetzt
Sei einfach still
Die Gedanken laufen weiter
Doch die Energie dehnt sich aus
In alle Richtungen
Der Atem unterstützt dabei.

Und so sitzt er in diesem Energiefahrzeug
Körper genannt
Und nimmt wahr.
So einfach ist das.

Stille ist
Frieden ist
Jetzt ist
ES IST

An dem Tage, da jeder von uns versteht
Dass sie/er genau dieses Wetter, diese Regierung,
Diese Umwelt, diese Partner, diese Eltern,
Diesen Körper, diese Schmerzen, dieses Leid,
Diese Freude, dieses Glück, diese Schönheit „verdient" hat -

An diesem Tag wird er, die Welt, die Menschheit,
Einen großen Schritt zu Glück und Harmonie tun.
Denn er hat dies ja für sich so geschaffen,
um Erfahrungen zu machen.
Er ist dafür verantwortlich und sonst niemand.
Mario erlebt wie aufregend es ist,
sich der Qualität seiner Sprache, seiner Gedanken und
seiner Handlungen bewusst zu sein.
Gehört es nicht in den westlichen Breitengraden dazu, eine
Sprache der Beschwerde und des Jammerns zu kultivieren.
Zynismus und Unverantwortlichkeiten gehören zum „Guten
Ton".

Ja, Worte tragen nicht nur Informationen, sondern auch
kreierende Energien mit sich. Übrigens nicht nur
gesprochene Worte – auch der fortwährende innere Dialog.
Und so erschafft jeder einzelne sich ein persönliches und
kollektives Universum, das leider meist nicht von Freude
und Lebenslust geprägt ist.

Mario sagt oft, dass es mehr geistige als materielle
Umweltverschmutzung gibt. Denn Alles hängt mit allem

zusammen. Alles beeinflusst sich gegenseitig. Auch die Energie der Worte und Gedanken.

Er beobachtet wie die Menschen und oft genug auch er selbst Worte zu automatisch benutzen. Worte die unsere Realität kreieren. Worte die Mario früher benutzt hat, findet er heute im höchsten Grade behindernd oder zumindest unangemessen.

Für die Qualität seiner Beziehungen erlebt er es zum Beispiel hilfreich, die Bedeutungen der Worte zu definieren. Er erlebt wie daraus ein tieferer Kontakt und größere Offenheit entsteht.

Was Mario in der Arbeit mit Menschen in letzter Zeit freut: Die Beziehung zwischen dem männlichen und weiblichen Potential verändert sich. Das Männliche unterstützt das Weibliche darin, sich zu zeigen und wieder ihre Natur auszudrücken. Das weibliche Potential kann so den Planeten mit einer „neuen / alten" Energie und dem „neuen / alten" Wissen beschenken. Es gibt weniger Angst voreinander, weniger Konkurrenz. In Partnerschaften, sowohl privat als auch beruflich, wird eine neue Offenheit gepflegt.

Mario verblüffte es schon immer, zu beobachten wie Männer und Frauen in Beziehung zueinander in gewisse Verhaltensmuster einrasten. Ist es nicht witzig, zu sehen, wie zwei erwachsene Menschen in einer Beziehung plötzlich wie mit Marionettenschnüren versehen sind?

In Marios Beziehungen gab es zum Beispiel öfters das Muster des starken Retters und unsicheren Kind. Manchmal ging er schon mit dieser Erkenntnis in die Beziehung. Doch er war noch immer nicht wach genug. Er hat die tiefe Verunsicherung in sich geahnt, die er aber nicht wirklich spüren wollte. Also kompensierte er das mit dem künstlichen Starksein.

Und manchmal, fast gleichzeitig, spürte er auch die natürliche Autorität, Kraft in sich, die sich auszudrücken wünschte, ohne Angst zu machen und auf gleicher Augenhöhe gesehen werden wollte.

Ist es nicht so? Wenn es emotional und „dramatisch" wird und der Mann präsent bleibt, fahren Frauen voll drauf ab. Wenn der Mann trotz seiner Verunsicherung da bleiben kann, törnt das Frauen oft zu einer starken Herzöffnung an. Und die Kraft, die dann durch die Frau strömt, törnt wiederum den Mann an.

Was für Marios Erotik absolut tödlich ist: wenn zu oft das kleine Mädchen, das Opfer, vor ihm steht. Glück ist, wenn in so einem Fall bei ihm nicht mehr das Papa-, Retter-, Therapeutenmuster anspringen muss.

Die Frauen brauchen nicht mehr auf einen starken Mann warten. Sie können sich mit der Kraft in ihnen zeigen. Auch wenn es erst mal holprig wird in der Beziehung.

Frau, zeig dein Verlangen, artikuliere deine Wünsche und wenn der Mann in so einem Moment nicht da bleibt, lade ihn ein. Und wenn er es nach einigen Anläufen nicht schafft, dann such dir einen anderen „Spielkameraden".

Mario lebt in der Zeit des kollektiven Erwachens
Selbst in der Wirtschaft und in der Politik kann er die Zeichen sehen. Es gibt mehr Transparenz und mehr Für- & Miteinander. Falschheiten und Lügen funktionieren nicht mehr. Die Gier und die Maskerade werden enttarnt. Der Fall (von) zu Guttenberg, Mubarak, Gaddafi und Konsorten sind ein Ausdruck davon.

Sicherlich gibt es noch immer Menschen & Organisationen, die sich wehren und am Alten festhalten wollen. Doch der Widerstand verstärkt nur ihr Leiden.

Alles was ist, ist Bewusstsein. Also bist auch du Bewusstsein. Das war schon immer so und wird immer so sein. Welch ein einfacher Satz. Welch eine unermessliche Erkenntnis, wird sie denn endlich von uns in aller Tiefe angenommen. Die Suche hat ein Ende. Alle Therapien haben ein Ende. Es gibt nichts mehr zu tun.

Der, der glaubt, er hätte so etwas wie einen echten freien Willen, befindet sich noch in einem Traum, der vom alten Bewusstsein kreiert wird. Wir befinden uns kollektiv in einer Übergangsphase. Das Bewusstsein holt sich selbst nach Hause. Was heißt, es hört einfach auf, Fehlinformationen von sich zu geben.

Man kann diese auch soziale Konditionierungen nennen. Diese versorgen das Körper-Mindsystem mit den notwendigen Einzelheiten, abgeleitet von der bewussten Desinformation der Quelle. Darum bleiben wir in einem Zustand der Verwirrung und Widersprüche.

Selbst im Übergang wirken noch die alten Konditionierungen und Gewohnheiten nach. Doch das sind nur Echos längst vergangener Verzweiflungsschreie. Alles was ist, ist Bewusstsein. Also bist auch du Bewusstsein. Plötzlich nimmt die Angst ab und die Augen strömen über von den Tränen der Freude und Liebe. Wie Marios alter Freund Jack Kerouac schrieb: The world you see is just a movie in your mind."

Eine Frage, die Mario sich und anderen Weggefährten immer wieder stellt:

Wie weit bin ich bereit, dem Verstand die Macht über mich zu nehmen? Wie weit bin ich bereit, den Zustand des Nicht-Wissens zu leben? Wie weit bin „Ich" bereit, diese „Ich" loszulassen und „nur" noch Sinneswerkzeug zu sein, um so den Sinn des Lebens zu erfüllen? Nämlich für die „Quelle" alle menschlichen Gefühle auszukosten.

Was hat Mario dazu gebracht, nun, nach langen Jahren der „Suche", der Verzweiflung und des Kampfes, diese Erkenntnis zu haben und sie immer mehr in den Tiefen seiner Zellen und Knochen zu verwirklichen? Genau diese Verzweiflung, genau dieser Kampf und dann schließlich das Aufgeben. Das „Ich" kann es nicht tun. Wie will sich ein Beinloser selbst über die Straße tragen?

Sein System hat den Job, nämlich alle menschlichen Gefühle auszukosten, gut gemacht. Als Baby schon hat er die körperliche Leidens- und Leistungsfähigkeit ausgelotet. Später als Kind und Jugendlicher hat er das seiner Umwelt und der Familie ausgecheckt.

Allerdings ist in dieser Zeit eine Art Resignation geschehen. Seine Energie hat sich mehr nach innen orientiert und frustriert zurückgezogen. Und doch ging die Suche weiter. Intensivste Drogenerfahrung, Abhängigkeit, Todeserfahrung und Gefängnisaufenthalt kamen dazu.

Später, die Erfahrung der Abhängigkeit in Beziehungen. Und jetzt, nach all diesen starken Erfahrungen entsteht täglich mehr eine riesige Dankbarkeit dem Leben, seinem Körper und auch seinem „Ich" gegenüber. Dankbarkeit für die Erfahrungen, die dieses Fahrzeug mit nach Hause bringt.

Und da ist noch immer diese starke Tendenz, seine träumenden Mitreisenden dabei zu unterstützen, ebenfalls aus dem Traum aufzuwachen. Und gleichzeitig gibt es das paradoxe Wissen, dass es nichts zu tun gibt. Das Leben sorgt für sich selbst.

Was Marios System „tun" kann? – Erlauben, in dieser dritten Dimension so etwas wie ein Werkzeug des Erwachens zu sein. Und gleichzeitig noch gefühlvoller, bereitwilliger, widerstandsloser Erfahrungen zu machen.

Lebe, einfach, kraftvoll, ohne Zurückhaltung, genieße die verschiedensten Facetten der Existenz. Und genau dieses Mitfließen, dieses überschwängliche Ja zu allem, was im Moment ist, gibt dem System die Fähigkeit den Himmel auf die Erde zu bringen.

Mario bekommt den Eindruck, dass in den letzten Wochen und Monaten viele Menschen ein offenes Herz und die Akzeptanz des Lichtes gewählt haben.

Dadurch sind Türen zur energetischen Welt geöffnet worden. Die Schwingung, die Frequenz auf der Erde hat sich erhöht. In den Köpfen der Menschen und in den Regierungen fallen die Mauern der Ignoranz. Als Nebeneffekt dieser Schwingungserhöhung auf der Erde berichten einige Menschen Mario von folgenden geistigen und körperlichen Symptomen:

- Vergesslichkeit: wo zum Teufel habe ich mein Auto stehen gelassen? Wo war ich eigentlich gestern Nachmittag? Wie heißt noch mal der...?
- Schmerzen: Kopf, Nacken, Rücken. (Das geschieht, wenn mehr Energie / Licht in den Körper geleitet wird.)
- Ausleitungserscheinungen: Darm, Leber, Nieren, Blase (Der Körper macht sich bereit, um in der neuen Schwingung / Frequenz zu funktionieren) Pseudoerkältungserscheinungen gehören übrigens auch dazu.
- Unerklärliche plötzliche Müdigkeit.
- Gefühlsschwankungen.
- Depressive Anfälle.
- Reaktivierung alter Verhaltensmuster.
- Loslassen von Wohnungen, Plänen, Beziehungen, Freunden, Arbeitsplätzen, Tätigkeiten.

Bei manchen Menschen haben sich auch schon die schönen Seiten der Schwingungserhöhung gezeigt:
- Verstärkte Intuition & Einfühlungsvermögen.
- Verbesserter „telepathischer" Kontakt zu Tieren, Partnern, Kindern usw.
- Vorahnung und kleinere Wunder.
- Spontane Gefühle von tiefer Liebe zu sich selbst und zum Leben.
- Glücksgefühle („grundlos")

- Gefühl von vermehrtem Energiefluß im Körper.
- Verstärkte Lust – Erotik.
- Vibrationen, Intensität im Körper und um ihn herum.
- Lichterscheinungen vor offenen und geschlossenen Augen.
- Farbwahrnehmung
- Das Gefühl des Einsseins.

Vor vier Monaten wurde Jo, Marios älterer Bruder am Magen- und Speiseröhrenkrebs operiert.

Das heißt, eine Totalentnahme des Magens und Erstellung eines künstlichen Magens aus Teilen des Darms. Die Operation gelang – allerdings begann dann ein Martyrium, da die Heilung nicht gut verlief.

In den letzten acht Wochen lag Jo nur noch auf der Intensivstation und davon die meiste Zeit in einem künstlichen Koma. Mario hatte sich immer wieder energetisch auf ihn eingestellt und dabei das Gefühl bekommen, dass sein Bruder nicht mehr wirklich leben wollte. Nach Marios Wahrnehmung ist diese Haltung auch mit ein Auslöser des „Krebses".

Heute ist Mario energetisch ziemlich down. Allerdings bezieht er es zuerst nicht direkt auf seinen Bruder. Dann setzt er sich aber doch hin, um sich in Jo ein zu fühlen. Marios Wahrnehmen zum Status ist, dass durch die ganzen Betäubungsmittel eine Art Unklarheit bei seinem Bruder vorherrscht. Er weiß nicht so recht, was eigentlich los ist.

Mario hat mit ihm eine telepathische Verbindung geknüpft und ihm erklärt, dass er jetzt sterben würde und er seine Familie und sein altes Leben loslassen könne, um in andere Ebenen des SEINS zu wechseln. Dann bat Mario geistige Helfer, seinem Bruder zu helfen und ihn freizuschneiden von etwaigen Anhaftungen, auch an etwaigen Schuldgefühlen seiner Familie gegenüber.

Die Info die Mario danach von diesen „Helfern" bekommt ist, dass Jo für eine kurze Zeit auf eine Art Ausruhebene

kommen wird, auf der dessen Energie entgiftet wird. Danach kann er seinen Weg in größerer Klarheit fortsetzen. Alles in allem seien die Dinge jetzt auf einem guten Weg.- Mario selbst fühlt sich nach dieser „meditativen, energetischen Arbeit" kraftvoller – klarer. Er bekommt besser Luft und die Energie fühlt sich leichter an.
Mit 55 Jahren ist Jo heute Nacht gestorben.

Ebbe und Flut
Wellen branden heran
Irgendwo wurden Steine ins Meer geschupst.
Synchronizität ergeben Brecher – und dann wieder Stille.
Wir kreieren das alles –
Zumindest haben wir den Ort gewählt
An dem der Brecher anlandet.

Mario hat jetzt viele Sitzungen. Etwas mehr Geld kommt herein.

Die meisten Sessions sind berührend, tief und heilsam. Themen sind Beziehung, Eifersucht, Effektivität im Unternehmen, Klarheit und Mut zum Fühlen. Doch manchmal nimmt der Verstand, das Denken des Klienten in den Sitzungen sehr viel Raum ein. So kann der „Andere" nicht mehr gut von Mario wahrgenommen werden. Dann bietet er an, die Sitzung abzubrechen. Denn es macht keinen Sinn da weiterzumachen. Im Verstand können die Dinge nicht gelöst werden.

Und oft wird das Gegenüber dann wachgerüttelt, weil es die Verbindung wünscht, die doch gerade noch so tief war. Aha – und dann können sie weitermachen. Dann fließt es wieder und der Verstand braucht nicht zu verstehen.

Und es gibt Momente in denen es nicht weitergeht. In denen Mario konsequent bleibt. Und es könnte dann zu einem Kampf kommen – wenn er sich drauf einlassen würde.

Die Botschaften des Gegenübers sind: Du verstehst mich nicht, ich habe aber recht und ich will mich nicht ändern.

Obwohl der Bedarf zur Veränderung vorhanden ist. - Wie widersprüchlich wir Menschen doch sein können!

Und es gibt noch eine verschärfte Variante dieses Musters, die dann die Töne annimmt von: Sich bei Dritten beklagen, nicht offene Kommunikation, fast Mobbing, verdeckte Andeutungen mit sehr versteckter, doch für Mario offensichtlicher Aggression und natürlich Vorwürfen. Und all das gehört zum normalen Abwehrrepertoire des menschlichen Verstandes.

Ja – keine Kompromisse mehr – Mario ist es nicht wichtig, was die Umwelt über ihn denkt. Er kann gut Alleinsein. Und er hat keine Erwartungen mehr an irgendeine Form von Erwachtsein. Jeder Moment ist neu. Jeder darf ein Ignorant und ein Engel gleichzeitig sein. Gleichzeitig kann es eine Trauer über eine nicht wahrgenommene Chance geben.

Gehe in die Stille deines Herzens und du wirst den Sinn hinter diesen Worten, den Sinn zwischen den Zeilen entdecken.

Oder willst du lieber an deinem Alltag hängenbleiben, der von Sorge, Angst und Überlebenskampf geprägt ist, statt von Vertrauen, Liebe und Glauben?

Sicher darfst du das. Dieses Recht hast du. Schließlich hast du ja deinen freien Willen. Aber du solltest dich dann nicht alle halbe Stunde über dein chaotisches Leben beklagen.....

Nein, im Ernst, wir sollten uns nicht auffressen lassen von unseren Alltagssorgen. Sie sind da, aber es gibt Wichtigeres in unserem Leben. Probiere es aus. Erkennst du das „Wichtigere", fällt so manche "Sorge" von selbst ab.

Die „Quelle" schläft in den Steinen,
atmet in den Pflanzen, träumt in den Tieren, und ES will erwachen in uns Menschen! Zitat- frei nach Angelus Silesius.

Die Quelle will sich in uns und durch uns verwirklichen. Liebe und Geduld der „Quelle" zu uns Menschen ist der unendliche Dialog eines unsterblichen Vertrauens.

Der Mut, uns unserer Angst zu stellen und diese Schritt für Schritt mit Vertrauen zu heilen; der Mut uns selbst zu erkennen und uns zu leben, ist der wahre Gottesdienst. Nicht das Geheuchle, in geistlosen Gewissenberuhigungsveranstaltungen, sonntagsfrüh!

Gottesdienst heißt auf sein Inneres hören und in Taten umzusetzen, auch mal gegen den Strom zu schwimmen, Widerspruch zu riskieren, heißt auch, die Angst vor der Angst der anderen zu verlieren.

Wer zu seiner Intuition, zu der Stimme seines Herzen steht, wird erleben, wie seine Kraft sich vervielfacht, wird erleben, welches Heilungspotential wirkliches Vertrauen haben kann. Allerdings sollte er den Aberglauben der materialistischen Weltsicht hinter sich gelassen haben. Denn Gott belohnt nicht mit weltlicher Macht und in Euro und Cent. Obwohl innerer Reichtum den äußeren Reichtum nicht ausschließt. Den geistigen Weg zu gehen, heißt nicht freudlos, asketisch, ärmlich unsinnlich zu leben. Diese Zeiten sind vorüber! Der Weg sollte ein Weg der Freude, der Liebe, eben ein sinnlicher Weg sein. Die Balance zu halten ist wie immer auch hier wichtig.

Mario befreite sich von Abhängigkeiten und kann sich an wenig erfreuen. Er hat erfahren: Je mehr Ur-Vertrauen, desto weniger Angst. Den Umkehrschluss kannst du selbst vollziehen. Die Zukunft, Mario weiß, es wird eine geben, gehört den „neuen Menschen", die Lebensenergie durch Vertrauen in die „Quelle" aufnehmen können, statt durch den Magen.

Die Zukunft gehört jenen Menschen, die sich erinnern können,

dass sie Geist sind, der sich individualisiert hat und Form im Körper angenommen hat. Wer sich an diese Ursache des

Lebens und dieser dazugehörigen unendlichen Liebe und ewigen Zeitlosigkeit erinnert, der hat die Kraft, das selbstzerstörerische Spiel aufzugeben, die Waffen niederzulegen, das Herz zu öffnen und auch noch die andere Backe hinzuhalten.

Mario jedenfalls ist gewillt, so vorzugehen. Denn durch eigene leidvolle Erfahrungen hat er erkannt, dass er so aus dem ständig sich wiederholenden Kreislauf des Leidens aussteigen kann.

Aufmerksamkeit erschafft subjektive Realität!

Mit anderen Worten, das was Du denkst und tief innen fühlst - von Dir, dem Leben, Deinen Mitmenschen, Deiner Vergangenheit oder Deiner Zukunft wird auf geheimnisvolle Art zu Deiner persönlichen Erfahrung. Welche Macht Du hast, falls diese Annahme wahr ist!

Wenn Du magst, erforsche es für Dich selbst. Du brauchst das niemandem zu glauben. Auch Mario nicht. ⍰

Und angenommen, diese Annahme ist ein Schritt hin zur Realisation, dass alles jetzt schon vorhanden ist.

Selbst der Frieden, das Glück, das Angekommen Sein –, DAS wohin all dein Inneres und äußeres Streben zielt. Jeder von uns hat es schon erlebt. Die Momente der Stille, des Einsseins mit allem was ist. Es hat manchmal nur Bruchteile von Sekunden gedauert. Manchmal auch Minuten. Dann kamen wieder die Gedanken und alltäglichen Handlungen, die deine Aufmerksamkeit absorbiert haben.

Ja, in jedem Menschen ist die ungeformte Quelle, die unbeschreibliche Stille jetzt schon vorhanden.

Erforsche es für Dich, falls Du Lust darauf hast. Wahrscheinlich wirst Du sehr bald wahrnehmen, dass es diese Stille selbst in all Deinen täglichen Aktivitäten gibt. Diese „Stille" ist die Quelle aller Form und Aktivität. Daraus bildet sich das, was wir Welt nennen. Erforsche es für Dich, falls Du Lust darauf hast. Still sitzen, nichts tun kann helfen, die Erkenntnis zu realisieren: Aufmerksamkeit erschafft subjektive Realität.

Was möchtest Du wirklich. Was möchtest Du fühlen und erfahren, wenn Du am Ziel Deiner Wünsche bist? Wir können es Glück oder auch Erfüllung nennen. Angenommen wir können das JETZT erfahren – ohne den Umweg der äußeren Aktivität?

Marios Erfahrung ist: Wenn er sich dem „Raum" hingibt, wird der kreative Selbstausdruck, die Handlung zu einem Akt der Heilung. Das Leben verliert seine Dramen. Es gewinnt Freude – manchmal auch Ekstase. Und das Menschsein kommt dabei nicht zu kurz.

Und am Ende bleibt das Lachen

Living in a material world
Vollmondschein auf dem Fluss
Glanz auf weichen Wellen
Die Erde atmet Sommerwärme aus
Fledermäuse queren den Nachthimmel
Weites Land

Sonnenaufgang im stillen Tal
Strahlende Brillanz in tanzenden Blättern
Wogendes Grün
Sonnenglut – kühle Brise
Den Körper verlassen – gelassen

Nur der Moment zählt – JETZT
Und doch, es gibt den Tag
Das Leben wie nur Du es siehst
Mitten drin –
Wie mutig von Dir
Friedliche Wellen am nächtlichen Strand
Sternschnuppen in weiter Schwärze
Leuchtendes Plankton umarmt
Jede Bewegung im dunklen Meer

Leichtigkeit des Seins
Vielfarbiger Sonnenaufgang am Strand
Weites blaues Wasser
Wieder strahlende Brillanz soweit das Auge reicht
Dein Geist schwebt über all dem

Lass los – übe es jeden Moment
Stille, Frieden, AusgedehntSEIN
In all dem Drama
Nimm´s nicht ganz so ernst
Denn es ist nicht wirklich wahr
Nur Projektionen unserer Konditionierungen

Die Welt dahinter schimmert
Brillante Schwärze
Im unendlichen Licht
Bewegung überall
Ständige Veränderung
Stille im Wind

Weitere Veröffentlichungen

Am Ende bleibt das Lachen Teil I
ISBN 978-3-7375-6290-4

EnergieCoaching & Heilung
Ein Handbuch - Die Essenz
ISBN: 978-3-7375-5242-4

Liebe Leserin, lieber Leser, ich freue mich über Dein Dasein
Voller Freude und Liebe für DAS WAS IST,

Michael Fuß
Entspannungstrainer

Mehr? www.michael-fuss.de

www.ingramcontent.com/pod-product-compliance
Lightning Source LLC
Chambersburg PA
CBHW031948090426
42739CB00006B/116